LA RECONSTRUCCIÓN DEL ESTADO

Traducción de
EDUARDO L. SUÁREZ

LA RECONSTRUCCIÓN DEL ESTADO

México después de Salinas

Mónica Serrano y Victor Bulmer-Thomas
(compiladores)

FONDO DE CULTURA ECONÓMICA

MÉXICO

Primera edición en inglés, 1996
Primera edición en español, 1998

Título original:
Rebuilding the State. Mexico After Salinas
Original English edition published by the Institute of Latin American
Studies in 1996, copyright © Institute of Latin American Studies, 1996
ISBN 0 900039 036

D. R. © 1998, FONDO DE CULTURA ECONÓMICA
Carretera Picacho-Ajusco, 227; 14200 México, D. F.

ISBN 968-16-5467-6

Impreso en México

PRESENTACIÓN

Durante el último decenio, México experimentó uno de los programas de reforma económica más ambiciosos de América Latina. La restructuración y la estabilización económicas se consideraron como el legado principal del sexenio de Salinas, pero el éxito económico ocultaba problemas complejos, como lo reveló la dramática devaluación del peso en 1994. Desde el principio, el programa político de Salinas suscitó una controversia interminable: no sólo desconcertaba a los analistas, sino que era constantemente impugnado. No hay duda de que los cambios experimentados por el sistema político fueron mucho más profundos que lo esperado. Algunos de estos cambios fueron positivos, sobre todo cuando se toma en cuenta la participación política y la consolidación de los partidos de oposición, pero las desviaciones del gobierno tradicional del PRI no fueron siempre benéficas. El hecho de que no se canalizara de un modo adecuado e institucional el cambio inducido por la apertura económica y la liberalización política alimentaba una inestabilidad latente. Los sucesos trágicos de los dos últimos años, en el escenario económico y en el político, han puesto en evidencia el riesgo subyacente de la anarquía y la consiguiente necesidad imperiosa de un nuevo diseño institucional que, dotando de cierto orden a la vida política de México, pueda proporcionar un consenso más sólido para la elaboración de la política económica.

Este libro evalúa la administración de Salinas (1988-1994) y ofrece una visión panorámica de los principales retos que afrontará el presidente Zedillo durante los próximos años. Cada uno de los seis capítulos incluidos en la primera parte se concentra en los cambios institucionales efectuados al nivel de la Constitución, el Poder Judicial, el sistema partidista, las relaciones Iglesia-Estado y la ciudadanía. La segunda parte ofrece una reseña general del programa económico de Salinas y de las políticas adoptadas en 1995, en respuesta a la crisis de la devaluación. Aquí se examinarán los cambios ocurridos en las relaciones existentes entre las empresas y el Estado, así como los logros y los fracasos en el área del alivio a la pobreza. Este libro está integrado por versiones revisadas de los nueve ensayos presentados en la conferencia del Instituto de Estudios Latinoamericanos reunida en México en noviembre de 1994.

Agradecemos al Consejo Británico, a la British Airways y a la Lotería Nacional de México el apoyo generoso que permitió la celebración de la conferencia en que se basa este libro. También queremos expresar nuestro reconocimiento a Alison Loader de Rojo, por su valiosa asistencia, y a Tony Bell por su ayuda en la edición del libro.

ACERCA DE LOS AUTORES

ROBERTO BLANCARTE se incorporó a la embajada de México en el Vaticano en 1995. Fue coordinador académico de El Colegio Mexiquense y presidente del Centro de Estudios de las Religiones en México (CEREM). Es experto en el tema de la Iglesia católica mexicana, y sus publicaciones más recientes son *Historia de la Iglesia católica en México*, "Religion and Constitutional Change in Mexico 1988-1992" y "Recent Changes in Church-State Relations in Mexico".

AGUSTÍN CARSTENS es director general de Investigación Económica en el Banco de México. En 1993 fue asesor principal del gobernador del banco central y miembro del equipo negociador de la deuda externa en 1989-1990. Es autor de "Foreign Exchange and Monetary Policy in Mexico", publicado por *The Columbia Journal of World Business* en 1994.

CARLOS ELIZONDO es director general del Centro de Investigación y Docencia Económicas (CIDE) y columnista del diario *Reforma*. Fue director de la revista *Política y Gobierno* y su principal interés como investigador es la política de la administración económica. Sus publicaciones más recientes incluyen "In Search of Revenue: Tax Reform in Mexico under the Administration of Echeverría and Salinas" e "Implicaciones de la reforma del Estado en México".

JOE FOWERAKER es profesor directivo en la Universidad de Essex. Es un experto en el cambio político comparado en América Latina y autor de *Social Movements in Latin America, Making Democracy in Spain: Grass Roots Struggle in the South 1955-1975* y *Popular Mobilization in Mexico. The Teachers' Movement 1977-1987* (coeditada con Ann Craig).

MANUEL GONZÁLEZ OROPEZA es profesor del Instituto de Investigaciones Jurídicas de la Universidad Nacional Autónoma de México y de la Escuela Libre de Derecho. Ha sido investigador visitante en la Universidad de Carolina del Norte, Chapel Hill; la Universidad de California en Los Ángeles, y la Universidad de Houston. Es autor de numerosos artículos sobre derecho público y comparado.

ALEJANDRO GUEVARA trabaja en el Departamento de Estructura Económica de la Universidad Autónoma de Madrid. Ha dado clases en El Colegio de México y en el Instituto Tecnológico Autónomo de México. Sus intereses como investigador incluyen la economía agrícola y la pobreza, y la distribución del ingreso. Es autor de "La dinámica de la pobreza y medio ambiente" y de "¿Es posible la erradicación de la pobreza bajo un contexto de ajuste estructural?"

BLANCA HEREDIA es profesora del Departamento de Estudios Internacionales del Instituto Tecnológico Autónomo de México y ha sido investigadora visitante del Instituto Kellogg. Sus publicaciones más recientes son "Mexican Business and the State: The Political Economy of a 'Muddled' Transition" y "Estructura política y reforma económica".

JUAN MOLINAR es profesor del Centro de Estudios Sociológicos de El Colegio de México. Fue director general de Prerrogativas del Instituto Federal Electoral. Es un prominente comentarista de problemas de actualidad y autor de *El tiempo de la legitimidad. Elecciones, autoritarismo y democracia en México*, 1991, y coeditor de *The Politics of Economic Restructuring. State-Society Relations and Regime Change in Mexico*, San Diego, Centro de Estudios Estadunidenses-Mexicanos, Universidad de California, 1994.

MOISÉS SCHWARTZ es gerente de la Dirección General de Investigación Económica del Banco de México. Ha enseñado macroeconomía y economía internacional en el Instituto Tecnológico Autónomo de México. Su artículo más reciente, "Exchange Rate Bands and Monetary Policy: The Case of Mexico", se publicó en *Economía Mexicana* en 1994.

MÓNICA SERRANO es profesora del Centro de Estudios Internacionales de El Colegio de México y conferenciante de Relaciones Internacionales en el Instituto de Estudios Latinoamericanos. Es coeditora de *Mexico and the North American Free-Trade Agreement: Who Will Benefit?* y de *Party Politics in an 'Uncommon Democracy'*, y autora de "The Armed Branch of the State: Civil-Military Relations in Mexico".

PRIMERA PARTE

LA REFORMA POLÍTICA
Y EL CAMBIO INSTITUCIONAL

I. EL LEGADO DEL CAMBIO GRADUAL: REGLAS E INSTITUCIONES BAJO SALINAS

> El autoritarismo liberalizado no es un equili-
> brio estable; la casa a medio construir no se sos-
> tiene.
>
> S. HUNTINGTON

DURANTE los dos últimos decenios, las estructuras y las instituciones políticas de México han experimentado importantes
transformaciones. En efecto, se han erosionado significativamente las prácticas, las normas y las instituciones que durante decenios mantuvieron la estabilidad política de México.
Aunque durante la elección presidencial de 1994 el Partido
Revolucionario Institucional (PRI) mostró una vitalidad notable, no sólo hubo síntomas de inestabilidad antes y después
de la elección, sino que el ejercicio del control político por
parte del PRI también pareció cada vez más incompatible con
la eficiencia en el gobierno.

El ajuste económico, la liberalización política y la más reciente internacionalización de la política mexicana han afectado profundamente las normas y las reglas que regulaban
tradicionalmente las prácticas y los procesos políticos de México.[1] Estos procesos no sólo han impulsado importantes cambios en el número de los actores políticamente activos, sino
también en las actividades y las relaciones que han sido tradi-

* Agradezco a Blanca Heredia y a Ngaire Woods sus útiles comentarios sobre el primer borrador de este capítulo.
[1] Las normas son criterios de comportamiento normalmente definidos en
términos de derechos y obligaciones. Las reglas son prescripciones o pros-
cripciones específicas para la acción. Las definiciones aceptadas de las reglas
incluyen reglas formales e informales, estas últimas incorporadas a menudo
en conjuntos de hábitos y prácticas que influyen sobre la conducta y la estructuran. Véanse Bull, 1977, pp. 53-57; y Krasner, 1982.

cionalmente objeto de regulación.[2] En efecto, durante el último decenio el escenario político mexicano se ha caracterizado por la consolidación gradual de los partidos de oposición y el surgimiento de organizaciones no gubernamentales (ONG), lo que a su vez generó cambios en la distribución del poder entre los actores políticos y la ampliación de la arena de la competencia política.

Se ha cuestionado cada vez más la capacidad del sistema político para lograr la regulación eficaz y el ordenamiento pacífico de las relaciones sociales. Mientras que las transformaciones económicas, sociales y políticas han estimulado modestos cambios en los modos de la regulación, los cambios ocurridos en las relaciones de fuerza entre actores y grupos políticos no han producido todavía modificaciones profundas en las prácticas regulativas del sistema. La incapacidad de los actores políticos para establecer nuevos mecanismos de regulación podría tener implicaciones importantes para la estabilización futura de sus relaciones. Además, aunque los métodos tradicionales han mostrado una notable capacidad de permanencia, han sido considerados gradualmente como fundamentales en el periodo actual de inestabilidad política.

El papel de las normas y las instituciones en la promoción del orden, el aseguramiento de la previsibilidad y la prevención del conflicto se ha aceptado en lo general. En la mayoría de las sociedades, el orden es un "modelo de comportamiento que sustenta las metas elementales o primarias de la vida social". El orden puede derivar de un "sentimiento de intereses comunes en la creación del orden o la evitación del desorden" o de reglas que indiquen la clase de comportamiento que es ordenado y que conduce, en consecuencia, a formas de comportamiento modeladas (Bull, 1977, pp. 53-57). Por su parte, las instituciones ayudan a hacer efectivas estas reglas y a estructurar las relaciones de los actores. En efecto, los contextos institucionales desempeñan un papel importante en la formación del comportamiento político mediante la configuración

---

[2] La regulación es el medio por el cual se coordinan algunas actividades o relaciones entre los actores políticos, se asignan los recursos relacionados y se impiden o concilian los conflictos asociados. Véase Lange y Regini, 1989, p. 4.

de estrategias, metas por alcanzar y relaciones entre los actores políticos.[3]

Este capítulo estudia los principales cambios que han ocurrido desde el último decenio en el orden institucional de México. La primera parte ofrece una visión general de las principales reglas e instituciones que han uniformado tradicionalmente la competencia política en México. Aunque las relaciones con organizaciones obreras y campesinas también eran objeto de uniformidad, éstas eran manejadas en gran medida por el partido dominante, de ahí que no las consideremos como actores independientes. La segunda parte examina el impacto de la reforma económica, la liberalización política y la internacionalización de la política mexicana sobre las reglas e instituciones existentes. También se analizan los nuevos actores e instituciones establecidos en este contexto, así como sus estrategias y las tácticas defensivas de los miembros de la élite gobernante. La tercera y última parte se ocupa de la relación existente entre las reglas y las instituciones formales e informales. Se trata de identificar las estrategias institucionales de diversos actores políticos y evaluar la capacidad de las reglas e instituciones existentes para "mediar y filtrar" la política y, en última instancia, generar un comportamiento ordenado. No es la intención de este capítulo proveer respuestas a la cuestión del cambio evolutivo, sino explicar el estado actual de inestabilidad institucional.[4] Aunque es, sin duda, importante, la posibilidad de remplazar los principios y las normas existentes mediante cambios y reformas de las reglas y los procedimientos, escapa a los límites de este ensayo.

[3] Las instituciones son aquellas "reglas formales, procedimientos de conformidad y prácticas de operación convencionales que estructuran las relaciones de los individuos en diversos segmentos del cuerpo político" (Steinmo, Thelen y Longsthreth, 1992, p. 2). March y Olsen (1989) definen ampliamente las instituciones como reglas de conducta en organizaciones, rutinas y conjuntos de comportamientos.

[4] Las variaciones en los principios y normas implican un cambio de régimen, mientras que los cambios de reglas y procedimientos de toma de decisiones son cambios que ocurren en el régimen o cambios sistemáticos. Estos últimos son reformas en la gobernación del sistema. Whitehead ha expresado considerable escepticismo en lo tocante a una transición ordenada del actual principio de operación del PRI a otro basado en la soberanía popular. Como lo sugiere la experiencia mexicana, las reglas y los procedimientos pueden modificarse sin que se produzca necesariamente un cambio "sistémico". Véanse Whitehead, 1994a, p. 114; Gilpin, 1981, pp. 41-43.

REGLAS E INSTITUCIONES DURANTE EL PERIODO
DE HEGEMONÍA DEL PRI

Se ha analizado con profusión el conjunto de reglas e instituciones que gobernó tradicionalmente el comportamiento
político en México.[5] Las fuentes principales de estas reglas e
instituciones fueron dos: la Constitución de 1917 y el pacto
político de 1928-1929. Ambos marcos establecieron reglas e
instituciones formales, pero a través del tiempo se desarrollaron también reglas no escritas. Como resultado de ello, surgieron gradualmente interacciones peculiares entre las reglas
e instituciones formales e informales. La Constitución de 1917
estableció una república federal basada en la división tradicional del poder en tres ramas de gobierno. Pero ciertas razones
históricas llevaron a la Asamblea Constituyente a dotar de amplias facultades al Poder Ejecutivo, mucho mayores que las
otorgadas al Legislativo y al Judicial.[6] En consecuencia, la presidencia se ubicó no tan sólo en el primer plano del Poder
Ejecutivo, sino de todo el sistema político. La importancia
normativa del pacto político de 1928-1929 también resultaría
decisiva. Las reglas no escritas condujeron a la desmilitarización de la política, y la transición de la participación política a
medios pacíficos convirtió la competencia en práctica reconocida. En efecto, el consenso implícito en el código normativo
derivado del pacto de 1928-1929 facilitó la división de la tarea
entre civiles y militares y sentó las bases para la realización
subsecuente de ambiciosos programas que buscaban la profe-

---

[5] Hay dos concepciones generales acerca del grado de institucionalización
del sistema político mexicano. Según Kaufman Purcell y Purcell (1980), el sistema no se basa en instituciones, sino en tácticas de negociación y políticas
existentes en los "sistemas pretorianos", como el clientelismo, la circulación
de la élite, los papeles de mediación y las formas reguladas de corrupción y
patrocinio. En una vena similar, Segovia (1994) ha sostenido que el problema
principal que afronta México no es la forma como operan las instituciones,
sino el hecho de que en su mayor parte son inoperantes. En cambio, autores
como Whitehead (1994a, pp. 112-114) y Cavarozzi (1994, p. 313), sin dejar de
reconocer el carácter *sui generis* de las reglas y las instituciones, ven en el alto
nivel de institucionalización una de las características principales del régimen mexicano. Véase también Camacho (1977).

[6] Aguilar Camín y Meyer (1993), p. 253. Véanse también los capítulos III y IV
de este volumen.

sionalización de las fuerzas armadas y el despliegue de tácticas civiles de control. A través de los años, las reglas procesales que apoyaban la supremacía civil no sólo contribuyeron a la institucionalización de las relaciones entre civiles y militares, sino que también resultaron fundamentales para la regulación de las relaciones surgidas entre la milicia y una nueva institución clave, el Partido Nacional Revolucionario (PNR) (Serrano, 1995).

Con la creación del PNR en 1929, las reglas informales contribuyeron también a delimitar la arena política dominante. En efecto, estas reglas resultaron decisivas para la consolidación del partido oficial y para el establecimiento de su posición como campo principal del juego político. El régimen se estabilizó gradualmente alrededor de la hegemonía del partido gobernante, lo cual se logró mediante normas y reglas que configuraron un comportamiento político compatible con la preeminencia del partido (Kaufman Purcell y Purcell, 1980; Knight, 1992). Estas reglas definían tipos de comportamiento ordenado, proveían guías para los actores políticos y determinaban la clase de comportamiento compatible con las metas del régimen. Es cierto que las reglas informales más visibles eran las que regulaban las relaciones internas del PRI, pero las reglas de operación también gobernaban y ayudaban a estructurar las relaciones y las prácticas existentes entre el PRI y los sectores ajenos al partido.

No existe la menor duda de que la disciplina se convirtió pronto en la regla de oro del sistema político y una característica distintiva de la clase política mexicana. Esta disciplina se ha venido manifestando en muchas formas, pero su esencia era un acuerdo entre los actores políticamente activos para compartir y distribuir el poder de acuerdo con reglas mutuamente convenidas y aceptadas. Aunque esta disciplina se volvió en general más destacada a nivel nacional que a nivel local o regional, era resultado de la combinación de incentivos, presiones y castigos. Igualmente importante era el papel de las recompensas constantes a la lealtad hacia el partido y la regla de obediencia en la preservación del partido oficial como la arena dominante para la competencia política. Los incentivos alentaban a los actores políticos a participar en el partido y el

Estado, e inhibían cualquier redistribución del poder fuera de los confines del partido y, en consecuencia, el surgimiento de nuevos polos de poder (Knight, 1993, p. 37).

Las manifestaciones de esta disciplina han sido muy diversas. Primero, la disciplina sostenía la circulación de las élites y alentaba a los actores políticos a sacrificar los intereses y demandas de corto plazo ante la expectativa de una futura compensación. Esto facilitaba, a su vez, la renovación de la clase política dentro de límites aceptados.[7] Segundo, un sistema institucionalizado y bastante generalizado, pero regulado, de corrupción y patronazgo estatal ayudaba a preservar la unidad de la clase política.[8] Tercero, el "potencial hobbesiano" de la sociedad mexicana, la "imaginería" del periodo revolucionario y el temor imperante en cuanto a la presentación de tensiones sociales inmanejables alentaban la reglamentación de formas de participación popular que requerían gran disciplina por parte de la élite política. Se toleraban algunas formas graduales y dispersas de movilización popular que buscaban la incorporación de sectores marginados, en el entendido de que serían contenidas y no pretenderían la destrucción del sistema. La capacidad de movilización popular se convirtió en importante carta de negociación entre los miembros de la élite política, pero en general la movilización tenía lugar según límites previamente acordados. En efecto, a pesar de su potencial de perturbación, este mecanismo desempeñaba un papel importante en la estabilización del régimen.[9]

[7] La no reelección y el peculiar "dedazo" que gobernaban la sucesión presidencial y la elección de gobernadores eran normas adicionales reguladoras de la circulación de la élite (Kaufman Purcell y Purcell, 1980; Whitehead, 1981, p. 28).

[8] Aunque extremadamente costoso a largo lazo, este sistema regulado de corrupción desempeñaba dos tareas principales: se compensaba por los bajos sueldos de los empleados públicos y el reducido costo de las jubilaciones. En los países en desarrollo, tales sistemas complejos de corrupción y patronazgo estatal han ayudado a menudo a salvar la brecha existente entre los "inflados marcos legales" y la realidad social. Las desviaciones del imperio del derecho permiten que las autoridades ofrezcan protección a los inversionistas en condiciones de gran incertidumbre, y su tolerancia es una función de la combinación de mecanismos de control, interno y externo (social) (Kaufman Purcell y Purcell, 1980, p. 211; Escalante, 1989).

[9] Después de la Revolución, las organizaciones de masas y la participación popular se convirtieron en una característica de la sociedad mexicana. Su

De igual modo, la distribución del poder se verificaba de acuerdo con ciertas reglas, entre las cuales eran particularmente importantes aquellas negociaciones regulares que involucraban determinadas concesiones materiales. Un proceso de toma de decisiones cuya meta principal era la preservación del *statu quo* no se oponía necesariamente a los mecanismos redistributivos no amenazantes. Ese proceso tenía dos ventajas principales: por una parte, impedía la rivalidad extrema entre ganadores y perdedores, lo que permitía que las élites políticas conservaran su porción de poder al mismo tiempo que se posibilitaba la expansión de la clase política; y por otra parte permitía que el sistema satisficiera nuevas demandas durante los periodos de crecimiento económico, a través de diversas formas de "populismo redistributivo".

La disciplina, en sus diversas manifestaciones, procuraba en gran medida regular el comportamiento de los miembros del PRI, y estas normas de conducta se aplicaban también a los actores no pertenecientes al PRI. No hay duda de que un acuerdo tácito sostenía las relaciones entre los tres actores principales no miembros del PRI durante el periodo de la gobernación hegemónica: la Iglesia, la comunidad empresarial y los Estados Unidos. Se otorgaba a la Iglesia libertad de acción en campos específicos, mientras se mantuviera políticamente silenciosa y subordinada. De igual modo, se ofrecía un ambiente económico favorable a cambio de que las empresas se comprometieran a renunciar a la participación política activa (véanse los capítulos VI y VIII). Y las relaciones estadunidenses-mexicanas se regularon durante decenios por un acuerdo tácito que implicaba la aceptación de que México tenía derecho a disentir en los asuntos exteriores, así como a mantener su sistema autoritario.

La presidencia dominaba el escenario institucional. Ésta se

control se facilitaba por la relación simultánea y paradójica entre dos características del sistema político: la política elitista y la basada en las masas. Como ha señalado Knight, la relación estructural entre las élites y las masas ha estado presente desde el pacto de 1928-1929. Las élites no sólo reconocieron la dimensión masiva de la política, sino que su control de las masas constituía una carta de negociación importante. En consecuencia, el impacto distributivo de tal movilización era muy limitado y de corto plazo (Kaufman Purcell y Purcell, 1980, pp. 200-201; Knight, 1992, pp. 126-127).

convirtió en la "parte primera y fundamental del sistema político". Además del considerable poder otorgado por la Constitución a través de los años, la institución presidencial acumuló prerrogativas adicionales, de modo que para la década de 1980 los presidentes de México tenían un poder sin precedente. Pero este poder no ha sido absoluto, porque la institución presidencial se ha visto sometida a un mecanismo regulador: el principio de no reelección. Además, el poder presidencial ha sido ocasionalmente acotado por los intereses de los principales órganos del Poder Ejecutivo y de la administración pública. El presidente, en principio, tiene el poder de controlar a estos órganos, así como de delimitar y regular sus actividades, pero en ciertas circunstancias dichos órganos han exhibido una gran capacidad para construir alianzas, promover sus intereses y establecer políticas de manera independiente.[10]

El presidente, como líder principal de la clase política, medió durante decenios los conflictos surgidos en el frente político dominante. También ejercía el presidente un poder considerable sobre el sistema de "redistribución populista", y a través de mecanismos discrecionales ha controlado los nombramientos y los ascensos, incluida la selección de un sucesor (Camacho, 1977, pp. 618-619; Aguilar Camín y Meyer, 1993, p. 254; Whitehead, 1994a, pp. 115 y 120).

Un Ejecutivo dominado abrumadoramente por la Presidencia despojaba de poder a las ramas legislativa y judicial, las cuales no sólo se subordinaron al poder presidencial, sino que se vieron muy afectadas al punto que se volvieron enteramente obedientes de las reglas del PRI. El Poder Legislativo daba una apariencia democrática a la decisiones presidenciales, mientras que el Poder Judicial ha actuado raras veces como auténtica salvaguardia contra los abusos del poder preeminente del gobierno (Whitehead, 1994a).

En cambio, el partido oficial desempeñó tradicionalmente

---

[10] Como en otros regímenes democráticos, el poder efectivo del presidente para controlar las burocracias y su responsabilidad por el mal desempeño de las políticas, ha sido tema de debate en México. Sin embargo, en ausencia de restricciones legislativas, no hay duda de la magnitud del poder presidencial. Como ha observado Krasner, la capacidad de las burocracias para determinar independientemente las políticas es "una función para la atención presidencial" (Krasner, 1971-1972).

un papel decisivo en la forma como los actores definían sus intereses y estructuraban sus relaciones de poder. Desde su creación en 1929, el partido gobernante ha afirmado su pretensión de un "derecho peculiar a gobernar" ligado a su surgimiento y su ascenso al poder luego de una "crisis histórica": la Revolución mexicana.[11] Esta demanda, o legitimidad revolucionaria, ha servido claramente a los propósitos de dominación del PRI. Por una parte, permitió que el partido oficial gozara de una posición excepcional en la imaginación popular; por otra, contribuyó a privar de legitimidad a toda oposición externa y a delimitar la arena de la competencia política dentro de los límites del partido gobernante.[12]

Así como la competencia legítima se restringía al partido oficial, tuvo lugar un proceso paralelo por el que el partido surgió como uno de los vehículos de la supremacía civil. En gran medida, el partido contribuyó a la estabilización de las relaciones entre civiles y militares. Primero, neutralizando la influencia de los militares entre cuatro sectores votantes, con la creación del sector militar en 1940. Después, previniendo eficazmente el riesgo del control militar sobre el partido, con la decisión subsecuente de eliminar el sector militar. Por último, alentando formas de relaciones estrechas, pero reguladas, entre el partido y las fuerzas armadas.[13] Estas medidas servían claramente a dos propósitos importantes: ayudaban a reforzar

[11] El PNR, alianza de líderes políticos nacionales y locales, se disolvió y reorganizó sobre una base semicorporativista como el Partido de la Revolución Mexicana (PRM) en 1938. El partido se transformó de nuevo en 1946, seis años después de la disolución del sector militar, para resurgir como el PRI (Aguilar Camín y Meyer, 1993, pp. 148-149).

[12] La ley electoral desempeñó un papel importante en apoyo de este proceso. Alentó a los partidos nacionales y reforzó la centralización del poder político. Esto ayudaba a impedir el divisionismo dentro de la coalición gobernante, pero también inhibía el desarrollo de la oposición externa. Además, la Secretaría de Gobernación ejercía un considerable poder discrecional en el otorgamiento o el rechazo del registro de partidos (Garrido, 1987, 1994; Pempel, 1990, p. 344).

[13] Si bien es cierto que la profesionalización y las tácticas civiles de control desempeñaron un papel importante en la estabilización de la supremacía civil, es importante recordar que estos procesos ocurrían en el contexto del gobierno autoritario. En efecto, algunas de las tácticas de control civil, como la participación política limitada y regulada de los militares, eran inherentes a la mecánica de un sistema de partido hegemónico. Para un análisis de las relaciones entre civiles y militares en México, véase Serrano (1995).

la noción de la supremacía civil, al mismo tiempo que fortalecían el papel del partido como el único y posible frente de las fuerzas revolucionarias. Durante cinco decenios, el partido oficial constituyó la arena principal para la negociación y representación de los intereses políticos. Aunque su fuerza nunca dependió del número de sus miembros, su cuantía revelaba su poder relativo frente a los partidos de la oposición. En 1968, cuando el PRI proclamaba un total de 8 millones de miembros, los partidos de oposición apenas pasaban de 100 000. Pero su enorme poder estaba, y en importante medida sigue estando, estrechamente vinculado a su control del aparato y los recursos estatales.[14] Tradicionalmente, el partido gobernante desempeñaba cuatro funciones principales: la procuración de cuadros políticos, el control de las organizaciones de masas, la administración de las demandas sociales y el mantenimiento de la seguridad social —el "populismo distributivo"— y la legitimación electoral.

El PRI se convirtió en la maquinaria para la *concertación*, para la distribución regular del poder sobre la base de cuotas, así como en el agente que proveía servicios, remuneraciones y beneficios materiales, y aun protección contra otras autoridades. Era un partido *sui generis*, sin militantes ni miembros auténticos, donde una participación mínima posibilitaba la erección de un pacto corporativo que relegaba hasta lo último la participación electoral (Segovia, 1987; Merino y Martínez, 1991; Ward, 1993).

LA DECLINACIÓN DE LA HEGEMONÍA DEL PRI
Y SU IMPACTO EN LAS REGLAS E INSTITUCIONES

Durante decenios, estas reglas e instituciones operaron tranquila y regularmente, como la maquinaria de un reloj, y mantuvieron en su lugar al sistema político. Sin embargo, el cambio

[14] El PRI recurría crecientemente a los recursos públicos para asegurar su viabilidad. Esta dependencia se exacerbó en la década de 1970 por la intensificación de los conflictos entre el gobierno y la comunidad empresarial que dieron fin al financiamiento privado de las campañas del PRI. En 1991, el PRI emprendió de nuevo una campaña para recaudar fondos entre las grandes empresas (Peschard, 1991).

hacia la reforma económica y la liberalización política tuvo un efecto considerable en las reglas e instituciones que regulaban tradicionalmente el comportamiento de los actores políticos en México. Aunque desde 1968 el movimiento estudiantil había revelado lo reducido de las bases del régimen y las tensiones potenciales entre el gobierno y una sociedad cada vez más compleja y moderna, no fue hasta la reforma política iniciada por la administración de López Portillo (1976-1982) cuando este proceso se tomó en consideración. Si bien es cierto que la afirmación de una postura política independiente entre los sectores medios revelaba la existencia de un flanco vulnerable en la posición hegemónica del régimen, la liberalización política se realizó en forma gradual, flexible y ordenada.[15]

Durante el gobierno de Miguel de la Madrid (1982-1988), la liberalización política manifestó un receso, y en su lugar la "renovación moral de la sociedad" trató de restaurar la confianza pública perdida. Pero el impacto del ajuste económico sobre la arena electoral y el avance del Partido de Acción Nacional (PAN) en el norte del país obligaron al gobierno a considerar una nueva reforma electoral.[16] Dos años más tarde, la elección presidencial de 1988 puso de nuevo en claro los límites de tal estrategia, aplicada en el contexto del ajuste económico y las medidas de estabilización. Aunque la recuperación electoral del PRI en 1991 parecía sugerir el retorno del gobierno hegemónico, el desempeño del PRI no podía eclipsar fácilmente dos cambios importantes: la consolidación gradual de

[15] La Ley de Organizaciones Políticas y Procesos Electorales (LOPPE) de 1977 trataba de confinar y contener los conflictos políticos, en particular la protesta estudiantil, ampliando el acceso a la representación legislativa. Véanse Middlebrook, 1986; Segovia, 1991; Loaeza y Segovia, 1991, pp. 75-76; Cárdenas, 1992, pp. 168-170.

[16] Las reformas electorales secundarias introducidas en 1982 trataban sobre todo de fortalecer al régimen y contener la protesta electoral, antes que de propiciar una competencia ordenada. La aparente manipulación de las elecciones en varios estados, en 1984, confirmó la creencia de que la democracia no era una de las prioridades de De la Madrid. La reforma de 1986 reforzó de nuevo la hegemonía del PRI al introducir la representación proporcional en la Comisión Federal Electoral y la designación vertical de los funcionarios electorales. Estas reformas, que apuntaban hacia el "cambio gradual", se justificaban a menudo en razón de la estabilidad (Molinar, 1987, pp. 34-35; Crespo, 1992, p. 30; Loaeza, 1992, pp. 58 y 67; Segovia, 1991, pp. 75-76; Cárdenas, 1992, pp. 168-170).

los partidos de oposición como actores políticos reales y los cambios referidos que ocurrieron en el poder relativo a los principales actores políticos. En efecto, el control de la élite gobernante sobre el proceso de la liberalización política era cada vez más cuestionado, así como la necesidad de una apertura política se convertía en el tema principal de la disputa entre el régimen y los partidos de oposición.[17]

A partir de 1990, la administración de Carlos Salinas (1988-1994) desplegó una estrategia de cambio político gradual, explícitamente subordinada a los requerimientos de la reforma económica (Centeno, 1994, p. 224). Esta estrategia evolucionó gradualmente hacia la "administración de la crisis", ya que se basaba cada vez más en decisiones *ad hoc* y de corto plazo, cuyo propósito principal era la preservación del *statu quo*.[18] Si bien podría argüirse que las elecciones intermedias de 1991 y las elecciones presidenciales de 1994 fueron muestras del éxito de la estrategia de Salinas, también es cierto que fracasó al no poder revertir el cambio estructural originado por la consolidación de los partidos de oposición, en particular el PAN, y el surgimiento de nuevos actores, como Alianza Cívica.[19] Como había ocurrido con anterioridad, las restricciones electorales no eran necesariamente insuperables. Por el contrario, la combinación de la reforma económica y la apertura política

[17] La meta principal de la liberalización política es la de dotar al autoritarismo de un "rostro humano" a fin de fortalecer al régimen. Tales procesos no siguen una secuencia lógica, pueden ser revertidos, y se caracterizan por la inestabilidad. Es difícil distinguir entre la liberalización "acelerada" y la transición democrática, pero una diferencia importante es el hecho de que, en esta última, las instituciones se han convertido en objeto de negociación, lo que apunta hacia la disminución del arbitrio de las élites gobernantes en la relegitimación de su gobierno mediante la liberalización. Véanse Mainwaring, O'Donnell y Valenzuela, 1992; O'Donnell y Schmitter, 1986; Orme, 1988; Huntington, 1991-1992.

[18] El Código Federal de Instituciones y Procesos Electorales (COFIPE) de 1990 no sólo ofrecía una respuesta parcial a las demandas de la oposición, sino que introducía nuevas barreras para la competencia electoral. Particularmente importante era la nueva fórmula para la integración de la Cámara baja, así como las restricciones impuestas a la postulación de candidatos comunes. Véanse Cárdenas (1992), Peschard (1991) y el capítulo II de este volumen.

[19] Las tendencias que apuntaban hacia el avance del PAN se hicieron evidentes a partir de 1991, pero su actuación durante las elecciones presidenciales de 1994 y las elecciones de 1995 a nivel estatal consolidó su posición como la segunda fuerza electoral. Por lo que toca a Alianza Cívica y el papel de las ONG, véase Aguayo (1995).

en realidad fortaleció la competencia partidista, estimuló el desarrollo de una oposición más vigorosa, amplió la arena de la competencia política y, en última instancia, abrió algunas fisuras en el monopolio de poder del régimen. Además, los costos de esta estrategia, en términos de la viabilidad de las reglas e instituciones diseñadas y creadas durante la época hegemónica del PRI y, en última instancia, para la estabilidad global del sistema político, se manifestaron espectacularmente a medida que el sexenio llegaba a su fin.

El inicio de las negociaciones para un Tratado de Libre Comercio (TLC) con Canadá y los Estados Unidos complicó aún más esta situación al añadir nuevos actores y vínculos externos a la política mexicana y al acabar con el periodo de "espléndido aislamiento" de dominación del PRI. Es cierto que el TLC no exigía un compromiso institucional o formal con las normas democráticas o de derechos humanos para la adhesión de México,[20] pero su negociación —incluidos los acuerdos paralelos y el proceso de ratificación subsecuente— provocó cambios importantes en las prácticas y estrategias de los actores políticos. En efecto, los actores políticos utilizaron cada vez más al Congreso de los Estados Unidos y los foros académicos como foro externo de la política mexicana. Mientras que el gobierno mexicano mantenía cabildeos en Washington, los partidos de oposición desplegaban una vigorosa campaña de denuncia de las prácticas autoritarias del gobierno ante el Congreso de los Estados Unidos, los medios informativos y varias universidades.[21] Éste era un cambio importante del tradicio-

---

[20] En 1962, el informe Birkelbach introdujo un compromiso formal con la democracia como requisito para pasar a formar parte de la Comunidad Europea. Aunque, en los años de la posguerra, la exclusión de España de la ONU era una desviación importante del principio de no intervención, la tendencia favorable a los derechos humanos y la transferencia de la soberanía del territorio a la población se reforzó con la experiencia sudafricana. El apoyo internacional a la democracia es vulnerable a las normas dobles y la manipulación, pero el derecho internacional moderno ha tratado de conciliar los derechos humanos con la soberanía. Véanse Whitehead, 1986 y 1991; Roberts, 1993; Chipman, 1992; y el capítulo V de este volumen.

[21] Esta tendencia se inició de hecho en 1986 con la denuncia de fraude en las elecciones de Chihuahua formulada por el PAN, y continuó en 1988 con la gira de Cárdenas por los Estados Unidos. El factor estadunidense había influido previamente sobre las sucesiones presidenciales en México, pero su

nal aislamiento de que gozaban las prácticas autoritarias mexicanas durante el periodo de hegemonía del PRI.

A pesar de los esfuerzos de Salinas para armonizar el cambio político, tanto la apertura política como la internacionalización de la política nacional minaban la capacidad del sistema para ajustarse a las demandas de los nuevos actores que buscaban cambios en el sistema, así como de quienes se veían negativamente afectados por las cambiantes circunstancias políticas. Se desató una dinámica cada vez más compleja, caracterizada por los esfuerzos del régimen por apaciguar a la oposición, a la vez que mantenía sus propias bases de apoyo. Sin duda, el TLC desempeñó también un papel importante en esta dinámica, al entrar en los cálculos del gobierno e influir sobre su decisión de permitir victorias electorales para la oposición a fin de allanar el camino de las negociaciones. El legado principal de esta dinámica fue, por una parte, la erosión de las reglas e instituciones que en el pasado habían favorecido el comportamiento político ordenado y, por otra, el surgimiento y la consolidación de nuevos actores políticos con importantes implicaciones para la prevaleciente distribución del poder.[22] En efecto, el contexto creado por el TLC y luego por el

peso en 1993 no tenía precedente. Véanse Chalmers, 1993; Weingarten, 1993; Bulmer-Thomas, Craske y Serrano, 1994; Garrido, 1993.

[22] El carácter de algunos de estos actores, como las organizaciones internacionales de derechos humanos, los agregados de prensa o la propia ONU, puede ser efímero y contingente para el proceso que condujo a la ratificación del TLC y el conflicto de Chiapas. Por lo que toca a las presiones internacionales, el Parlamento europeo aprobó el 20 de enero de 1994 una resolución que exigía a las autoridades mexicanas el respeto a los derechos humanos, pero el "acuerdo de tercera generación" celebrado con la Unión Europea (UE) desistió del requisito de una "cláusula democrática" (*Reforma*, 21 de enero de 1994). De igual modo, ni las declaraciones de los funcionarios estadunidenses y canadienses, ni la presión ejercida por sus autoridades electorales para obligar al gobierno mexicano a aceptar la vigilancia electoral internacional, han sido seguidas por subsecuentes presiones en favor de la democratización. Pueden observarse cambios más perdurables en el escenario de los actores. Los partidos de oposición parecían bastante consolidados y esta idea se ratificó por los resultados electorales de 1994, especialmente en el caso del PAN. Véanse Harvey y Serrano (1994) y el capítulo III de este volumen. La reunión de autoridades electorales se reportó en *El Financiero*, 2 de abril y 7 de mayo de 1994. Las declaraciones de los embajadores de los Estados Unidos y Canadá, del secretario de Estado Warren Christopher y del presidente Clinton tuvieron una amplia cobertura en la prensa mexicana durante enero y febrero de 1994.

levantamiento de Chiapas aceleró aún más la internacionalización de la política mexicana y ofreció una serie de oportunidades que la oposición aprovechó para plantear de nuevo la reforma electoral. Esta coyuntura alteró el poder relativo de los actores políticos y permitió que los partidos de oposición lograran un cambio importante en la autoridad electoral federal. A pesar de esto, los tres diferentes paquetes de la reforma política que la administración de Salinas se vio obligada a poner sobre la mesa revelaban con toda claridad la ausencia de reglas aceptables y legítimas que pudieran sustituir efectivamente a las antiguas.[23]

REGLAS E INSTITUCIONES EN EL DECENIO DE 1990

La disciplina entre la élite gobernante y, más específicamente, en el partido, se convirtió en una de las primeras víctimas de la reforma económica y la liberalización política. Desde sus primeras etapas se hizo evidente el impacto potencialmente negativo de la "alianza distributiva" sobre la disciplina, dado que alentaba la expansión irracional de la administración pública, a la vez que estimulaba el surgimiento de camarillas y feudos en el aparato estatal, que no sólo entraban en conflicto con la eficiencia administrativa sino que gradualmente alteraban la disciplina partidista.[24] Desde el final del decenio de 1970, la rápida expansión del sector público, con la creación de la Secretaría de Programación y Presupuesto (spp) y la cre-

[23] Hacia el final del sexenio se hizo evidente la decreciente validez de la reforma electoral de 1991. Como sería de esperarse, fracasaron los esfuerzos de Salinas por conciliar la legitimación del sistema electoral con la limitación electoral. Estas reformas se examinan en el capítulo ii.

[24] Estas políticas se veían acompañadas a veces por políticas económicas expansivas que tenían implicaciones negativas para la capacidad productiva del país. Además, en la medida en que contribuían a la politización del aparato estatal, también podían ser responsables de la incongruencia de la política económica. Entre 1956 y 1972 aumentó en 144% el número total de jefes de departamento de la administración pública. Esto iba acompañado también del incremento desmesurado de los presupuestos que se utilizaban para cubrir las nóminas. Durante los años del ajuste disminuyeron los sueldos y los salarios públicos, pero el empleo en este sector creció efectivamente de 1 884 800 en 1982 a 2 160 200 en 1987 (Kaufman Purcell y Purcell, 1980, p. 210; Segovia, 1976; Murillo, 1995).

ciente ejecución de la política social a través de una red de organismos federales, dificultaba el papel del partido, y su control de los recursos estatales abría una indudable brecha entre los cuadros del partido a nivel estatal y federal, y también entre los tecnócratas en ascenso y la vieja guardia priista (Klesner, 1994, p. 185). Esto, aunado a las primeras etapas de la liberalización política, llevó a tales facciones, que veían cada vez más amenazado su control sobre los fondos políticos y la selección de candidatos, a obstruir el proceso de la reforma política. Las muestras de resistencia eran evidentes tanto por parte del sector laboral como por la de los gobernadores y caciques locales (Middlebrook, 1986; Segovia, 1991; Peschard, 1991; Ward, 1993). Aunque tales demostraciones de indisciplina fueron pronto eficazmente apaciguadas mediante los recursos obtenidos por el auge petrolero, la calma terminó tras la crisis económica de 1982.

El ajuste económico ejerció nuevas presiones sobre la capacidad del PRI para cumplir con eficacia sus tareas principales. La crisis fiscal del Estado no sólo amenazaba con reducir la burocracia estatal, sino también los recursos disponibles para el "populismo distributivo" del partido y el patrocinio estatal.[25] A medida que se intensificaba la competencia electoral y las restricciones financieras interferían con el "clientelismo pasajero", se incrementaban las tensiones en el partido. Se relegó el principio de negociación, aumentó el control presidencial sobre el partido y se redujo la competencia dentro de su seno. Aunque el partido oficial había experimentado antes algunas divisiones, la más importante de ellas en 1952, éstas se habían contenido o cooptado eficazmente. En 1987 el PRI experimentó la crisis más grave de su historia, cuando la "Corriente Democrática" abandonó el partido para competir in-

[25] El ajuste económico restringía la tasa de crecimiento del gasto gubernamental. Entre 1983 y 1988, el gasto total del gobierno disminuyó 6.8%. La excepción fueron los gastos públicos para el servicio de la deuda interna y externa, que aumentaron 29.9%. La participación de aquellos gastos, distintos de los intereses en el total del gasto gubernamental, bajó de 80% en 1980-1981 a 54.3% en el periodo 1983-1988. En el mismo periodo se redujo el gasto social en 33.1%. El gasto federal real per cápita, para el desarrollo social, mantuvo un perfil bajo durante el periodo 1982-1989 y se recuperó de nuevo con Solidaridad. El número de las empresas estatales disminuyó de 1 155 a 750 en 1988 y a 206 en 1993 (véanse Ward, 1993; Lustig, 1992, p. 79).

dependientemente en la elección de 1988 y aparecer luego como un nuevo partido de oposición, el PRD.[26] La combinación de recesión económica y niveles de inflación sin precedentes con un periodo de elevadas expectativas por parte de los sectores medios dejó profunda huella en el escenario electoral y desempeñó un papel importante en el desarrollo de la oposición.[27]

El decepcionante desempeño del PRI en julio de 1988 obligó a Salinas a declarar, poco después de la elección, el fin del "partido único".[28] Esto provocó intranquilidad en el partido e irritación en algunos priistas que interpretaron esta declaración como una transgresión de las reglas del juego. La confusión se agravó más adelante con el anuncio de una reforma democrática durante la XIV asamblea del partido en 1990. La retórica democrática, incluido su compromiso con un retorno a las elecciones democráticas de sus orígenes (sostenidas entre 1937 y 1950), desató una competencia feroz por los 1 996 puestos electorales por disputarse en 1991. Aunque el Comité Ejecutivo Nacional trató de recuperar el control practicando la "democracia dentro de la razón" y reduciendo las elecciones primarias a dos gubernaturas, un alto nivel de indisciplina caracterizó las elecciones de 1991 en Guanajuato, Campeche, Colima y Nuevo León. Estos procesos se caracterizaron por la

[26] Como sucedió en la década de 1950, la restricción de la competencia en el partido obligó a De la Madrid a simular la apertura de la sucesión presidencial. En lugar de apaciguar a los miembros del PRI, la medida resultó muy divisiva. En 1987, la Corriente Democrática encabezada por Cuauhtémoc Cárdenas y Muñoz Ledo se separó para crear el Frente Democrático Nacional que en 1989 surgiera como el Partido de la Revolución Democrática (PRD).

[27] Desde 1982, estos sectores han jugado un papel decisivo en el proceso del cambio político de México (Loaeza, 1990).

[28] Las elecciones presidenciales de 1988 fueron las más disputadas de la historia reciente de México. Después de no rendir cifras preliminares el día de la elección, las autoridades electorales dieron al candidato presidencial del PRI 50.7% de la votación; Cárdenas, el candidato del FDN, recibió 31.06%, y el candidato del PAN, 16.81%. Tradicionalmente, el PRI había obtenido victorias aplastantes; en las elecciones de diputados federales, éstas fluctuaban desde 90% de la votación en 1960 hasta 68.2% en 1985. En 1988, la caída de la participación en la votación por el PRI a 50.4%, sugería la declinación de su hegemonía electoral. Aunque los estudios electorales indicaban un descenso del PRI en las votaciones urbanas, y tal deterioro se volvió más pronunciado con la crisis económica, no se mostró una clara realineación electoral tras las elecciones de 1988 (Klesner, 1994).

polarización, las divisiones profundas entre los miembros locales y nacionales del PRI, las defecciones y, en algunos casos, la emigración a partidos de oposición.[29]

Aunque la decisión de Salinas de sustituir el antiguo Consejo Nacional por el Consejo Político Nacional (CPN) fragmentó y, en consecuencia, debilitó el poder de los sectores, el retorno a los "candidatos de unidad" durante las elecciones de 1991 —para ambas cámaras del Congreso y para la Asamblea de Representantes del Distrito Federal— alentó de nuevo a estos sectores a demandar del gobierno su cuota de poder.[30] El presidente mantuvo el control en este proceso, que se caracterizó también por tensiones y divisiones profundas,[31] las que se agravaron aún más con la creación del Programa Nacional de Solidaridad (Pronasol). La plataforma del PRI de 1991 identificaba al Pronasol con el partido oficial, pero este programa tuvo claros efectos desestabilizadores para el PRI. La asignación de la nueva política social, en que destacaba especialmente la restauración del equilibrio entre las autoridades y las comunidades locales, añadía una nueva amenaza al papel del PRI en el "populismo distributivo".[32] Además, circularon rumores acerca de los planes de Salinas para crear un nuevo partido basado en los 100 000 comités de Solidaridad distribuidos por todo el país.[33] Las tendencias iniciadas por De la Madrid, que

[29] Para una relación detallada y cabal de estos procesos véase Garrido, 1994. Véanse asimismo Hernández, 1994, y Molinar, 1991.

[30] Las relaciones entre la CTM y Salinas se volvieron tensas desde el "destape" del presidente, y la participación de los candidatos obreros del PRI bajó de 24% en 1984 a 15% en 1991. A pesar de esto, los sindicatos oficiales mantuvieron en general su apoyo a la política económica y se vieron recompensados con salarios indirectos y subsidios para vivienda y atención médica, entre otros. Véase Murillo, 1995.

[31] Este cambio se justificó con base en una mayor pluralidad y una representación más balanceada. Los 157 puestos del consejo se distribuyeron entre cuatro organizaciones laborales, cuatro sindicatos nacionales y siete organizaciones campesinas. Para las elecciones de 1991 la CTM solicitó una cuota de 50 diputados y nueve senadores (Garrido, 1994, y Hernández, 1994).

[32] A pesar de las restricciones afrontadas por la política social durante el decenio, el PRI y las organizaciones laborales ligadas al partido seguían administrando y repartiendo los beneficios sociales. Así ocurría claramente en el caso de la vivienda de interés social (Fox, 1994, pp. 162-163; Ward, 1993, pp. 623-625; y el capítulo IX de este volumen).

[33] Solidaridad resultó ser una estrategia valiosa para el surgimiento de líderes anteriormente desconocidos, pero el partido de "ciudadanos" nunca se

apuntaban hacia un incremento del control presidencial sobre el partido y una competencia muy restringida, se vieron agravadas durante el gobierno de Salinas, en especial tras el retorno a la estructura de sectores del partido, en 1993, y su decisión de dar por concluida abruptamente la reforma del partido. En la medida en que estas tendencias destruían una práctica básica de la política mexicana —es decir, la negociación—, la disciplina se erosionaba, lo que conducía a niveles crecientes de desorden, evidentes en el aparato del partido, así como en sus relaciones con la élite gobernante (Kaufman Purcell y Purcell, 1980; Centeno, 1994; Peschard, 1991).

La indisciplina no se limitaba, de ningún modo, a las relaciones internas del PRI. Los modelos de comportamiento ordenado, basados en acuerdos tácitos, que habían caracterizado las relaciones del Estado con los empresarios y con la Iglesia, también experimentaron cambios importantes. Como se pone en claro en el capítulo VIII, la expansión de la "economía pública" y el incremento de la movilidad del capital minaron gradualmente el pacto existente entre empresarios y Estado, pacto que finalmente se extinguió en 1982 con la nacionalización de la banca. En efecto, los empresarios rechazaron gradualmente el acuerdo tácito, y durante breve tiempo participaron de manera activa en el juego político, aportando una asistencia valiosa al PAN (Maxfield, 1989; Loaeza, 1994a). Los esfuerzos de De la Madrid por lograr un acercamiento, aunque lento y costoso, finalmente triunfaron y se materializaron en el pacto de estabilización de 1987. Pero el ajuste económico y la estabilización provocaron cambios importantes en las relaciones de poder entre los empresarios. No sólo surgió una nueva élite financiera alrededor de las casas de bolsa, sino que la rápida liberalización comercial durante la administración de Salinas fragmentó y polarizó a la comunidad empresarial. Se abandonó la alianza amplia e incluyente, y en su lugar surgió un nuevo pacto que beneficiaba a las grandes empresas y excluía la aparición de grupos medianos y pequeños. Entre las

materializó. La estructura política que se encontraba detrás de Solidaridad era volátil, costosa y susceptible de ser captada por la oposición. Como ocurriera en la década de 1970, se reconocía formalmente la afiliación individual, pero en la práctica prevalecía la afiliación colectiva. Véanse Garrido, 1987; Peschard, 1991, y el capítulo IX de este volumen.

consecuencias del nuevo pacto, dos parecen particularmente importantes: por una parte, la mayor dependencia del Estado frente a los "tenedores de activos móviles"; por otra, la posibilidad de nuevas alianzas y coaliciones entre los "perdedores" y los partidos de oposición, especialmente el PAN.[34]

Durante el periodo de Salinas terminó oficialmente el acuerdo tácito existente con la Iglesia católica. Según Blancarte (capítulo VI), las relaciones Iglesia-Estado se reformaron exitosamente dentro de un marco "señaladamente liberal" que ha investido tanto con derechos como con obligaciones a las asociaciones religiosas. Aunque la regulación explícita de actividades antes clandestinas podría incrementar en realidad el poder jurisdiccional del Estado, no está claro aún si éste ejercerá realmente este poder. Además, como señala Blancarte, algunos sectores de la Iglesia católica han expresado su desacuerdo con las reformas. De igual modo, no está claro de ninguna manera que la nueva legislación ayudará a suavizar las relaciones Iglesia-Estado cuando se afronten cuestiones delicadas (como el control de la natalidad) que en el pasado han sido muy perturbadoras para el logro de esta alianza.

Las reglas no escritas que en el pasado regularon las relaciones estadunidenses-mexicanas han experimentado también cambios importantes. Por una parte, la vieja práctica de tolerancia hacia la disidencia de México en asuntos externos mostró crecientes señales de tensión cuando ambos países aplicaron políticas divergentes con respecto a la crisis centroamericana. Luego de un periodo de alta tensión, el acuerdo tácito fue finalmente remplazado por una tendencia que apuntaba hacia una alineación creciente y la subordinación de la política exterior de México a los dictados de las negociaciones para una zona de libre comercio. Por otra parte, si bien es cierto que el TLC no consideraba la creación de un marco institucional supranacional ni condicionaba el acceso de México a compromisos democráticos formales, de hecho generó una dinámica que ha intensificado la interacción entre los sis-

---

[34] El pacto sobrevivió al desastre de diciembre, pero a principios de 1995 algunos grupos pequeños y medianos ligados a la Coparmex amenazaron con la resistencia civil y la protesta organizada. Véase Oxford Analytica, *Latin American Daily Brief*, 28 de marzo de 1995.

temas políticos de México y los Estados Unidos. Esta dinámica se volvió particularmente evidente en enero de 1994,
cuando se inició el levantamiento de Chiapas, así como durante los meses que precedieron la elección presidencial de
1994 y más visiblemente como secuela de la devaluación de diciembre de 1994. En efecto, no sólo ha aumentado la vigilancia de los Estados Unidos sobre México por la elaboración,
negociación y subsecuente desembolso del paquete de rescate,
sino que, como ocurriera en la década de 1980, la severa crisis
económica mexicana ha despertado de nuevo el sentimiento
antimexicano en los Estados Unidos.[35]

Aunque una de las características distintivas del "presidencialismo mexicano" era la relación paradójica entre un poder
ilimitado otorgado a la figura presidencial y una fragilidad intrínseca a medida que el sexenio llegaba a su fin, Salinas magnificó más allá de todo precedente los poderes de la Presidencia. En verdad, Salinas forjó su liderazgo y legitimó su
gobierno recurriendo a las amplias prerrogativas del presidencialismo mexicano. Lo que lo distinguió de sus predecesores
fue su capacidad para monopolizar el poder previamente
mantenido por las instituciones. Salinas ejerció sus prerrogativas presidenciales en forma tal que el poder de mediación de
otras instituciones se vio prácticamente nulificado, y las normas y reglas tradicionales fueron constantemente alteradas.
En efecto, Salinas legitimó su régimen "asaltando al sistema
mismo que lo había llevado al poder" (Centeno, 1994, p. 25).
No hay duda de que la remoción de los gobernadores había

[35] Las dificultades afrontadas por el paquete de rescate de Clinton en el
Congreso de los Estados Unidos y las concesiones arrancadas a México para
que el país fuera objeto de una vigilancia más eficaz por parte de la comunidad internacional, ofrecían una clara prueba de esta tendencia. El grado de
interdependencia de las dos economías obligó a Clinton a pasar por encima
del Congreso de los Estados Unidos en febrero de 1995. Las tensiones no han
alcanzado en modo alguno el nivel que caracterizara las relaciones estadunidenses-mexicanas a mediados de la década de 1980, pero la propuesta 187
de California, que trata de frenar el flujo de inmigrantes, surgió como un
tema de conflicto. En el periodo de octubre de 1994 a junio de 1995 aumentó
26% el número de personas a quienes se negó la entrada por los puestos fron-
terizos estadunidenses. Véanse Serrano, 1993; Oxford Analytica, *Latin American Daily Brief*, 1 y 6 de febrero, 21 de julio y 9 de agosto de 1995. Véase en el
capítulo VII de este volumen un análisis de la crisis y de las políticas adoptadas con Ernesto Zedillo en respuesta a la crisis de la devaluación.

sido una de las prerrogativas de la Presidencia, pero la propensión de Salinas a las soluciones de "administración de la crisis", al mismo tiempo que negociaba con la oposición, condujo a una situación única. Al término del sexenio, 17 de 32 gubernaturas estaban en manos de gobiernos interinos.[36] Algunas de estas remociones implicaban negociaciones discrecionales que conducían a gobiernos interinos en manos de la oposición, específicamente del PAN. Como cabía esperar, estas decisiones, que apuntaban hacia un cambio importante en el papel tradicional del presidente de convertirse en el árbitro entre la oposición y el partido oficial, enfurecía a los miembros del PRI y alentaba el uso de tácticas políticas altamente desestabilizadoras. Las movilizaciones populares, reguladas por el PRI en el pasado, fueron remplazadas por movilizaciones agresivas, cuyo objetivo principal era privar a la oposición de victorias electorales u obligar al gobierno y al PRI a reconócer presuntas victorias electorales.[37]

El estilo presidencial de Salinas desafiaba abiertamente las reglas del juego establecidas y exacerbaba las tendencias que apuntaban ya hacia el agotamiento de las reglas y las instituciones existentes.[38] Estas tendencias han erosionado claramente uno de los cimientos del sistema político mexicano: su disciplina polifacética. A medida que aumentaban las movilizaciones populares y la oposición avanzaba, se hacía evidente un agudo divisionismo entre la élite gobernante.[39] No sólo

[36] Hernández, 1994, pp. 204-210; *La Jornada*, 2 y 6 de diciembre de 1993.

[37] En las democracias occidentales, la relación entre la protesta masiva, la reforma legislativa y la participación más amplia ha sido bastante positiva y mutuamente reforzadora, pero la experiencia de los países en desarrollo parece ser más compleja. Las movilizaciones masivas son potencialmente desestabilizadoras, no sólo por su vulnerabilidad ante la represión sino también porque pueden ser fácilmente adoptadas por los rivales al emprender contraprotestas fuertes y violentas (Maguire, 1993; O'Donnell, 1992).

[38] La reforma de los artículos 127 y 130 constitucionales por parte de Salinas representaba un rompimiento radical con las prácticas del pasado, como ocurrió también con su decisión de resucitar a Camacho en enero de 1994, es decir, a quien había sido uno de los principales aspirantes a la candidatura presidencial del PRI, en detrimento de la campaña de Colosio.

[39] Ésta es una de las características de los procesos de liberalización que también explican los cambios en la distribución del poder entre los actores políticos. A medida que aumenta el divisionismo entre la élite gobernante, se abren espacios políticos que pueden ser ocupados por la oposición. En efecto,

había disminuido la circulación de la élite a resultas del ajuste económico y el ascenso de la élite tecnocrática, sino que se veía cada vez más amenazada por los triunfos electorales de la oposición.[40] Esto, a su vez, combinado con la presencia de una sociedad más moderna, que demandaba responsabilidad por los actos del gobierno, impuso restricciones modestas, aunque importantes, a la tutela del PRI y a las formas onerosas del clientelismo estatal.[41] A medida que el PRI ha afrontado crecientes obstáculos en su acceso a puestos electorales y en su utilización de políticas públicas de patrocinio con el fin de ampliar su base electoral, también ha aumentado la indisciplina en su seno. Como se aclara en el capítulo II, el creciente interés mostrado por la oposición en la regulación del financiamiento de las campañas electorales y su decisión de emprender una ofensiva contra la utilización de recursos estatales por parte del PRI, se han visto acompañados de síntomas de indisciplina en el partido. La prueba de lo señalado la facilitó la propia reacción priista local del sureño estado de Tabasco ante la demanda de los oposicionistas de

"las movilizaciones y las escisiones en el régimen se alimentan recíprocamente". Véanse Przeworski, 1992; Huntington, 1991-1992.

[40] Aunque durante la administración de Salinas se incrementó la división entre los tecnócratas y la antigua guardia priísta, y su alianza se vio afectada por señales de destrucción mutua, ambas partes permanecieron atrapadas en una "interdependencia estratégica". Los tecnócratas proveían conocimientos técnicos fundamentales y los políticos aportaban la seguridad y la estabilidad necesarias para cosechar los frutos de tales conocimientos. Pero aunque los costos de la alianza han aumentado considerablemente, el "moderno gobierno tecnocrático" no ha permanecido completamente inmune a las prácticas priístas tradicionales. El estilo desplegado por el secretario de Hacienda, Jaime Serra Puche, en el nombramiento de su equipo, se asemejaba mucho a las antiguas prácticas clientelistas. De acuerdo con algunas fuentes, al tomar posesión del cargo Serra despidió a un número importante de funcionarios y puso en su lugar un equipo escasamente experimentado en los mercados financieros. El precio de tal improvisación se evidenció con la crisis de la devaluación de diciembre. (Información reunida en entrevistas.) Para una relación del ascenso de la élite tecnocrática véase Centeno, 1994, pp. 112-126. Véase asimismo Segovia, 1976 y 1987.

[41] En algunos sectores de la administración pública, como el banco central y el servicio exterior, se crearon servicios civiles embrionarios, pero no sólo no pudieron ejercer un impacto importante sobre el aparato burocrático, sino que se han vuelto vulnerables a la politización. Esto ha sido particularmente evidente en el servicio diplomático. Además, se ha desperdiciado la oportunidad para crear servicios civiles en nuevas áreas modernas del sector público, como Bancomext o Pemex Internacional.

que se respetara la legislación reguladora del financiamiento de los partidos.[42]

La manifestación de "indisciplina" más perturbadora ha sido, sin duda, la reaparición de la violencia en la competencia política. Más allá del debate acerca de la implicación del PRI en el asesinato de prominentes funcionarios del partido, entre ellos Luis Donaldo Colosio, candidato presidencial del PRI, en marzo de 1994, y José Francisco Ruiz Massieu, secretario del partido, en septiembre de ese mismo año, lo que resulta evidente es que estos sucesos tuvieron implicaciones importantes para la tranquila transición tradicional de las élites políticas en México. El asesinato del candidato presidencial del PRI creó un vacío de poder que de nuevo provocó una competencia feroz y destruyó las expectativas de quienes habían cerrado filas alrededor de Colosio. Durante el sexenio, la violencia política fue particularmente evidente para los miembros de la oposición, al dejar un elevado número de muertos entre la militancia del PRD. Sin embargo, como lo sugieren los acontecimientos del sureño estado de Guerrero, el uso indiscriminado del monopolio de la fuerza por parte del poder estatal ha resurgido (o se ha vuelto más evidente) como un instrumento de control político.[43]

Si bien es cierto que el principio de la supremacía civil permaneció incólume, hacia el final del sexenio se hicieron evidentes ciertas fuentes potenciales de inestabilidad en las relaciones entre civiles y militares. Primero, el estallido del levantamiento de Chiapas en enero de 1994 trajo de nuevo a la superficie la fricción potencial en relación con las tareas y los papeles que desempeñarían los militares. Pronto se materializaron los efectos esperados del TLC sobre la seguridad regional y la política interna, cuando los militares mexicanos fueron

---

[42] Esta demanda obligó a la Procuraduría General de la República a tomar la decisión de investigar a funcionarios del PRI de Tabasco por las acusaciones de gasto excesivo en las elecciones de la gubernatura estatal de noviembre de 1994. A lo largo de 1995, Tabasco permaneció como uno de los principales escenarios del desafío del PRI a las decisiones de las autoridades centrales. Oxford Analytica, *Latin American Daily Brief*, 14 y 22 de agosto de 1995.

[43] De acuerdo con algunas fuentes del PRD, más de 200 miembros del partido fueron asesinados durante el sexenio de Salinas. La Comisión Nacional de Derechos Humanos ha acusado a funcionarios de las fuerzas policiacas de Guerrero de haber asesinado a 17 campesinos.

objeto de la crítica internacional. Segundo, aunque es cierto que la institución militar permaneció bastante marginada del proceso de cambio político, el contexto peculiar que rodeó la elección presidencial de 1994 provocó cierta preocupación acerca de la imparcialidad y la neutralidad de las fuerzas armadas. Tercero, aunque la supremacía civil subsiste, la crisis económica desatada por la devaluación de 1994 debe de haber afectado la percepción por parte de los militares acerca de la competencia civil. Los resultados de la elección presidencial de 1994, que validaron el gobierno del PRI, contribuyeron temporalmente a estabilizar las reglas de la supremacía civil del PRI, pero todavía no ha ocurrido una transición hacia el control civil "objetivo". En efecto, es posible que la transición democrática tenga implicaciones importantes para el pacto civil-militar (Serrano, 1995).

Por último, también se han observado cambios institucionales en los poderes Legislativo y Judicial. Pese a que siguen claramente subordinados a la Presidencia y la penetración del PRI prevalece, estos poderes no fueron excluidos del impacto global de las tendencias discutidas en este capítulo. La Legislatura ha experimentado indudablemente los efectos de una oposición más vigorosa. Durante la Legislatura de 1988 a 1991, los partidos de oposición obtuvieron 240 de un total de 500 escaños en la Cámara de Diputados, y por primera vez el PRI no contó con la mayoría de dos tercios necesaria para hacer cambios constitucionales. Es cierto que mediante la manipulación electoral restauró el PRI su hegemonía sobre el Congreso en 1991, y nuevamente aseguró una mayoría constituida en 1994, pero no sólo se ha reactivado el Congreso por la presencia de la oposición, sino que la hegemonía del PRI se ha visto cuestionada por el divisionismo surgido dentro del mismo partido. Entre las prioridades del PAN para las elecciones intermedias de 1997 destaca la obtención de una mayoría en el Congreso.[44]

[44] Una de las explicaciones por la decisión de revertir la reforma del PRI en la XIV Asamblea era precisamente el riesgo de perder el control de la Legislatura. De la Madrid afrontó un Poder Legislativo que mostraba cierta resistencia al control presidencial. Las reformas de Salinas trataban de preservar el *statu quo* mediante mayorías fabricadas apelando a los requerimientos de "gobernabilidad". Pero la noción de gobernabilidad en México, en lugar de re-

Como lo demuestran los capítulos III y IV, la persistencia del sistema partidista hegemónico tuvo implicaciones importantes para la pervivencia del derecho en México. El Poder Judicial ha mostrado autonomía en algunos campos; sin embargo, la administración de justicia ha dependido en gran medida de las decisiones presidenciales, que a su vez han desempeñado un papel importante en la brecha subyacente entre el "Estado legal" y el imperio del derecho.[45] Durante la administración de Salinas no solamente se observaron elevados niveles de movilidad en la esfera de la justicia, sino que continuó la tendencia hacia la intensificación de las reformas constitucionales (se modificaron 64 artículos). De igual modo, la politización del Poder Judicial se agravó por la designación de priistas "retirados" o "en tránsito". El inepto manejo de los asesinatos políticos trajo a la superficie el descontento público por los abusos del poder, la corrupción y la ineficiencia generalizadas, que ensombrecían la administración de justicia.[46] En respuesta a esto, Zedillo en su campaña otorgó gran prioridad al imperio del derecho. Se introdujeron algunos cambios positivos en la designación y elección de jueces, pero la decisión de Zedillo de "subordinar la Suprema Corte" ilustró de nuevo el poder aplastante del presidente.

La independencia del sistema legal sigue estando en duda, y nuevas señales que apuntan hacia la politización de la Suprema Corte se hicieron evidentes con la decisión de este cuerpo de abstenerse ante la petición de la oposición en lo tocante a la constitucionalidad de la ley que regula los procesos electorales en la capital del país.[47]

ferirse a la sobrecarga de demandas, alude a que el desorden social conduce a una crisis política "vasta e inmanejable". Véase Whitehead, 1981. Por lo que toca a las fórmulas de gobernabilidad, véanse Woldenberg, 1992; Hernández, 1994; y el capítulo II de este volumen.

[45] El Estado legal se refiere a una manipulación de la ley que trata de acomodar los actos y las decisiones del Poder Ejecutivo. Véase el capítulo III de este volumen.

[46] Como lo ilustran los capítulos III y IV, durante 1994 eran frecuentes en la ciudad de México furiosas reacciones públicas contra los abusos policiacos, y una porción considerable de la población veía conexiones directas entre la violación del imperio del derecho y la creciente inestabilidad.

[47] Esta ley representaba un claro abuso del poder a expensas de los partidos de oposición, a los que se vedó la participación directa en las elecciones de la

ESTRUCTURACIÓN DE LA POLÍTICA: LA RELACIÓN ENTRE LAS REGLAS
FORMALES Y NO ESCRITAS Y LAS INSTITUCIONES

La relación entre las reglas formales e informales y las instituciones, aunque relativamente funcional durante largo tiempo,
se ha vuelto cada vez más compleja durante los últimos años.[48]
En el periodo de hegemonía del PRI, la distribución global del
poder no sólo favorecía a la élite gobernante, sino que también posibilitaba una relación funcional entre las reglas formales e informales y las instituciones. La armonía subyacente
entre la distribución del poder existente y las normas e instituciones prevalecientes tenía por lo menos tres consecuencias
importantes: primera, proveía al régimen de una significación
normativa eficaz; segunda, volvía bastante compatibles las
reglas formales y no escritas y las instituciones, y tercera, estimulaba a los actores políticos para que actuaran de conformidad con este conjunto particular de reglas e instituciones
(Whitehead, 1994a).

Más recientemente, las reglas y las instituciones se han visto
sometidas a considerable presión por las metas y los objetivos
en conflicto de los principales actores y grupos involucrados en
el proceso de liberalización política e internacionalización de
la política mexicana. Durante el último decenio, la creciente
competencia electoral y la intensificación de la lucha política,
tanto entre la élite gobernante como en su relación con la oposición, han ejercido una presión considerable sobre la estructura de las reglas. Las reglas formales y las no escritas, que por
decenios fueron bastante compatibles, se han vuelto menos
armoniosas. Como señala Segovia (1976), las incongruencias y
las aparentes contradicciones entre las reglas formales y las
informales respondían a una realidad política particular donde la distribución del poder prevaleciente garantizaba su compatibilidad. Pero conforme ha cambiado la distribución del
poder, ha surgido gradualmente una separación entre ambas
formas de regulación. A medida que nuevos actores políticos

capital. Véase Oxford Analytica, *Latin American Daily Brief,* 13 de julio y 1º de
agosto de 1995, y *Reforma,* 6 de noviembre de 1995.
[48] Véase Segovia (1976), p. 422.

activan de manera gradual las reglas formales que antes simplemente se pasaban por alto o no se aplicaban, se han intensificado las fricciones con los modos informales de regulación. En consecuencia, los mecanismos de regulación prevalecientes parecen cada vez más costosos e ineficientes.

Podríamos mencionar, por lo menos, tres casos para ilustrar este punto. La llegada de la oposición a gubernaturas desde 1989 trajo al primer plano la cuestión del federalismo y la autonomía estatal con claras implicaciones para los modos tradicionales de regulación de las relaciones entre el centro y los estados. Pero las exigencias de respeto al federalismo no se han restringido a los miembros de la oposición. En efecto, la autonomía estatal ha sido esgrimida también por gobernadores del PRI para contener, restringir o nulificar decisiones del centro que pudieran afectarlos.[49] De igual modo, la creciente presión ejercida por la oposición sobre el gobierno para que se apliquen efectivamente nuevas leyes que regulen el financiamiento de las campañas partidistas ha provocado tensiones dentro del PRI. Por último, se ha vuelto cada vez más problemática y costosa la aplicación de reglas informales en condiciones de emergencia, como la que prevaleció en marzo de 1994, tras el asesinato de Colosio. Es cierto que la capacidad de Salinas para escoger un segundo candidato demostró, una vez más, la magnitud del poder presidencial, pero el uso de esta prerrogativa resultó en extremo difícil. En tal contexto, caracterizado por la competencia feroz desatada por la reapertura de la sucesión presidencial, la retórica de respeto del PRI hacia las regulaciones formales representaba, de hecho, un instrumento de poder en manos de priistas ambiciosos o desencantados.

A medida que la apertura política se aceleraba y la política nacional se internacionalizaba, no sólo surgían actores nuevos que avanzaban en la consolidación de sus posiciones, sino que se hacían evidentes divisiones más graves entre la coalición gobernante. El partido en el gobierno ha mantenido hasta ahora un control relativo sobre este proceso y lo ha dominado, pero los cambios ocurridos en la distribución del poder

---

[49] Esto resultó particularmente claro en el caso de Tabasco, cuando los rumores acerca de la inminente remoción del gobernador llegaron al máximo, con motivo de que se estaba negociando con el PRD en la capital del país.

entre el PRI y los nuevos actores políticamente activos han dado a estos últimos la capacidad de obstaculizar o detener ciertas medidas y acciones políticas llevadas a cabo por el gobierno o el partido dominante. En efecto, la oposición disfruta hoy un poder de veto limitado, pero todavía significativo, que ha impuesto nuevas restricciones a las reglas e instituciones tradicionales.[50] Uno de los ámbitos principales donde se está ejerciendo este "poder de prohibición" es en el del control, por parte del PRI, del aparato estatal y su uso de los recursos gubernamentales. Queda claro que, si estas acciones resultan eficaces, podrían alterar aún más la distribución relativa del poder entre los actores políticos.

A pesar de su costo creciente y su aparente incapacidad para aproximar el sistema a su equilibrio anterior, las antiguas reglas e instituciones permanecen en su sitio. En efecto, su capacidad para crear orden ha sido cada vez más cuestionada durante los últimos años. Por una parte, los actores políticos, entre ellos algunos miembros de la élite gobernante, han retirado su consentimiento, simplemente desentendiéndose de estas reglas o desobedeciéndolas abiertamente. Por otra parte, las condiciones cambiantes y los contextos políticos subyacentes han reducido la capacidad de estas reglas e instituciones para adaptarse, revelando en esta forma su incompatibilidad aparente con el orden y la estabilidad.

Efectivamente, los esfuerzos por adaptar las prácticas reguladoras mediante la liberalización política no han logrado que los actores actúen de conformidad con el conjunto de reglas e instituciones existentes. La búsqueda de un cambio ampliamente controlado de las reglas del juego no ha contribuido en plenitud a la estabilización de las relaciones existentes entre la élite gobernante y los nuevos actores, ni ha podido restablecer interacciones ordenadas en la coalición gobernante.[51]

[50] El PAN obtuvo originalmente este poder de veto por su papel en la legitimación de la reforma electoral. Su desempeño durante la elección presidencial del 1994 y su avance impresionante durante 1995 en Jalisco, Guanajuato y Baja California, donde ganó gubernaturas, y en las capitales de Aguascalientes y Veracruz, han dotado a este poder de veto de una base más genuina. Véase Oxford Analytica, *Latin American Daily Brief*, 13 de mayo y 14 de agosto de 1995.

[51] Aunque durante la década de 1980, la élite tecnocrática disfrutaba de un

Un decenio de reforma económica y liberalización política ha introducido cambios significativos en el escenario de la política mexicana. Han cambiado el número y la naturaleza de los actores políticamente activos, al igual que la distribución prevaleciente del poder entre ellos. Esto ha tenido, a su vez, importantes consecuencias para las interacciones en curso de la coalición gobernante. Pero si bien es cierto que este proceso ha minado el poder del régimen y ha incrementado los costos de la dominación del PRI, no ha erosionado por completo su posición dominante. A pesar de esto, se ha desarrollado gradualmente un desequilibrio entre la gobernación actual del sistema y la distribución subyacente del poder. Aunque el PRI ha mantenido su posición como actor dominante, al parecer ya no tiene el poder ni la capacidad para gobernar el sistema. El régimen parece cada vez menos capaz de mantener el orden y sostener las reglas y las instituciones que en el pasado proveían estabilidad. A pesar de los grandes esfuerzos del régimen para proteger las reglas del juego existentes y restablecer el orden mediante ciertas medidas destinadas a fortalecer la capacidad de operación de las reglas, su creciente confianza en la administración de la crisis y las decisiones *ad hoc* han promovido una inestabilidad creciente.

Las elecciones presidenciales de 1994 indicaron la renovada vitalidad del partido oficial, pero el PRI no sólo no ha podido desempeñar el papel de "garante de un juego político abierto pero ordenado" (Di Palma, 1990), sino que muchos lo perciben también como un obstáculo importante. Desde la perspectiva de nuevas reglas e instituciones, el escenario parece igualmente incierto. El principal legado institucional de más de un decenio de liberalización política se ha restringido a un aspecto: el de las autoridades electorales. Y, si bien es cierto que el avance del PAN ha sido impresionante, todavía no está claro si las victorias electorales del PAN lograrán establecer un modelo más estable y duradero. La opción del cambio político gradual disfrutó de considerable aceptación en México, debi-

grado razonable de aislamiento frente a las presiones sociales, las demandas sindicales y los grupos de interés, esta situación no impedía que la economía se volviera rehén del divisionismo del PRI "moderno". Por lo que toca a los determinantes del ajuste económico, véase Nelson (1990).

do a una conexión trazada entre esta opción y los bajos costos en términos de certeza, violencia y estabilidad. Pero, como lo ha demostrado este capítulo, esta opción no sólo tiene sus costos, sino que muchas de las características normalmente asociadas al cambio político más rápido y profundo que allana el camino hacia la transición democrática han aparecido cada vez más en el escenario mexicano. En términos de sus ventajas, la mala administración económica que condujo al desastre de diciembre cuestionó dramáticamente una de las justificaciones principales de la reforma gradual. En efecto, luego se puso en claro que el cambio político gradual no proveía salvaguardias que pudieran aislar a la política económica de la lógica de la competencia asociada a la sucesión presidencial del PRI. Lo que sugiere la experiencia mexicana es que los costos de la ruptura quizá no excedan necesariamente los costos asociados con el cambio gradual.

II. RENEGOCIACIÓN DE LAS REGLAS DEL JUEGO: EL ESTADO Y LOS PARTIDOS POLÍTICOS

Juan Molinar Horcasitas

El partido gobernante en México, el Partido Revolucionario Institucional (pri), ha durado más tiempo en el poder que todos los partidos dominantes o hegemónicos de la historia. Ha estado en el poder durante más de 65 años y no tiene rival en los anales de la historia partidista. Supera fácilmente lo alcanzado por el Partido del Congreso de la India o el Partido Liberal Demócrata de Japón, que permanecieron en el poder durante algunos decenios con sistemas democráticos y sin recurrir a coaliciones. La durabilidad del pri aventaja también ampliamente las largas permanencias de los colorados paraguayos, el tanu de Tanzania, la Unión Popular portuguesa o el Kuomintang de Taiwán, que gobernaron o siguen gobernando mediante regímenes autoritarios.

Como he sostenido en otra ocasión (Molinar, próxima publicación), la política unipartidista y las elecciones no competitivas han distinguido la política mexicana, pero el sistema político mexicano no ha sido nunca un sistema estrictamente unipartidista.[1] Esto vuelve más desconcertante el misterio. Por una parte, ¿cómo puede existir un partido hegemónico por más de seis decenios sin derivar en una política unipartidista? Por otra parte, ¿cómo ha sido posible que un sistema político

---

[1] Las elecciones federales se realizan cada seis años para presidente y cada tres años para el Senado y la Cámara de Diputados. Los 31 gobernadores se eligen cada seis años, y las legislaturas estatales y los cabildos municipales, cada tres años. Los calendarios electorales federales, estatales y locales son independientes. Por lo tanto, hay alguna elección en proceso en determinada parte del país casi en cualquier momento. Algunos estados han sincronizado sus elecciones estatales y municipales con las federales, de modo que se pide a los ciudadanos que voten sólo una vez cada tres años, pero en la mayoría de los estados se pide a los ciudadanos que voten una vez al año.

con elecciones multipartidistas, por lo menos a nivel nacional, no haya evolucionado hacia elecciones competitivas? Ambos enigmas son las dos caras de la misma moneda que se ha mantenido sobre su canto durante más de 65 años.

He considerado que la clave del sostenimiento de esta moneda en equilibrio y continuidad políticos es el incesante proceso de reforma que ha experimentado el sistema mexicano. El cuadro II.1 muestra que la frecuencia de la reforma electoral ha tenido un ritmo impresionante. En efecto, entre 1918 y 1970 se reformó la Constitución ocho veces en lo tocante a cuestiones electorales (véanse los capítulos III y IV). Además, durante el mismo periodo se han promulgado cuatro códigos electorales diferentes, los que a su vez se reformaron en nueve ocasiones.

CUADRO II.1. *Reglamentaciones electorales promulgadas en México, 1917-1970*

Administración gubernamental	Año	Enmienda constitucional	Nuevo código electoral	Enmienda del código electoral
Venustiano Carranza	1918		x	
Adolfo de la Huerta	1920			x
Álvaro Obregón	1921	x		x
Plutarco Elías Calles	1927	x		
	1928	x		
Emilio Portes Gil				
Pascual Ortiz Rubio	1931			x
Abelardo Rodríguez	1933	x		
Lázaro Cárdenas				
Manuel Ávila Camacho	1942	x		x
	1943			x
Miguel Alemán	1946		x	
	1949			x
	1951		x	
Adolfo Ruiz Cortines	1953	x		
	1954			x
Adolfo López Mateos	1960			
	1963	x		x
Gustavo Díaz Ordaz	1970	x		x

Una inestabilidad tan intensa de las leyes y las reglamentaciones electorales es intuitivamente inconsistente con la fuerte dominación de un solo partido, porque a la reforma electoral tiende a seguir la alternancia en el gobierno. ¿Por qué, entonces, desearía un partido ganador reformar las reglas del juego que lo llevaron al triunfo? La permanencia del sistema partidista hegemónico de México deriva de un proceso constante de reforma electoral que ha trazado una travesía peligrosa entre Escila y Caribdis, o sea, entre el divisionismo interno y el agotamiento de la oposición leal (Molinar, 1993). Además, la frecuente manipulación de los procedimientos electorales es característica común de los sistemas políticos autoritarios que afrontan presiones de liberalización. El caso de Brasil, con sus *casuismos* (o reformas electorales *ad hoc),* es muy similar al caso mexicano (véase Fleischer, 1984). Y el ritmo de la reforma electoral mexicana se ha acelerado desde la administración de Luis Echeverría, es decir, al inicio del periodo de inestabilidad política y económica.

El cuadro II.2 muestra que, entre 1972 y 1994, la Constitución se enmendó ocho veces en lo tocante a cuestiones electorales, se promulgaron cuatro códigos electorales diferentes, y

CUADRO II.2. *Reglamentaciones electorales promulgadas en México, 1970-1994*

Administración gubernamental	Año	Enmienda constitucional	Nuevo código electoral	Enmienda del código electoral
Luis Echeverría	1972	x		
	1973	x	x	
	1974	x		
José López Portillo	1977	x	x	
Miguel de la Madrid	1982			x
	1986	x		
	1987		x	
Carlos Salinas de Gortari	1988			x
	1990	x	x	
	1993	x		x
	1994	x		x

estas leyes se enmendaron cuatro veces. En suma, durante los últimos 22 años, México ha experimentado tantas reformas electorales como durante los primeros 55 años. Tan intensa inestabilidad de las leyes y reglamentaciones electorales es intuitivamente incompatible con el fuerte dominio de un solo partido, para la reforma electoral años después de la promulgación de la Constitución de 1917. Es evidente que la "vida media" del código electoral se ha reducido extraordinariamente durante los últimos años. De hecho, los códigos electorales de 1987 y 1993 ni siquiera entraron en vigor sin enmiendas, y ambos tuvieron que reformarse pocos meses después de su aprobación. Como dice Jacqueline Peschard, cada sexenio acostumbraba tener una gran reforma electoral; sin embargo, el presidente Carlos Salinas hubo de afrontar tres grandes reformas electorales durante su administración (Peschard, 1994, p. 1).

La intensificación de la actividad legislativa en cuestiones electorales durante estos últimos años ilustra el disentimiento creciente entre el gobierno y la oposición en lo tocante a cuestiones electorales, así como la profundización de las divisiones internas del PRI en cuanto a la reforma electoral. Pero estas reformas no han eliminado la presión política en la arena electoral. Por el contrario, las reformas electorales en el contexto de la inestabilidad se volvieron cada vez más complicadas para el régimen gobernante, por varias razones. Una de estas razones era la lucha feroz por la hegemonía política en el PRI. Esta lucha provocó un ciclo de grave inestabilidad de las políticas entre 1970 y 1983, el cual desembocó en la crisis económica de 1982. Al periodo de inestabilidad de las políticas siguió un ciclo de políticas neoliberales congruentes que superó la crisis económica pero desató el divisionismo en el PRI. Por último, el divisionismo provocó un cisma dentro del PRI en 1987. Esto fue parcialmente consecuencia del cambio de las políticas durante las administraciones de De la Madrid y Salinas (Molinar, 1994). Las principales escisiones se relacionaban con cuestiones sociales y económicas, como las reformas constitucionales de los artículos 3, 27 y 28 (que regulan la educación, la propiedad de la tierra rural y la regulación de la economía), pero algunos temas de la reforma electoral también provocaban el divisionismo dentro del PRI. Así ocurrió, por ejemplo, con la enmienda del artículo 82 de la Constitución, que afrontó una enconada resistencia interna entre las filas del PRI.[2]

La crisis económica y los costos de la restructuración, la inestabilidad de las políticas y el divisionismo partidista de los dos últimos decenios han dañado al PRI, que no ha podido revertir el proceso de erosión gradual de sus bases de apoyo (véase la gráfica II.1). No deben engañarnos los amplios márgenes ocasionales de las victorias del PRI. Ciertos estudios han demostrado que, durante el último decenio, el electorado mexicano experimentó un marcado proceso de desalineación (Klesner, 1994; Molinar y Weldon, 1990). Esto significa que el electorado mexicano está menos firmemente bajo el control del PRI que nunca antes. En consecuencia, el incremento en la competitividad de las elecciones mexicanas reduce el margen de error de los negociadores del PRI.

Por otra parte, los partidos de oposición han aprendido de la experiencia y sus demandas siguen creciendo, lo que incrementa los costos de las reformas para el PRI. De hecho, durante el último decenio, las reformas electorales han seguido la dirección impuesta por los líderes de la oposición, especialmente en algunos temas que el Partido Acción Nacional (PAN) ha sostenido durante años, como el fortalecimiento de los tribunales electorales y la implantación de una credencial de identificación del votante con fotografía. Estas demandas de la oposición se satisficieron en las reformas electorales de 1989 y 1993.

La reforma de 1993 fue singularmente interesante, porque derivó de un acuerdo temporal entre el PAN y el Partido de la Revolución Democrática (PRD). En marzo de 1993, los líderes de ambos partidos publicaron una agenda común de reforma política que incluía nueve demandas diferentes. Con ello lograron romper la resistencia inicial de los legisladores del PRI

---

[2] El artículo 82 establece los requisitos para ser elegido presidente. Antes de la reforma de 1993, la Constitución exigía que el presidente fuese ciudadano mexicano (por nacimiento, no por naturalización), y que *ambos* padres fuesen también ciudadanos mexicanos (de nuevo por nacimiento, no por naturalización). La nueva reforma requiere sólo la ciudadanía mexicana (por nacimiento, no por naturalización). Además, exige la ciudadanía mexicana para la madre *o* el padre, *o* 25 años de residencia en el país.

GRÁFICA II.1. *Votación para PRI, PAN y PRD (y sus antecesores). Elecciones de diputados federales. 1946-1994*

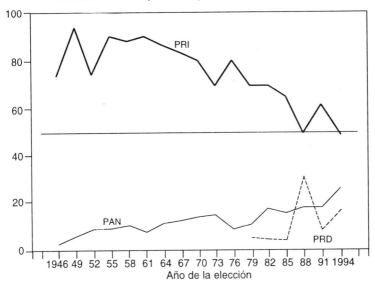

FUENTES: De 1948 a 1968, Molinar (1994); para 1991, Magar (1994); para 1994, Instituto Federal Electoral (1994). Los antecesores del PRD son el PCM, el PSUM, el PMT, el PMS y el FDN.

e impusieron muchas de sus demandas. En efecto, el resultado fue considerado satisfactorio por los líderes del PAN y por algunas fracciones del PRD. El nuevo código electoral fortalecía la conciliación judicial de las disputas electorales, introducía alguna forma de representación proporcional en el Senado y una regulación más estricta del financiamiento de partidos y campañas, y también modificaba los requisitos constitucionales para ser presidente de la República. Sin embargo, el PAN y el PRD no lograron una reforma de las regulaciones que rigen las coaliciones electorales, ni una reforma de las agencias electorales.[3]

Por último, el PAN y el PRI, sin contar con la aprobación del PRD, convinieron también una nueva fórmula electoral para la

[3] En términos estrictos, la reforma de la regulación de las coaliciones electorales era sólo una demanda del PRD.

Cámara de Diputados. Al contrario de lo que ocurría con sus dos predecesores, la nueva fórmula electoral no incluye una "cláusula de gobernabilidad".[4] Sin embargo, la fórmula tiende a "fabricar mayorías" mediante la sobrerrepresentación sistemática del partido de la pluralidad.

La Cámara de Diputados se integra con 500 miembros, de los cuales 300 se eligen por pluralidad en distritos uninominales; los otros 200 son escaños listados que se eligen por representación proporcional en cinco distritos plurinominales. El nivel mínimo para recibir escaños de representación proporcional es de 1.5% de la votación nacional. La fórmula establece también ciertos niveles máximos, o topes de representación, que varían de acuerdo con el nivel de apoyo electoral del partido.[5]

Una comparación entre la nueva fórmula y las anteriores revela que la relación entre el PRI y la oposición era complicada. El partido triunfador se beneficiaría con la nueva fórmula en algunos escenarios y se perjudicaría en otros. Con la nueva fórmula, el partido triunfador resultaría perjudicado en caso de recibir entre 63 y 70% de los votos, o entre 35 y 40%. En cambio, el partido triunfador resultaría beneficiado con la nueva fórmula en la mayoría de los demás escenarios, aunque en grados diferentes. En suma, la evaluación de la relación para el partido triunfador, entre la nueva fórmula electoral y la anterior, no es concluyente, porque la fórmula nueva representa alto grado de incertidumbre. Pero también es cierto que la comparación entre la fórmula electoral utilizada en 1988 y 1990, y la fórmula utilizada en 1994, indica que el partido triunfador está obteniendo siempre arreglos más ventajosos, por lo menos en muchos escenarios electorales.[6]

[4] Las "cláusulas de gobernabilidad" son ciertas provisiones, introducidas en las leyes electorales mexicanas desde 1986, que garantizan una mayoría de escaños, en la Cámara de Diputados, para el partido triunfador.

[5] Si un partido recibe 63% o más de la votación, ganará exactamente 315 escaños, o sea 63% de la Cámara. Si un partido recibe entre 60 y 63% de la votación, su participación total en la Cámara será exactamente igual a su participación en la votación. Por último, si un partido recibe menos de 60% de la votación, no podrá recibir más de 300 escaños (o sea, 60% de la Cámara). Esta fórmula parece complicada, pero es la fórmula electoral más simple que se ha utilizado en México desde la reforma de 1963. Para una reseña completa de las fórmulas electorales mexicanas véase Molinar (próxima publicación).

[6] Esta conclusión se vería sumamente modificada si aconteciera cierta redistritación, porque gran parte de lo tendencioso existente en la fórmula actual

Las negociaciones de la reforma electoral se han vuelto también más complicadas, porque los partidos de oposición se han fortalecido. Este fortalecimiento se deriva, en parte, del número de presidencias municipales, legislaturas estatales y aun gubernaturas estatales ganadas por los partidos de oposición, y alcanzó su nivel histórico más alto durante el sexenio de Salinas (1988-1994). Además, los dos principales partidos de oposición lograron también desarrollar mejores aparatos electorales durante el último decenio. Por principio de cuentas, extendieron su cobertura geográfica, presentando candidatos en casi todas las contiendas municipales o estatales.[7] Además, los partidos de oposición reforzaron sustancialmente su capacidad de vigilancia. A mediados de la década de 1980, por ejemplo, ni siquiera el PAN, de antigua fundación, pudo presentar más de 10 000 o 15 000 representantes en las casillas de votación, dejando desprotegidos más de dos tercios del total de éstas. Los otros partidos de oposición eran considerablemente más débiles. En cambio, en la elección de 1994, el PRD tuvo representantes del partido en 70% de las casillas, mientras que el PAN cubrió 67%. Dado que no había una cobertura completa, la mayoría de las casillas fueron cubiertas por dos partidos políticos por lo menos (IFE, 1994).

LAS REFORMAS ELECTORALES DE 1994

El contexto político de la reforma electoral de 1994 era ya complicado, pero las cosas empeoraron la víspera del año nuevo de 1994, cuando surgió en el sureño estado de Chiapas un movimiento guerrillero de base indígena.[8] Como si el combate de una rebelión guerrillera no fuese suficientemente complicado

en favor del PRI depende de la injusta distribución distrital. La evidencia de lo tendencioso en la geografía electoral de la elección federal es obvia, pero un solo dato ayudará a ilustrarla: con sólo 48% de la votación nacional, el PRI ganó 91% de los escaños de la Cámara de Diputados. La reforma de la ley de 1993 incluía ciertas provisiones para la reasignación y la redistritación después de 1994.

[7] Esto contrasta abiertamente con el estado de cosas existente hace pocos años. Por ejemplo, en 1986, más de 40% de las elecciones municipales no fue disputado por ningún partido de oposición (Molinar, 1991, p. 116).

[8] Por lo que toca a la cobertura de la rebelión de Chiapas en la prensa bri-

para cualquier gobierno, los gobernantes mexicanos se encontraron con una grave deficiencia de legitimidad política. Acto seguido al inicio de las acciones armadas, una miríada de grupos cívicos, organizaciones no gubernamentales, e importantes sectores de la opinión pública demandaron que el gobierno iniciara negociaciones políticas en lugar de enzarzarse en un combate serio con los rebeldes, o por lo menos antes de hacer esto último. El gobierno estaba profundamente dividido acerca de cómo debería afrontarse esta situación. Por una parte, algunos miembros del gobierno favorecían una acción militar, esperando que se aplastara o por lo menos se controlara a los rebeldes en breve plazo; por otra parte, un grupo encabezado por Manuel Camacho, disidente del PRI que planteara graves amenazas para la estabilidad de ese partido tras perder la nominación presidencial ante Luis Donaldo Colosio, prefería la negociación política.[9]

El 10 de enero, el presidente Salinas ordenó el cese al fuego unilateral en Chiapas y ofreció iniciar negociaciones políticas con los guerrilleros. A fin de volver creíble su ofrecimiento y llevarlo a la práctica, el presidente reformó también su gabinete político: Manuel Camacho renunció a su puesto de secretario de Relaciones Exteriores y asumió un cargo honorario como comisionado de la paz; al mismo tiempo, el secretario de Gobernación, Patrocinio González Garrido, y el jefe de la Dirección Nacional de Seguridad, Fernando del Villar, fueron removidos. Garrido fue remplazado por el procurador general de Justicia, Jorge Carpizo, el único miembro del gabinete que decía no estar afiliado al PRI. A su vez, Carpizo fue remplazado por Diego Valadés, antiguo aliado político de Carpizo y ahora de Manuel Camacho.

Los efectos políticos de las negociaciones de paz y la reorganización del gabinete redundaron en la esfera de los partidos políticos y las elecciones. El hecho de que el secretario de Go-

___

tánica, véase *The Economist*, 8 de enero de 1994, 15 de enero de 1994 y 19 de febrero de 1994.

[9] Camacho no estaba solo en su posición. Aparentemente, algunos miembros del gabinete, así como otros políticos prominentes, se oponían a la orientación de línea dura. Hay pruebas de una enconada lucha dentro del gobierno durante cerca de una semana, antes de que el presidente Salinas decidiera seguir la estrategia propuesta por Camacho.

bernación estuviese a cargo tanto de los asuntos de la seguridad nacional como de la organización electoral aceleró las conexiones existentes entre Chiapas, los partidos y las próximas elecciones. El 27 de enero, ocho de los partidos políticos nacionales, incluido el PRD, firmaron un convenio llamado Acuerdos para la Paz, la Democracia y la Justicia, que establecía la agenda para las negociaciones de paz y amplias reformas electorales que otorgaban garantías políticas para una elección limpia como aspecto fundamental del proceso de pacificación.[10]

La inclusión de la reforma electoral en la agenda era muy interesante, porque en enero de 1994 se había iniciado ya el proceso electoral federal de acuerdo con los términos del recientemente enmendado código electoral. En efecto, una ley nueva acababa de promulgarse en septiembre de 1993 (véase el cuadro II.2), y muchos líderes del PRI consideraban muy riesgoso que se emprendiera una reforma electoral a mitad del proceso.

Es importante destacar los vínculos entre la insurrección y la reforma política de 1994. La reforma política habría sido imposible sin la presión de la rebelión en Chiapas. Efectivamente, entre otras cosas, el manifiesto político de los rebeldes de Chiapas incluía demandas de elecciones limpias y democracia en México. Sin embargo, también es cierto que la fuerte presión de los partidos de oposición y las ONG, amplificada por la atención internacional a los asuntos mexicanos, inclinó la balanza del poder en el gobierno de Salinas en favor de las negociaciones políticas. Esto se puso en claro en el texto de los Acuerdos para la Paz, la Democracia y la Justicia, que explícitamente ligaba las negociaciones de paz a la elección federal, estableciendo que "[la] cuestión más importante para el país es el establecimiento de una paz justa y duradera. Para este fin, una condición necesaria es el avance de la democracia mediante la realización de una elección imparcial en 1994, de una elección apoyada por los ciudadanos y las fuerzas políticas de México".

Los acuerdos eran de largo alcance. Incluían convenios re-

<hr>

[10] Únicamente el Partido Popular Socialista (PPS) se abstuvo de firmar los acuerdos.

ferentes a la creación de condiciones favorables para la inversión productiva y el desarrollo económico, al fortalecimiento de políticas públicas orientadas hacia el alivio de la pobreza, y aun a ofrecimientos explícitos de amnistía para los rebeldes y alguna clase de alternativa política para ellos. Pero el meollo de los convenios eran cuestiones electorales. En efecto, el primero de los convenios básicos de los acuerdos era la adopción de "todas las medidas conducentes a la creación de condiciones de confianza y seguridad en cada paso del proceso electoral".

A fin de poner en práctica este convenio básico, las partes detallaron una agenda de ocho puntos. Se incluía aquí un vasto conjunto de acciones legales y políticas referentes a la integración y el comportamiento de las autoridades electorales, la revisión de las listas de votantes, el establecimiento de un acceso equitativo a los medios de comunicación, la utilización no partidista de los fondos y los recursos públicos, la revisión del sistema de financiamiento público y privado de los partidos políticos, la enmienda del código penal a fin de castigar las restricciones de la libertad política, la designación de un fiscal especial para la persecución de los delitos electorales y la convocatoria a un periodo extraordinario del Congreso para la legalización de los acuerdos resultantes.

Pero el aspecto más importante de los acuerdos era que todas estas medidas se tomarían por consenso de las partes signatarias. Éste era, en efecto, un viraje en el proceso de las negociaciones políticas y la clave de su éxito relativo. Por primera vez desde las elecciones de 1988, los líderes del PRD realizaban negociaciones políticas directas y oficiales con el gobierno. Los acuerdos abrieron un proceso muy intenso de negociaciones entre PRI, PAN y PRD. El negociador del gobierno era Jorge Carpizo, y los representantes de los partidos políticos eran sus líderes nacionales.

El espíritu de las negociaciones puede captarse en dos expresiones muy contrastantes: por una parte, una expresión del secretario de Gobernación, quien dijo que "todo era negociable, menos la fecha de la elección presidencial", capta el alcance comprensivo de la agenda y la relevancia de las decisiones tomadas por los partidos. Por otra parte, algunos líderes de los partidos minoritarios que no fueron invitados a las negociaciones se referían a éstas como un "pacto entre los tres hermanos mayores". Ambas aseveraciones resultaron ser ciertas, porque el PRI, PAN y PRD negociaron efectivamente un vasto conjunto de reformas y procedimientos para la elección de 1994, pero sólo esos partidos tuvieron voz efectiva en el proceso.

Las negociaciones siguieron una regla de consenso entre PRI, PAN y PRD. Aunque esta estricta regla imponía graves obstáculos, se cumplió la mayor parte de la ambiciosa agenda de los Acuerdos para la Paz, la Democracia y la Justicia del 27 de enero. Los líderes nacionales de los tres partidos declararon al principio su satisfacción con los acuerdos, pero el PRD estaba dividido. Una fracción del partido (que incluía a los seguidores de Porfirio Muñoz Ledo) apoyaba las negociaciones y el resultado, pero otro sector del partido, encabezado por Cuauhtémoc Cárdenas, el candidato presidencial del PRD, se negaba a suscribir los acuerdos. Esta divergencia se expuso al público en un gran mitin del partido en la ciudad de México, donde Muñoz Ledo dijo que el PRD había venido luchando por algunas de las reformas durante años, mientras que Cárdenas dijo que no podía suscribir un error político.[11] En todo caso, el Congreso fue convocado tras un receso y la reforma se aprobó con los votos del PRI, el PAN y la mitad de la fracción legislativa del PRD. Esta división interna del PRD continuó durante todo el proceso electoral.

EJECUCIÓN DE LOS ACUERDOS

Algunos de los acuerdos se convirtieron en ley, mientras que otros siguieron siendo informales. Los aspectos formales de la reforma se convirtieron en ley en mayo de 1994, es decir, cinco meses después del inicio oficial del proceso electoral y sólo tres meses antes de la elección. Los acuerdos informales consistían en cerca de 50 acciones específicas diferentes acerca de todos los aspectos del proceso electoral. Algunos de esos acuerdos informales fueron ejecutados por el presidente, otros por el secretario de Gobernación y otros más por el consejo general del Instituto Federal Electoral (IFE).

[11] *La Jornada*, 19 de marzo de 1994, p. 1.

ACUERDOS FORMALES

Las reformas de mayo de 1994 consistieron básicamente en tres grupos de enmiendas legales:

1. Se modificó la composición del consejo general del IFE. Antes de las reformas, el consejo general estaba integrado por 21 miembros, en representación del Poder Ejecutivo, el Poder Legislativo, los partidos y seis magistrados. El gobierno y el PRI tenían siete votos (el secretario de Gobernación, un senador, un diputado y cuatro representantes de partido); el PAN tenía tres votos (un diputado y dos representantes de partido); el PRD tenía dos votos (un senador y un representante de partido); y el Partido Popular Socialista (PPS), el Partido del Frente Cardenista de Reconstrucción Nacional (PFCRN) y el Partido Auténtico de la Revolución Mexicana (PARM) tenían un voto cada uno. Las otras tres organizaciones, el Partido Demócrata Mexicano (PDM), el Partido Verde Ecologista de México (PVEM) y el Partido del Trabajo (PT) tenían voz pero no voto. Los seis magistrados eran designados por la Cámara de Diputados, por votación de dos tercios, escogiendo de una lista de candidatos propuestos por el presidente. Pero éste seguía manteniendo el control porque la ley establecía que si la Cámara de Diputados no lograba llegar a un acuerdo sobre algún nombramiento, los magistrados restantes serían escogidos al azar de la lista original de candidatos presidenciales.

Después de la reforma, el consejo general tenía sólo 11 miembros con derecho de voto. El Poder Ejecutivo y el Poder Legislativo mantenían sus representantes como antes, pero los partidos políticos perdieron su voto, aunque el PRI, el PAN y el PRD lo conservaron a través de sus representantes legislativos (dos para el PRI, uno para el PAN y uno para el PRD). Además, los magistrados fueron remplazados por consejeros ciudadanos, designados por la Cámara de Diputados por una mayoría de dos tercios, sin intervención del presidente. Por lo tanto, el PRI y el gobierno controlaban en conjunto tres votos (el secretario de Gobernación, un senador y un diputado), el PRD y el PAN tenían un voto cada uno (a través del Senado y de la

Cámara de Diputados, respectivamente), y los seis consejeros se convertían en el sector decisivo del IFE.[12]

Así pues, sobre este arreglo, y aun suponiendo que cada uno de los consejeros ciudadanos siguiera la línea del partido que los hubiese propuesto, lo que era un supuesto extremo que resultó errado, ningún partido tendría mayoría segura en el consejo, porque el PRI tendría cinco votos, el PAN tres y el PRD dos. Este modelo para la integración del consejo general se reprodujo en cada uno de los 32 consejos locales (estatales) y para cada uno de los 300 consejos distritales.

2. El segundo aspecto relevante de la reforma era el reconocimiento de algún papel oficial para los observadores electorales. La observación electoral era un fenómeno creciente en México que se inició en 1988, con la fundación de la Asamblea Democrática por el Sufragio Efectivo. Esta ONG sobrevivió a un sexenio de animosidad oficial, que a veces asumía la forma de una hostilidad abierta. Para 1993, sin embargo, habían surgido por todo el país docenas de estas organizaciones. Su importancia creció a medida que empezaron a formar redes, a cooperar entre sí, a atraer la atención de la prensa internacional, en particular la de los Estados Unidos. Para 1993, además, algunas de estas organizaciones empezaron a buscar y obtener apoyo financiero y técnico de organizaciones extranjeras. Por lo tanto, aunque para 1994 constituían un problema grave para el gobierno y el PRI, nada podía hacerse para evitar un intenso proceso de observación electoral por parte de estas organizaciones.[13]

Si la observación electoral por organizaciones nacionales era inevitable aun antes de las reformas de 1994, los observadores extranjeros eran otra historia. La posición del gobierno mexicano, hasta la renuncia del secretario de Gobernación, Patrocinio González Garrido, era fuertemente hostil a los observadores extranjeros. Pero de un modo o de otro, cuando la situación política cambió dramáticamente en 1994, se recono-

---

[12] Era del conocimiento público que el PRI, el PAN y el PRD aceptaron estas designaciones por consenso. El método era el siguiente: cada partido ocuparía dos de los escaños, pero sus candidatos tendrían que ser aprobados por los otros dos partidos.

[13] Muchas de ellas fueron acusadas de ser partidarias del PRD, e incluso frentes de la campaña de Cuauhtémoc Cárdenas.

ció que era un error estratégico la obstrucción u oposición a los observadores extranjeros.

La situación era realmente muy simple: el gobierno sabía que la prohibición de los observadores extranjeros sería un problema en sí misma, y que dañaría la credibilidad de todo el proceso en el exterior. Además, aun si decidiera pagar ese costo y prohibir la presencia extranjera, algunos observadores desafiarían la ley y vendrían como comentaristas, investigadores visitantes o simples turistas. Obviamente, sólo los observadores más radicales desafiarían la prohibición, mientras que los más moderados se quedarían en su país. Por lo tanto, la prohibición no podría funcionar. En cambio, si el gobierno permitía que los extranjeros vinieran a México o, mejor aún, si los alentaba abiertamente, se disiparía la cuestión de la observación extranjera. Además, con una política de puertas abiertas, el PRI y sus aliados podrían invitar observadores moderados y favorables al PRI, balanceando la mezcla ideológica y partidista de los observadores extranjeros.

Por supuesto, el gobierno tomó esta última actitud, aunque no sin algunas reservas formales: oficialmente no se permitiría la entrada al país de observadores extranjeros, pero los "visitantes extranjeros" serían bien recibidos. Varios centenares de ellos se registraron, viajaron a México y "visitaron" el país durante el proceso electoral. Al final, un total de 934 visitantes extranjeros vinieron a presenciar las elecciones junto con 81 620 observadores nacionales (74 438 de ellos como miembros de 238 ONG y el resto individualmente).[14]

3. Por último, el Congreso enmendó el código penal federal para castigar muchas de las prácticas comunes en la comisión del fraude electoral. Esta reforma consistió en la adición de un capítulo sobre delitos electorales en el código. Además, el presidente reformó el reglamento de la Procuraduría General de la República a fin de permitir el nombramiento de un fiscal especial para los delitos electorales.

Éste era un aspecto muy importante de la reforma, porque los partidos de oposición esperaban que el fiscal especial y los

---

[14] Los datos de los visitantes extranjeros han sido tomados de la *Junta General Ejecutiva del IFE*, Anexo A, p. 75, 1994. Los datos de los observadores nacionales se tomaron del *Consejo General del IFE*, vol. 11, p. 7, 1994.

castigos establecidos para los violadores fuesen una disuasión eficaz. Pero éste fue el aspecto menos exitoso de la reforma. Por principio de cuentas, el nombramiento del fiscal especial fue el tema más complicado de los acuerdos, y varias docenas de nombres se propusieron sin lograr un consenso. Era también una cuestión desafortunada porque, incluso cuando los partidos se ponían de acuerdo para designar a alguna persona para el puesto, el designado se rehusaba. Esto ocurrió por lo menos en cuatro ocasiones.

Por último, Ricardo Franco Guzmán, quien había formado parte del equipo de Jorge Carpizo, fue designado fiscal especial, pero sin el consentimiento del PRD. En el momento de su nombramiento, el 19 de julio, apenas un mes antes de las elecciones, su escritorio tenía ya 84 casos pendientes. Pero la falta de tiempo y de recursos, las acusaciones endebles y las presiones políticas fueron demasiado. Al final del proceso, la oficina del fiscal especial tenía un enorme trabajo retrasado, y sólo tres de 521 casos culminaron en consignación.

ACUERDOS INFORMALES

La mayor parte de los acuerdos siguió siendo informal y desconocida por la opinión pública, hasta que el secretario de Gobernación los hizo públicos el 3 de junio en un prolongado discurso pronunciado ante el consejo general del IFE (Carpizo, 1994). Carpizo enumeró 36 de tales acuerdos, relacionados con los temas siguientes:

— el financiamiento de las campañas electorales;
— la integración, divulgación y auditoría del padrón de registro de votantes;
— la designación del fiscal especial, la designación al azar de las autoridades electorales de las más de 90 000 casillas electorales, y otros aspectos del proceso, como las urnas para la votación, la parafernalia electoral, etcétera;
— la designación de consejeros ciudadanos a todos los niveles;

— la invitación a una delegación de las Naciones Unidas para que evaluara los aspectos técnicos del proceso electoral, y la apertura del proceso a visitantes internacionales;

— un paquete de acciones relativas a la cobertura de las campañas electorales por los medios de difusión, incluidos la utilización de los tiempos oficiales, los debates públicos, las garantías del acceso a los medios y otras medidas;

— la sustitución de autoridades electorales a nivel estatal y distrital, a fin de designar nuevos funcionarios por consenso de los tres partidos principales;

— provisiones para el uso no partidista de los fondos públicos y los programas gubernamentales.

La mayoría de los partidos, incluido el PRD, declaró su apego a estos acuerdos y aceptó su responsabilidad política en los Acuerdos para la Paz, la Democracia y la Justicia. Por primera vez en la época posrevolucionaria, los principales partidos políticos lograron establecer un consenso en lo tocante a la vigilancia y la conducción de una elección presidencial.

EL RESULTADO

Se logró el consenso en las condiciones más difíciles. Las relaciones entre el gobierno y la oposición fueron tensas y complicadas durante la mayor parte del sexenio de Salinas. El gobierno y el PAN mantuvieron una relación inestable e incómoda de cooperación y conflicto. Por ejemplo, realizaron en conjunto el proceso más amplio de reforma constitucional en la historia mexicana: los artículos 3, 27, 28, 82 y 130 de la Constitución, así como todos aquellos que se ocupan de la representación política y las elecciones, que en conjunto constituyen la columna vertebral del pacto político mexicano, fueron reformados por una coalición del PRI y el PAN. Estos dos partidos establecieron también una relación armoniosa entre gobierno y oposición en lo tocante a la conducción de las elecciones estatales de gobernador en Baja California y Chihuahua, ganadas por el PAN, y en cerca de otras 10 elecciones estatales de gobernador. En cambio, mantuvieron enconados conflictos en lo tocante a otros procesos electorales y otras cuestiones, como la corrupción, la seguridad y los derechos sindicales.

Por otra parte, la relación del gobierno y el PRI con el PRD fue tensa durante la mayor parte de la administración de Salinas. Cuauhtémoc Cárdenas y Carlos Salinas de Gortari no se reunieron nunca durante esa administración, mientras que el PRD y el PRI no votaron casi nunca en favor de las iniciativas del otro en el Congreso.[15] Pero el peor aspecto de la relación fue la violencia política que manchó al sexenio. De acuerdo con fuentes y documentos del PRD, más de 200 de sus militantes fueron asesinados durante los seis años de la administración de Salinas. Resulta difícil saber cuántos de tales casos eran resultado de conflictos locales y cuántos eran acciones políticamente orientadas, pero las cifras son elevadas.

El resultado de la elección fue decepcionante para la mayoría de los partidos de oposición: el PRI ganó 48% de la votación nacional, con lo que obtuvo la Presidencia, 60% de la Cámara de Diputados y casi 75% del Senado. Al final, el PAN declaró que las elecciones habían sido legales y que eran un paso en el camino hacia elecciones justas, pero que no fueron legítimas, porque hubo muchas desigualdades que minaron el proceso democrático. Por su parte, el PRD dijo que "las elecciones de 1994 fueron uno de los mayores fraudes de la historia mexicana y, probablemente, de la mundial".[16]

En la opinión pública persistió la desconfianza. Una encuesta realizada en marzo de 1994 por un periódico de Guadalajara reveló que dos tercios de la población no confiaban en las autoridades electorales. La encuesta de última hora efectuada por Warren Mitofsky el día de la elección reveló que cerca de la mitad de los ciudadanos encuestados no confiaba en las au-

---

[15] Además, en los pocos casos en que la fracción legislativa del PRD aprobó una iniciativa del PRI, como la reforma del artículo 3 de la Constitución que regula la educación pública, Cuauhtémoc Cárdenas criticó públicamente el voto de los legisladores del PRD.

[16] El autor de esta declaración es Samuel del Villar, representante del PRD ante el consejo general del IFE. La emitió para su registro durante la sesión del consejo del 21 de agosto de 1994.

toridades (Cámara Nacional de la Industria de Radio y Televisión, 1994). Esto indicaría que la realización de las elecciones por consenso fue una decisión positiva. Después de todo, en el contexto menos favorable, la elección se realizó en paz y sus resultados fueron aceptados por un gran sector de la opinión pública y por una fracción relevante de los líderes de la oposición.

Sin embargo, esto no es suficiente, porque la mitad que todavía desconfía del sistema es demasiado grande para ser ignorada. Además, hay un claro sesgo partidista en la visión de confianza-desconfianza: la mayoría de los ciudadanos confiados declaró que votó por el PRI, mientras que la mayoría de los simpatizantes de la oposición desconfía aún de las elecciones. Tal patrón de división de la confianza está perjudicando todavía la legitimidad del régimen. Esto era claro incluso para Ernesto Zedillo, quien en cuanto fue declarado presidente se comprometió públicamente con otra reforma electoral: la "definitiva", según sus propias palabras.

Así pues, al inicio de la administración de Zedillo, la reforma electoral ocupaba un lugar más preeminente que nunca en la agenda, pero el margen de maniobra del PRI se había reducido. Justo 20 días después de su toma de posesión, la administración de Zedillo afrontaba una profunda crisis económica, a la que siguió un ciclo de devaluación, inflación y recesión. La crisis económica aceleró el proceso ya avanzado de desalineación del electorado mexicano, y el creciente fortalecimiento de los partidos de oposición.

En consecuencia, el PRI perdió casi todas las elecciones durante los seis meses siguientes a la abrupta devaluación de diciembre de 1994. Primero, el PRI perdió las elecciones de gobernador, Legislatura y autoridades municipales en el estado de Jalisco, el tercer estado en importancia del país (después del Distrito Federal y el Estado de México). Segundo, los candidatos del PAN no sólo ganaron en las principales ciudades del estado, sino también en muchas localidades rurales, lo que es una novedad. Pocas semanas más tarde, el PRI perdió también dos elecciones complementarias para diputados federales. Estas elecciones cubrieron dos escaños que estaban vacantes, debido a la anulación de las elecciones ordinarias de agosto de 1994. El PAN ganó el escaño de Atlixco, Puebla, y el PRD ganó el otro escaño de San Andrés Tuxtla, Veracruz. Ambas ciudades habían sido baluartes del PRI.

Incluso el pronóstico económico más optimista del gobierno indicaba que lo peor de la crisis ocurriría después de la primera mitad de 1995. Y en esta situación complicada, la administración no tenía más opción que seguir adelante con la reforma política, porque éste es el único recurso para afrontar las expresiones del descontento popular, aunque el costo de esta reforma sea la victoria de la oposición.

III. EL CONSTITUCIONALISMO Y LA REFORMA DEL ESTADO EN MÉXICO*

CARLOS ELIZONDO MAYER-SERRA

DESDE 1985, la élite mexicana ha iniciado un proceso de reforma estatal que trata de limitar el papel económico del Estado a fin de modernizar la economía a través del funcionamiento del mercado. Después de 10 años de reformas institucionales considerables, el mercado afronta menos obstáculos que en el pasado. Además, el proceso de la reforma económica se ha visto acompañado —y quizá desatado— por un proceso de democratización, todavía muy limitado, que, sin embargo, ha permitido elecciones mucho más limpias que en el pasado y condiciones menos desventajosas para la competencia política.

Pero la reforma estatal realizada hasta ahora no ha cambiado la lógica básica del texto constitucional que otorga a las élites estatales un alto grado de poder discrecional, ni ha tenido gran impacto en la creación de un respeto básico por el imperio de la ley. Esto parece contradecir la lógica de una reforma basada en menor involucramiento estatal y en reglas del juego mejor definidas.

En términos de Sartori (1962), el constitucionalismo, que es un orden constitucional que establece límites claros para quienes ejercen el poder, no existe en México. Este capítulo se ocupará de tal cuestión. El argumento principal es que, en virtud de que la reforma ha sido conducida desde arriba, la élite estatal se ha concentrado en aquellas cuestiones donde la reforma era inmediatamente necesaria para la implantación del nuevo modelo de desarrollo. La élite estatal no se ha interesado en limitar su propio poder autónomo.[1] Más bien ha man-

* Agradezco los comentarios de Pilar Domingo y de los compiladores de este volumen sobre una versión anterior de este capítulo.
[1] Siguiendo a Michael Mann (1993, p. 59), supondré que el Estado tiene dos tipos de poder. La primera clase, a la que llamaré aquí poder autónomo, "se

tenido aquellas leyes y prácticas sociales que le permiten imponer decisiones básicas sin verse obligado a negociar con la sociedad civil.[2]

Las limitaciones de la reforma estatal en la promoción del constitucionalismo no se detienen aquí. La reforma ha sido también muy limitada en lo tocante al incremento del poder infraestructural que permitiría al Estado interesar a la sociedad y asegurarse de que los individuos poderosos no abusen de los menos poderosos. Esto se debe, en parte, a un proyecto de reforma estatal conducido por una élite estatal relativamente autónoma que emprendió un proceso de reforma con el apoyo abierto de grandes empresarios, pero sus causas son más profundas y se relacionan con la estructura social y política de México.

Aunque tanto el poder autónomo como el infraestructural están siempre presentes en proporciones diferentes, convendrá distinguir, para los fines de este capítulo, entre la falta de protección de los derechos individuales que deriva del poder autónomo de la élite estatal para imponer su voluntad, el elemento básico del constitucionalismo, y aquella que deriva del insuficiente poder infraestructural del Estado para proteger a los individuos contra otros más poderosos, sean o no miembros de la élite estatal. La debilidad del constitucionalismo en México es resultado de la presencia de un considerable poder estatal autónomo combinada con un débil poder infraestructural para asegurar el respeto de la ley.

Este capítulo analiza las implicaciones de la reforma estatal para el constitucionalismo en México. La primera sección explora el concepto de constitucionalismo. En la segunda parte se ofrece una interpretación de la Constitución mexicana. La tercera explora la reforma del Estado, los cambios institucio-

refiere al poder distributivo de las élites estatales sobre la sociedad civil. Deriva del conjunto de acciones que la élite estatal puede realizar sin una negociación rutinaria con grupos de la sociedad civil". La segunda clase de poder, el infraestructural, es "la capacidad institucional de un Estado central, despótico o no, para penetrar en sus territorios y ejecutar logísticamente las decisiones. Éste es el poder colectivo, el 'poder a través' de la sociedad, que coordina la vida social por medio de infraestructuras estatales".

[2] El poder autónomo de una élite estatal puede ser positivo cuando se usa contra grupos de intereses que tratan de aprovecharse de la política pública, o puede usarse para beneficiar a las élites estatales o sus aliados más cercanos.

nales que la han acompañado y sus restricciones estructurales y temporales. La cuarta parte examina la lógica política que se encuentra detrás de la debilidad del constitucionalismo mexicano. En las conclusiones se resume el argumento principal y se presentan algunas de las implicaciones del capítulo.

EL CONSTITUCIONALISMO

Según Sartori (1962, pp. 853-864), el propósito principal de una constitución moderna es la provisión de límites para el gobierno. Una constitución liberal debe incluir características *de garantía,* en la terminología de Sartori, es decir, arreglos institucionales que "restrinjan el poder y aseguren un gobierno limitado". En efecto, la palabra "constitución" debiera aplicarse sólo a aquellos arreglos institucionales que limiten el poder del gobierno. Sólo cuando esto tenga lugar podremos hablar de constitucionalismo.

El constitucionalismo es resultado de una persistente lucha de la sociedad, probablemente iniciada en Inglaterra, con el objetivo de proteger a los ciudadanos frente al poder estatal, mediante nuevos arreglos institucionales.[3] Su éxito se manifestó en muchos países por la redacción de una nueva constitución que explicitaba la importancia de algunos derechos individuales básicos y el predominio de la ley sobre el poder.

El constitucionalismo implica la igualdad legal de todos los ciudadanos, de modo que impone límites legales no sólo al Estado, sino también a los individuos más poderosos. Esto sólo es posible mediante el desarrollo del poder estatal infraestructural que no está bajo el control de quienes tienen poder en la sociedad.

Aunque el texto legal es una referencia fundamental que restringe al Estado y a la sociedad, es sólo el punto de partida y la orientación básica del juego político. Lo que importa es cómo opera en realidad un sistema legal, las oportunidades específicas que están realmente a disposición de diferentes grupos, quién paga cuál clase de costo y cómo se arreglan las disputas acerca de la legitimidad de estas oportunidades.

[3] Véase North y Weingast (1989).

Por lo tanto, no puede entenderse un orden constitucional tan sólo mediante el análisis de los textos legales. Como ha sostenido Bogdanor (1988, p. 5), la constitución real o viva "implica la referencia a ciertas normas y estándares que se encuentran más allá y fuera del documento mismo, y que no pueden ser inferidos fácilmente de él por alguien que no conozca a fondo la historia y la cultura del país en cuestión".

La importancia de la historia y la cultura es un tema antiguo. Como ha sostenido Carl J. Friedrich (1950, pp. 156 y 160): "Según Rousseau, la más importante de todas las leyes, 'que no está grabada en placas de mármol o de bronce, sino en los corazones de los ciudadanos', está incorporada en lo que él llama 'la constitución real'". Esta ley "asume cada día nuevos poderes; cuando otras leyes declinan o desaparecen, las restaura o toma su lugar, mantiene a todo un pueblo en el camino que quería seguir, e insensiblemente remplaza la autoridad por la 'fuerza del hábito'". Las declaraciones de derechos "están arraigadas en la convicción profunda". Ellas "expresan las ideas dominantes acerca de las relaciones entre el ciudadano individual y el gobierno".

Las reglas que interiorizan los individuos constituyen un elemento muy importante para el entendimiento de las constituciones vivas. Pero la cultura política no es una variable estática, sino el resultado de las disputas políticas del pasado. Las luchas políticas prevalecientes pueden modificar las instituciones formales, el comportamiento de los actores sociales y, hasta cierto punto, sus valores básicos. Aunque el cambio de los valores básicos toma tiempo, éste puede desencadenarse por acontecimientos históricos cruciales o por las decisiones estratégicas de corto plazo de individuos poderosos que luego afectan su propio comportamiento a largo plazo.

El constitucionalismo sólo puede existir cuando los actores sociales más importantes —tanto las élites estatales como los miembros poderosos de la sociedad— consideran razonable aceptar reglas del juego que limitan su campo de acción. Después de cierto tiempo, una actitud de restricción por parte de los poderosos puede ser en gran medida resultado de las reglas que han interiorizado. La confianza está edificada sobre una serie exitosa de hechos donde los más poderosos respetan su compromiso de autorrestricción, pero inicialmente el control sobre los poderosos es resultado de la obtención de poder por nuevos grupos sociales que reforman la arena política fijando límites a quienes están habituados a la impunidad. No es la voluntad política de quienes tienen poder, sino la necesidad política, lo que explica la consolidación del constitucionalismo.[4]

EL PACTO CONSTITUCIONAL MEXICANO

Americas Watch apunta que "a lo largo de la historia, México ha dado preferencia a la forma sobre la sustancia en la promoción y protección de los derechos humanos. Si México respetara rigurosamente las disposiciones de su Constitución y sus leyes, el historial de los derechos humanos sería ejemplar en este país".[5] Con toda certeza, el texto constitucional mexicano garantiza la liberal y clásica declaración de derechos, aunque la práctica de México en lo tocante a estos derechos dista mucho de ser ejemplar. Un problema es que la ley no se aplica, lo cual abordaremos más adelante, pero otro es que, formalmente, el constitucionalismo se encuentra también subdesarrollado.

De manera legal, el Estado, o más exactamente el presidente, tiene gran poder discrecional para limitar los derechos básicos, lo que es incongruente con la idea del constitucionalismo. La Constitución mexicana explicita algunas de las limitaciones del poder estatal que encontramos en las constituciones liberales, pero es también un vehículo del poder estatal. El poder discrecional del presidente está incorporado en el propio texto constitucional. La ley en México es particularmente ambigua y el presidente tiene capacidad para determinar su uso particular.

El poder legal del presidente es especialmente fuerte en un punto: la definición de los derechos de propiedad descrita en el artículo 27. La Constitución mexicana no protege la propiedad en la misma medida, digamos, que la Constitución de los Estados Unidos. El poder discrecional del presidente para

[4] Véase Domingo (1994).
[5] Citado en Americas Watch (1990). Véase también el capítulo v.

determinar si la propiedad privada ha de revertirse a su dueño original, la nación que él representa, vuelve potencialmente inestables las relaciones de propiedad.[6]

Esta concepción de los derechos de la propiedad de la Constitución mexicana forma parte de su primer capítulo titulado "De las garantías individuales", y no es el único artículo de esta sección que va mucho más allá de lo que es normal en las constituciones liberales. El artículo 3 define el tipo de educación que debe proveer el Estado. El artículo 4 promete el derecho a servicios médicos y a una vivienda adecuada. El artículo 6 garantiza el derecho a la información. Los artículos 25 y 26 definen el control del Estado sobre la economía (rectoría del Estado), que incluye la responsabilidad estatal en la planeación del desarrollo correcto de la economía mexicana.

Estos derechos sociales evidencian los objetivos progresistas de quienes redactaron la Constitución y son útiles para legitimar los objetivos a largo plazo del Estado mexicano. Sin embargo, se han expandido a través del tiempo; excepto por el artículo 27 y algunos aspectos del artículo 3, el resto de estos derechos no se encontraban en el texto constitucional original. El único otro derecho social escrito en 1917 era el papel otorgado al Estado para proteger los derechos de los trabajadores, descrito en el artículo 123.[7] Los forjadores de la Constitución tenían un espíritu más liberal que los gobiernos posrevolucionarios.[8]

[6] Discutí esto en Elizondo (1993a).

[7] En el proyecto de Carranza, las únicas referencias a los derechos laborales se encontraban en el primer capítulo de la Constitución, en el artículo 5, que establecía que nadie podría ser obligado a trabajar "sin una retribución justa y su pleno consentimiento". Las únicas excepciones eran "el trabajo impuesto por la autoridad judicial" y ciertos servicios públicos, como las funciones electorales. Este artículo era básicamente igual al artículo 5 de la Constitución de 1857.

La primera comisión que revisó este artículo pensó que no bastaba para proteger los derechos de los trabajadores, de modo que incluyó ciertas limitaciones específicas, como la decisión de que la jornada de trabajo normal no podría exceder de ocho horas. A pesar de estas adiciones, los delegados sintieron que no eran suficientes y decidieron que debería incluirse una sección enteramente nueva que se ocupara específicamente de las relaciones existentes entre el trabajo y el capital. El artículo 123 es una descripción detallada de los derechos de los trabajadores, que impone diferentes limitaciones a los capitalistas. Véase Rouaix (1959).

[8] Un artículo paternalista incluido por la Convención ilustra la forma como

La inclusión de los derechos sociales ha sido gradual: el derecho social a la educación, en 1921; al empleo, en 1978; a la protección de la salud, en 1983; a la vivienda adecuada, en 1984, y a la protección y el desarrollo de los indios, en 1992. Tales derechos reflejan la voluntad de dotar al pueblo de derechos sociales, pero también la de fijar al Estado en una posición estratégica de control e intervención. Muchos de estos derechos sociales son meras promesas retóricas, porque la ley que regula el derecho no se ha redactado siquiera (como en el caso del derecho a la información), no se ha establecido quién es el responsable de su provisión (como en el derecho al empleo), o el proyecto dista mucho de haber sido completado (como en el caso del derecho de los indios a la protección y el desarrollo).

Se ha exacerbado en la Constitución un proceso de inflación reguladora. Como ha observado recientemente Sartori (1994, p. 199) respecto a las constituciones del mundo actual, "...con cada nueva redacción tienden a volverse más extensas y voluminosas...", tal parece que México se identifica con el caso brasileño: "...una Constitución llena no sólo de detalles triviales, sino también de disposiciones semisuicidas y promesas inasequibles". Esto convierte a la Constitución mexicana en una mera aspiración, que ha fracasado en sus intenciones en lo que se refiere al respeto a los derechos básicos.[9]

Al introducir estas promesas en el texto constitucional se ha minado la idea del imperio de la ley. ¿Quién ha demandado jamás al Estado por carecer de acceso a la atención médica o a una vivienda adecuada? Los derechos sociales se incluyeron antes de que se respetaran los derechos individuales. Con tantas promesas que no se respetan incluidas en la Constitución, resulta menos sorprendente que se sigan violando los derechos civiles básicos.

se concibe el poder público. El artículo 8 establece: "Los funcionarios y empleados públicos respetarán el ejercicio del derecho de petición, siempre que se exprese por escrito y en forma pacífica y respetuosa..." La única obligación de la autoridad es la de dar respuesta por escrito.

[9] Sartori (1994, p. 202) sostiene que las constituciones de aspiraciones no son neutrales en su contenido. "Una constitución que se arroga la creación de políticas, es decir, los contenidos de las políticas, se apropia de la voluntad popular y pisotea los organismos de elaboración de políticas (parlamentos y gobiernos) a los que se confían constitucionalmente las decisiones de políticas".

Además, varias reformas constitucionales han conducido a la declinación del federalismo, dejando fuera de balance a los tres niveles de gobierno: la federación, los estados y los municipios. La mayoría de las facultades que en otro tiempo pertenecían a los estados se han transferido al Congreso federal o al Ejecutivo federal, creándose así un centralismo extremo.[10] Esta situación se complica aún más por el predominio legal de la Presidencia. Las facultades legales del presidente son enormes cuando se comparan con las de constituciones anteriores.[11] Como ha observado Cline (1962, p. 137):

No podemos depender enteramente de los textos constitucionales para entender el funcionamiento del gobierno mexicano, pero conviene observar que la posición dominante ocupada por el presidente y su aparato ejecutivo tiene una firme base legal, constitucional.

La convención constitucional trataba de evitar la relativa debilidad del presidente frente al Congreso en la Constitución de 1857. Esta Constitución había producido un estancamiento entre las dos ramas del gobierno, bien por el control de la Legislatura sobre el Poder Ejecutivo y el riesgo de parálisis, o por la constante violación de la ley por parte del presidente, al tratar de afirmar su autoridad y de gobernar, en última instancia, como lo ilustra la dictadura de Porfirio Díaz (1876-1911).

La presidencia fuerte definida por la Constitución de 1917 había sido una demanda de Carranza, uno de los pocos personajes respetados por la convención constitucional. Cuando la asamblea incluyó otros campos inesperados para Carranza, como era el caso de los artículos 27 y 123, el presidente se quedó con un poder enorme que le permitiría promover tanto el desarrollo del país[12] como sus propios objetivos políticos. Esto resultó políticamente viable porque el sistema partidista que tuvo lugar después de la Revolución se basaba en un partido dominante bajo el control del presidente.

[10] Véase Díaz Cayeros (1995).
[11] Los párrafos que siguen se basan en Elizondo (1993a).
[12] Véase Córdova (1992).

Tal concentración de poder discrecional minaba el imperio de la ley. Como dice Francis Sejersted (1988, p. 135): "La principal distinción entre el imperio del hombre y el imperio de la ley era la abolición de la arbitrariedad y, en consecuencia, el aseguramiento de la previsibilidad y de la 'justicia como regularidad'". Cuando la ley otorga tanto poder discrecional al presidente, o es sólo un catálogo de bellas promesas que se otorgan a la sociedad básicamente en forma discrecional, esta distinción se empaña.

Sin embargo, la Constitución mexicana, aunque sea flexible y otorgue amplio albedrío al presidente, juega un papel legitimador que no podría haber sido desempeñado por el poder arbitrario sujeto sólo a la voluntad del soberano. El Estado mexicano se ha esforzado siempre por certificar la legalidad de sus acciones, y las amplias facultades legales discrecionales en manos del presidente han posibilitado tal cosa en los casos más relevantes. El hecho de que el poder presidencial, aunque muy discrecional, esté legalmente sancionado, proporciona un grado de estabilidad que no se lograría en ausencia de instituciones legales.

Esto ha generado un esfuerzo perpetuo por acomodar cada acto del Ejecutivo a las formas legales, aun cuanto éstas violen el espíritu de la Constitución, empañando la distinción existente entre el Estado de derecho y el Estado legal. Lo último implica que en tanto la ley no sea modificada no habrá violación legal. Mientras el gobierno controle al Legislativo, siempre podrá mantenerse artificialmente la "legalidad". Sin embargo, el hecho de que se observen las formalidades legales no significa que se estén respetando los principios que ampara la Constitución; aunque estos principios pueden ser discutibles, media gran distancia entre el espíritu de la Constitución y la forma como actúa la élite estatal.

Incluso el texto constitucional es relativamente fácil de cambiar.[13] El órgano encargado de modificar la Constitución es el llamado Constituyente Permanente. Se integra con dos tercios del Congreso federal y la mayoría de los Congresos estatales

---

[13] Esto es más fácil aún con la tecnología moderna. En momentos críticos se ha utilizado el *faxtrack*, es decir, el envío por *fax* de la reforma que es rápidamente devuelta por las legislaturas locales.

(artículo 135). Aunque es formalmente similar a la Constitución de los Estados Unidos, el hecho de que el PRI, bajo el control del presidente, tuviera hasta 1988 más de dos tercios del Poder Legislativo y de todas las legislaturas estatales, daba al residente un poder considerable.

Esta capacidad para reformar la Constitución ha sido un instrumento poderoso que ha dado a cada presidente la oportunidad de imponer, por lo menos durante su sexenio, su versión preferida de ciertos artículos. De 1917 a 1983, la Constitución ha sido reformada 300 veces en 83 de sus 136 artículos.[14] Los cuatro artículos que contienen los principales derechos sociales (artículos 3, 4, 27 y 123) han sufrido más de 48 reformas, la mayoría de ellas con más de una enmienda.

El Poder Ejecutivo no sólo puede controlar el proceso de modificación de la ley, sino que también posee gran influencia sobre el Poder Judicial, a pesar de su independencia formal. No obstante, no se debería exagerar la falta de autonomía del Poder Judicial. El presidente necesita tener un fuerte interés para defender sus casos. Los tribunales, incluida la Suprema Corte, han frenado al gobierno en muchas ocasiones.[15]

Así ocurrió, por ejemplo, en el caso de la reforma agraria de la década de 1920, detenida por el Poder Judicial, aunque no defendida entonces muy firmemente por el gobierno federal. Cuando el gobierno decidió proseguir con la reforma agraria, en la década de 1930, reformó la Constitución y canceló el derecho de juicio de amparo en todo lo relacionado con la reforma agraria, para evitar la acción judicial.

A pesar del grado considerable de poder discrecional legalmente sancionado, los aspectos liberales del marco legal de México son predominantes. Sin embargo, en parte son tan sólo una fachada para legitimar el poder de la élite estatal, tras la cual se oculta una Constitución viva y menos liberal. No existe una constitución viva "garantista".[16] Como lo sabe todo obser-

[14] Véanse Sánchez (1988) y el capítulo IV.

[15] Entre 1917 y 1960, la Suprema Corte falló un juicio de amparo en favor del demandante y en contra del presidente 34% de las veces. Desafortunadamente, los datos incluyen toda clase de amparos, ya sea en favor de los propietarios privados o de los ejidatarios. Véase González Casanova (1982).

[16] Sartori (1962, p. 861) distingue entre las constituciones "garantistas", nominales y las de fachada. Las constituciones de fachada son aquellas que re-

vador del México contemporáneo, tanto la élite estatal como los individuos más poderosos afrontan a menudo pocas restricciones legales significativas. La violación de la ley es común, pero la élite estatal conserva el poder discrecional de decidir a quién castigar. La mayoría de la población carece de una protección real de sus derechos básicos. Las características "garantistas" existen, pero a menudo no se respetan. La Constitución mexicana viva se mantiene a cierta distancia de la Constitución escrita. Esta distancia depende del tema y el momento.

En México hemos importado instituciones liberales que no están fuertemente arraigadas en nuestras convicciones y prácticas sociales. Como se ha mostrado en varias obras de historia mexicana, estas instituciones han funcionado con una lógica diferente de la que suponían los creadores de nuestras instituciones básicas. Las prácticas sociales no han reforzado los aspectos liberales de la Constitución.[17]

UN PACTO NUEVO EN UN MARCO INSTITUCIONAL VIEJO

La administración de Salinas (1988-1994) profundizó el proceso de reforma estatal que había iniciado el gobierno de De la Madrid. El objetivo principal de esta estrategia era la estabilización de la economía y el logro de un crecimiento sostenible. Según Rolando Vega, presidente del Consejo Coordinador Empresarial de 1989 a 1991, gracias al programa de reforma económica México podría esperar un decenio de crecimiento sin inflación. Vega tenía la creencia de que esto sería posible en una situación donde hubiese un derecho de propiedad, tratamiento igualitario para la inversión extranjera y seguridad legal.[18]

conocen en el texto legal una estructura "garantista" que no se respeta. En todas las sociedades ocurren violaciones de la norma, pero en algunas sociedades estas violaciones no son la excepción. Este autor señala también que las provisiones constitucionales no se respetan siempre. Lo que importa es que se respete el espíritu, lo cual añade un elemento subjetivo en la interpretación de toda constitución. Agradezco esta observación a Pilar Domingo.

[17] Véanse, por ejemplo, Guerra (1985) y Escalante (1992).

[18] Citado en *El Financiero*, 8 de diciembre de 1989.

Los comentarios de Vega resultaron demasiado optimistas. El nuevo programa económico podría haber generado un crecimiento estable a largo plazo, pero ahora sabemos que no ocurrió así. Más aún, el constitucionalismo sigue siendo únicamente una promesa. El tipo y el ritmo de la reforma han sido controlados por la élite estatal, la que se ha mostrado renuente a aceptar restricciones legales a su poder autónomo y a incrementar la capacidad del Estado para interesar a la sociedad mexicana a fin de limitar la impunidad. El Estado legal no ha sido sustituido por el Estado de derecho. La sociedad civil tiene escasos controles políticos sobre las acciones gubernamentales; la democratización ha avanzado a un ritmo muy lento, y el sistema judicial todavía es ineficaz para limitar a los poderosos.

En lo político, el país permanece bajo el control de un partido. Es cierto que una serie de reformas legales ha creado un nuevo marco institucional que ha permitido elecciones más libres y limpias, así como condiciones más igualitarias, gracias a las limitaciones en los gastos de campaña y al financiamiento de individuos y empresas para las mismas, mayor acceso para los partidos de oposición a los medios de información y la creación de consejeros ciudadanos que ahora controlan el consejo general del IFE, el órgano encargado de conducir las elecciones (véase el capítulo II). Sin embargo, el PRI sigue dominando la competencia política. En las elecciones presidenciales de 1994, sus recursos eran mayores que los de todos los demás partidos en conjunto.

A pesar de una política macroeconómica más ortodoxa y de un programa de liberalización, desregulación y privatización, ni De la Madrid ni Salinas estaban dispuestos a alterar los fundamentos constitucionales de la intervención estatal. Ambas administraciones se resistían también a imponer límites claros a las élites estatales y a desarrollar instituciones nuevas que limitaran la impunidad de individuos poderosos.

La élite estatal mexicana ha sido el actor central detrás del proyecto de reforma económica y ha conservado el poder autónomo para limitar los derechos individuales en el futuro. Los reformadores mexicanos se han negado a reducir la base legal del poder estatal autónomo más allá de lo que se requiere como mínimo para emprender su proyecto de reforma económica.

Ha tenido lugar un número considerable de cambios institucionales que promueven el papel del mercado. Sin embargo, incluso en lo tocante a los derechos de propiedad, elemento fundamental de una reforma estatal que acreciente el papel del mercado, las instituciones básicas relacionadas con la seguridad legal de los derechos de propiedad permanecen virtualmente sin cambio.[19] Por ejemplo, para vender los bancos al sector privado, el gobierno solamente revocó el quinto párrafo del artículo 28 de la Constitución, el que hacía de la banca una actividad reservada al Estado. El gobierno no modificó los párrafos introducidos por De la Madrid, los que daban al gobierno la capacidad para definir en el futuro las áreas "semiestratégicas", provisión a la que se habían opuesto los empresarios más radicales.

La reforma del artículo 27, de enero de 1992, introdujo un cambio radical: los ejidatarios que desearan poseer su parcela como propietarios privados podrían hacerlo. La reforma facilitaría también la asociación entre la propiedad privada y el ejido. Las empresas comerciales pueden ser ahora propietarias de tierras, sujetas a ciertas limitaciones.[20] Más aún, se ha revocado el derecho del campesino a reclamar tierras. Esto aumentará la seguridad de la propiedad privada de la tierra.[21] Sin embargo, al igual que en el caso de otras reformas importantes, el gobierno mantuvo la concepción de la propiedad que otorga a la Nación, representada por el Estado, un considerable poder discrecional para limitar los derechos de propiedad. La élite estatal no modificó el poder constitucional del presidente para expropiar. La ley de expropiación de 1936 sigue vigente. Aunque otorga mayor libertad a los empresarios en el

---

[19] Han ocurrido numerosos cambios constitucionales, pero han dejado incólumes las premisas principales de la Constitución. Por lo que corresponde a estos cambios, véase López Moreno (1993).

[20] El nuevo marco legal se discute en Téllez (1993).

[21] Sin embargo, el gobierno legaliza periódicamente la propiedad urbana de origen ilegal. Esto mina la seguridad de la propiedad urbana en México. Un terreno abierto a la investigación es por qué el derecho del pobre a la tierra urbana es todavía tácitamente reconocido y cuáles son las implicaciones que de ello se derivan.

mercado y trata de ser más previsible en la forma como regula la economía, el gobierno no está dispuesto a subordinar al presidente a una concepción liberal del Estado de derecho donde su poder discrecional sería menor.

La creación de límites institucionales para el poder estatal ha sido muy restringida. En la esfera económica, la autonomía del banco central, aprobada en 1993, es más la excepción que la regla y todavía está por verse si podrá mantener su autonomía cuando sus objetivos difieran de los del presidente. Hasta ahora no ha ocurrido así, pero la conducción de la política monetaria en 1994 arroja graves dudas sobre la autonomía real del banco.

En lo político, el principal cambio institucional para restringir las acciones gubernamentales es la creación de la Comisión Nacional de Derechos Humanos (CNDH). Ciertamente, la CNDH es una iniciativa importante que ha otorgado a los ciudadanos una nueva opción para la protección de sus derechos individuales. El gobierno otorgó a la CNDH considerables facultades para la conducción de investigaciones, y se aceptó que sus principales funcionarios tenían la integridad moral requerida para esta clase de trabajo.[22]

En 1992 se reformó la Constitución para declarar independiente a la CNDH y requerir que los gobiernos estatales crearan comisiones de derechos humanos.[23] El jefe de la CNDH es designado todavía por el presidente, aunque la designación debe ser ratificada por el Senado, el que asimismo debe aceptar su renuncia. Además, el papel de la CNDH ha sido debilitado por dos factores: primero, la CNDH no puede poner a discusión cuestiones relacionadas con los derechos políticos, y, segundo, sus recomendaciones no son obligatorias.

Otro control institucional es un nuevo tope al número de diputados que puede tener un solo partido. Ningún partido que reciba menos de 60% de los votos podrá tener más de 300 diputados de un total de 500, o sea menos de la mayoría de dos tercios necesaria para reformar la Constitución (véase el capítulo II, nota 5). Esto incrementa los costos de una reforma de la Constitución, aunque también implica que aquellos aspec-

---

[22] Véase el capítulo IV.
[23] El marco legal se describe en Madrazo, Oñate y Vázquez (1993).

tos de la Constitución que ahora minan el constitucionalismo sean más difíciles de modificar.

La reforma económica se ha basado en la premisa de la privatización y la desregulación, es decir, de entregar a agentes económicos algunas actividades que antes estaban bajo el control del Poder Ejecutivo. Esto mina algo de la base del poder discrecional del presidente, ya que la economía es cada vez más dependiente de las decisiones de agentes económicos privados.

Sin embargo, una reforma económica que incrementa el papel del mercado no basta para asegurar límites bien definidos a la acción estatal, ni siquiera en lo tocante a los derechos de propiedad. Primero, la capacidad reguladora del gobierno es todavía considerable y el control social sobre el gasto público es endeble, de modo que la élite estatal conserva un grado considerable de poder discrecional para distribuir beneficios. Segundo, al disminuir la intervención estatal en la economía, la élite estatal aumenta su capacidad para asegurar que, por lo menos, se respetarán algunas regulaciones que se mantengan o introduzcan. Es decir, al mismo tiempo que mantiene un grado sustancial de poder autónomo, en algunos campos, como la capacidad tributaria, el gobierno incrementa asimismo su poder infraestructural, lo que podría minar aún más algunos derechos básicos.[24] Tercero, no ha hecho mucho en cuanto a la construcción de instituciones nuevas que puedan dar acceso a la sociedad para asegurar que el Estado de derecho proteja a los ciudadanos de la impunidad de los poderosos.[25] El incremento del poder infraestructural del Estado ha sido limitado básicamente a la esfera económica, tratando de reforzar

---

[24] El Instituto Mexicano de Contadores Públicos ha demandado límites constitucionales claros a la capacidad del Estado para establecer gravámenes y un reconocimiento de los derechos de los contribuyentes. No existe ahora ningún límite claro para el monto y la forma en que el gobierno recauda impuestos. Véase Valencia (1994).

[25] Hubo algunas reformas importantes. Por ejemplo, antes de la reforma del código penal de 1991 (que introdujo un nuevo requisito: la presencia de un testigo), la primera declaración del acusado tenía prioridad sobre toda declaración posterior. La primera declaración podía obtenerse fácilmente mediante tortura, porque la policía judicial tenía el control de la primera fase del proceso. Esto ha cambiado, pero la administración de justicia es todavía muy deficiente. Véanse las reformas en Valdez (1994), y en el capítulo IV.

la operación de los mercados, aunque en algunas áreas, como la de la Comisión Federal de Competencia Económica, esto está por verse todavía.

Algunos empresarios podrían pensar que sus derechos de propiedad están legalmente mejor protegidos que antes. Pero ello no pasa de ser una ilusión. Por el contrario, lo que han logrado —gracias a una reforma que incrementa la importancia de los recursos privados en la economía— es un aumento del poder estructural, lo que eleva los costos del uso de la ley en su contra, lo que a su vez incrementa su seguridad (véase el capítulo VIII). Con anterioridad a 1985 se utilizaba la discreción para protegerlos contra el mercado, y esto compensaba la inseguridad potencial de los derechos de propiedad. Todavía se benefician de la discreción, aunque ésta es menos importante que antes. Ahora el fortalecimiento del mercado, al incrementar su poder estructural, tenderá a protegerlos contra la intervención gubernamental nociva.

El poder estructural tiene dos grandes deficiencias para los intereses empresariales. Primero, en medio de una crisis económica aguda, si el gobierno carece de poder infraestructural para controlar la economía, un presidente podrá encontrar buenas razones (por lo menos a corto plazo) para utilizar su poder constitucional autónomo a fin de limitar los derechos de propiedad.[26] Segundo, el poder estructural podría proteger el interés de los empresarios como clase. Puede impulsar al gobierno a promover la actividad empresarial en general, pero no puede detener las políticas dirigidas contra un empresario en particular o incluso contra sectores específicos de la economía. Todavía ocurre que el gobierno puede atacar o dejar de proteger a un empresario específico por razones políticas.

Con mucha anterioridad a la propuesta del TLC (Tratado de Libre Comercio), el sistema político mexicano se había visto poderosamente influido, tanto por su proximidad a los Estados Unidos —y no tan sólo por razones geográficas (más de 3 000 kilómetros de frontera), sino cada vez más por razones

---

[26] El hecho de que no haya ocurrido esto en la crisis actual ha fortalecido la confianza en la permanencia de la reforma. Sin embargo, un presidente con menor convicción de la necesidad de evitar las limitaciones a los derechos de propiedad podría haber actuado de otro modo.

culturales— como porque el estilo de vida estadunidense impregnaba los valores de los mexicanos, en particular los de las clases media y alta. Pero desde 1990, cuando se propuso el TLC, se necesitaban algunos límites institucionales al poder autónomo del Estado mexicano para convencer al capital extranjero y nacional de que el nuevo modelo no sería cambiado por un nuevo presidente con un proyecto diferente. Esta demanda se satisfizo parcialmente a través del TLC.

Muchos intereses empresariales nacionales importantes lo apoyaron con entusiasmo, a pesar del desafío que implicaba en términos competitivos. Hay para ello una razón económica inmediata clara: el acceso al mercado de los Estados Unidos. Pero otra razón para apoyar al TLC es el hecho de que este tratado vuelve más costoso para el gobierno cualquier cambio importante en la estrategia de desarrollo, de modo que lo hace más improbable. Incluso la violación de los derechos civiles básicos involucra ahora de algún modo los intereses de los Estados Unidos. Esto explica parcialmente, por ejemplo, el éxito de la rebelión del Ejército Zapatista de Liberación Nacional (EZLN) en Chiapas.

A través del TLC, sin reformar radicalmente las instituciones políticas mexicanas, los empresarios podrán asegurar algunas de las limitaciones al poder discrecional nocivo, sobre todo en lo tocante a los derechos de propiedad, que habían buscado inicialmente mediante la participación en la política partidista. En lugar de un mecanismo interno de frenos y equilibrios, han aceptado un mecanismo externo. El TLC funcionará como una garantía extraterritorial de la propiedad privada y quizá incluso de otros derechos básicos. El TLC puede promover incluso el desarrollo de reglas del juego mejor definidas y mayor protección para los derechos individuales, a resultas de la transferencia de los estándares legales de los Estados Unidos a México.[27]

Los cambios institucionales que fijan límites al poder estatal, o sea la mayor autonomía del banco central y de la CNDH, así como los cambios en el Congreso que requieren la formación de coaliciones para enmendar la Constitución, son resul-

---

[27] Véase Glade (1994, pp. 377-382).

tado de un programa de reforma impulsado desde arriba. Tales cambios respondían sobre todo a las necesidades de la política macroeconómica. A fin de implantar el modelo, se requería la credibilidad de los inversionistas nacionales y extranjeros. En este contexto, el TLC ha sido parte de la estrategia de la élite estatal para complementar sus políticas y una restricción institucional externa que incrementa la confianza de los inversionistas.

TRAS LA DEBILIDAD DEL CONSTITUCIONALISMO

La estrategia de la élite estatal ha consistido en realizar el menor número posible de cambios legales que pudieran minar su poder autónomo, y ningún sector ha demostrado capacidad para obligarlo a crear estos tipos de límites. Los derechos individuales estables son resultado de la distribución del poder. Éstos no aparecen en un vacío histórico. La estructura de la sociedad mexicana y las instituciones políticas heredadas de la Revolución no se han transformado profundamente como resultado de la reforma económica. Dos actores principales han tratado de fijar límites al Estado: los empresarios y los partidos políticos. Los primeros aceptaron las nuevas reglas del juego. Los segundos se concentraron en la reforma política, que ha venido limitando lentamente el poder autónomo de la élite estatal.

Los empresarios

Después de la nacionalización bancaria de 1982, los grupos empresariales más importantes estaban interesados en imponer límites claros al poder estatal. Pero a fines del sexenio de Salinas ya no estaban gravemente amenazados por las implicaciones potenciales del texto constitucional o de la posición política dominante del gobierno y el PRI. Algunos observadores creen que el Estado de derecho está determinantemente ausente de la reforma actual,[28] pero no se han mostrado dispuestos a demandar de manera activa un cambio. La mayoría

---

[28] Véase, por ejemplo, la entrevista con Cortina Legorreta, presidente de la Concamin, en *El Economista*, 1º de noviembre de 1994.

de ellos, y los empresarios en particular, siguen adoptando una estrategia de corto plazo al apoyar la mayoría de las acciones gubernamentales. Hay un matrimonio de conveniencia entre la élite estatal y los grandes intereses empresariales, no un apego sincero a las restricciones constitucionales ni un respeto por los derechos en general.

Como dice Adam Przeworski (1988, p. 72), la cuestión fundamental para entender el papel de los empresarios en la imposición de límites al poder estatal es "si la masa de la burguesía prefiere asumir la responsabilidad de la defensa de sus propios intereses en condiciones competitivas o renuncia a su propia autonomía política a cambio de la protección de sus intereses económicos".[29] A pesar de la lección histórica de las administraciones de Echeverría y de López Portillo, que mostraba a los empresarios la inestabilidad de los derechos de propiedad, legalmente y en términos de valor, muchos empresarios —en particular los más influyentes— decidieron aparentemente que les resultaba demasiado riesgosa una disputa abierta con el gobierno por el poder político.

Un grupo considerable de empresarios ha aceptado de nuevo que el gobierno del PRI sigue siendo el principal depositario del poder político. Ellos aceptan la división entre el poder económico de los empresarios y el poder político del gobierno, porque carecen del apoyo social necesario para tomar el poder político o para promover un cambio en las reglas formales del juego de manera que incremente la estabilidad legal de los derechos de propiedad, por lo menos.

Cuando los empresarios advirtieron que Salinas estaba dispuesto a ir más allá de lo esperado en lo tocante a las grandes cuestiones económicas, como la privatización, la desregulación y la liberalización comercial, un número considerable de ellos advirtió que había llegado el momento de construir una nueva relación, lo que ha implicado cada vez más su involucramiento en las actividades del PRI. En las elecciones de 1994, la mayoría de los grandes empresarios apoyó abiertamente al candidato presidencial del PRI en una alianza más explícita que en el pasado.

[29] Przeworski reconoce que aquí está siguiendo a Marx.

Si sólo se puede contener el poder potencialmente peligroso del gobierno mediante instituciones más democráticas, las grandes empresas prefirieron aceptar la incertidumbre inherente a las instituciones políticas actuales. Una democracia en la que los derechos individuales son plenamente respetados no es un interés básico de la mayoría de los empresarios cuando a la vez se percibe que el gobierno está actuando "correctamente". Para los grandes empresarios, las instituciones democráticas más competitivas incorporan un grado de incertidumbre que les disgusta. Después de todo, los empresarios importantes tienen acceso en la actualidad al proceso de elaboración de la política económica y disfrutan los beneficios de un ambiente económico estable y de regulaciones más previsibles. En estas circunstancias, la falta de seguridad de los derechos de propiedad se compensa por el uso "amistoso" del poder gubernamental autónomo. La carencia de protección legal para sus derechos individuales se compensa por el poder que les permite tener más derechos reales que los disfrutados por la mayoría de los mexicanos. A los empresarios les interesa menos la mejor definición de los derechos (al estilo del liberalismo estadunidense) que una relación de negociación favorable. Como sostiene Basagoiti,[30] para los grandes empresarios aun una victoria electoral del PAN en una elección presidencial disminuiría severamente su influencia.

Los partidos políticos

Mientras que la mayoría de los grandes empresarios ha decidido aceptar la vida en un orden legal que todavía dista mucho de las ideas constitucionalistas básicas, los dos principales partidos políticos de oposición, el PAN y el PRD, no han sido particularmente exitosos en sus esfuerzos por limitar el poder estatal. En el caso del PRD, la relación durante la mayor parte del sexenio de Salinas fue de confrontación. Aunque esta confrontación tenía un costo para el gobierno en términos de legitimidad, el gobierno ganó la batalla por cuanto impuso su

[30] Entrevista personal, México, D. F., 19 de mayo de 1992.

voluntad en la mayoría de las disputas. Finalmente, en las elecciones de agosto de 1994, el PRD sufrió un considerable retroceso en relación con sus expectativas y el temor de algunos miembros del gobierno.

El PAN fue abandonado por los empresarios más importantes, perdiendo así un aliado decisivo que podría haber ejercido gran presión sobre Salinas en busca de mayores limitaciones al poder estatal. La mayoría de los empresarios, incluidos muchos de quienes simpatizaban en 1988 con el candidato presidencial del PAN, Manuel Clouthier, apoyaron ahora al gobierno (o por lo menos permanecieron en silencio) en su defensa de los resultados electorales de 1988, cuando la coalición cardenista de izquierda, muy exitosa en la movilización del electorado, cuestionaba los resultados oficiales. Contra las expectativas de aquellos empresarios que apoyaban al PAN, las elecciones de 1988 demostraron que la mayoría de los mexicanos no estaban dispuestos a apoyar al PAN. En virtud de que esta mayoría votó por el PRI y por los cardenistas (resulta difícil saber en qué proporción), los empresarios advirtieron que era preferible confiar en el gobierno de Salinas, lo que parecía ser mejor opción que la de una coalición populista imprevisible.

Ahora que el PAN está ganando en el proceso de democratización, más empresarios están participando de nuevo en política apoyando al PAN. Sin embargo, el éxito de Cárdenas en 1988 creó los incentivos para que el gobierno y el PAN emprendieran una estrategia de lenta modificación del sistema electoral, al mismo tiempo que se abrían algunas posiciones de poder para el PAN. En este terreno, ayudado por la revuelta de Chiapas, el PAN pudo promover algunos cambios que han limitado el poder del gobierno en el control del proceso electoral (véase el capítulo II).

Parece ser que los cambios que ahora se negocian terminarán por crear una autoridad electoral verdaderamente independiente del presidente. Éste sería un gran cambio, con implicaciones muy importantes para la actual estructura de incentivos, que ayuda a explicar la tendencia de la élite estatal a no aceptar los límites básicos implicados por el constitucionalismo. La alternancia en el poder puede ayudar a inducir a las élites estatales a la aceptación de límites externos y de reglas del juego mejor definidas, lo que protegerá sus intereses en caso de que pierdan las próximas elecciones.[31]

La demanda por la limitación del poder estatal y el fortalecimiento del Estado de derecho en las interacciones sociales es muy fuerte. De acuerdo con una encuesta reciente que trata de medir los valores de los mexicanos, 36% de la población cree que el principal problema que afecta la estabilidad del país es el hecho de que los violadores de la ley no son castigados.[32] Otros de los encuestados llegan a una conclusión similar. Lo peor que le puede pasar a una persona, de acuerdo con 35% de la población encuestada, es que sea rechazada por su familia; lo siguiente, de acuerdo con 33%, es la injusticia y el hecho de verse sometido a un poder arbitrario. Otra encuesta realizada por el periódico *Reforma* obtiene conclusiones similares. Según ésta, los aspectos más negativos del gobierno de Salinas fueron la corrupción y la falta de seguridad, ambos con 11% de las respuestas.[33]

El de los empresarios no fue el único grupo de interés que aceptó el arreglo actual. Los líderes de grandes organizaciones sociales incorporadas al PRI también se benefician de la falta de respeto al Estado de derecho y se han mostrado igualmente vacilantes en la búsqueda de una reforma. En efecto, algunas de estas organizaciones han sido los principales apoyos —si no es que el origen— del poder discrecional otorgado por la ley (por ejemplo, los líderes sindicales).

Por parte de la mayoría de la sociedad, el clamor por la reforma es fuerte, pero el esfuerzo por buscar activamente un fortalecimiento del constitucionalismo no parece ameritar una inversión considerable. Esto no ocurre sólo porque, como en el caso de cualquier bien público, no puedan interiorizar completamente los beneficios de sus esfuerzos, sino también por-

---

[31] Éste es un argumento común para justificar la democracia. Por lo que toca a las conexiones existentes entre la democracia y el Estado de derecho en América Latina, véase Domingo (1994). Mizrahi (1994) provee algunas pruebas empíricas de esta aseveración para el caso del estado de Chihuahua.

[32] El problema siguiente es el de la pobreza, de acuerdo con 33% de los encuestados; y el tercero, con 17% de apoyo, es la falta de acuerdo entre los sindicatos y los empresarios. Véase *Encuesta de Valores* (1994).

[33] Citado en *Reforma*, 30 de octubre de 1994.

que en el mundo de las reglas informales pueden beneficiarse incluso aquellos individuos relativamente pobres. Parece ser, por ejemplo, que el gobernador panista de Chihuahua, Francisco Barrio, tratando de respetar las reglas del juego formales, alejó del PAN a una parte de la población de su estado, lo que explicaría el multitudinario apoyo recibido por el PRI en las elecciones federales de agosto.[34]

MÁS ALLÁ DE LA REFORMA ECONÓMICA Y ELECTORAL

La estatización de la banca de 1982 puso de manifiesto el poder autónomo del presidente mexicano. En 1994, la rebelión campesina en Chiapas y los asesinatos del candidato presidencial del PRI, Luis Donaldo Colosio, y del secretario general del PRI, JOSÉ Francisco Ruiz Massieu, evidenciaron la carencia de poder infraestructural para asegurar el respeto de las leyes básicas. El costo económico de esta debilidad institucional ha sido elevado. Los asesinatos no son raros en la vida política mexicana.[35] La falta de protección hacia los derechos humanos básicos está bien documentada.[36] Lo desusado es

[34] Mizrahi (1994) proporciona algunas pruebas de esto.

[35] Por ejemplo, los líderes del PRD sostienen que más de 200 miembros del partido han sido asesinados por razones políticas. No está claro si los asesinatos son el resultado de alguna gran conjura política para matar a miembros de la oposición, pero sí revelan el nivel de violencia en la sociedad mexicana.

[36] El Departamento de Estado de los Estados Unidos evalúa anualmente la dimensión de la violación de los derechos humanos. El informe de 1993 afirma: "A pesar del progreso logrado por la administración de Salinas para frenar los abusos de los derechos humanos, las fuerzas de seguridad, en particular la policía, continuaron cometiendo graves violaciones a los derechos humanos en 1993. En 1993 continuaron los abusos generalizados contra los derechos humanos y una frecuente impunidad de los violadores, a pesar de los esfuerzos gubernamentales por impedirlo. Los abusos importantes incluyeron muertes extrajudiciales por la policía, torturas, arrestos ilegales, evidentes deficiencias en las prisiones y un extendido trabajo infantil en la economía informal. Sin embargo, hay cierta razón para el optimismo: la Comisión Nacional de Derechos Humanos (CNDH) y la creación en 1993 de comisiones de derechos humanos a nivel estatal. Estas acciones, aunadas a la creciente conciencia pública de los derechos humanos, han provocado una baja perceptible de la incidencia de violaciones en México". Departamento de Estado de los Estados Unidos (1994). Véase también Durand Ponte (1994).

que se vean afectados miembros importantes de la élite política, lo que ha incrementado la atención de la sociedad civil hacia estas cuestiones.

El levantamiento de Chiapas es, en muchos sentidos, resultado de la violación sistemática de los derechos de los campesinos y los indígenas en el campo mexicano. Ahora, los ganaderos mexicanos, que afrontan un repentino ascenso en el poder legal de los campesinos, están demandando respeto para el Estado de derecho; por ejemplo, expulsando a los campesinos que han ocupado sus tierras y desarmando a los rebeldes. Este caso ilustra las dificultades existentes para asegurar que la ley prevalezca sobre el poder. Durante decenios, los chiapanecos más poderosos impusieron su poder, beneficiándose de la falta de respeto para la norma legal. Ahora demandan el Estado de derecho, ¿pero qué debiera hacerse para reparar las violaciones anteriores?

La creciente impunidad de los narcotraficantes es otro obstáculo para el desarrollo del Estado de derecho. El Estado está perdiendo gradualmente su poder infraestructural a medida que la policía y el Poder Judicial entran en las redes de influencia de los cárteles que exportan drogas.[37] En estas circunstancias, resulta tentador creer que un cambio legal radical, quizá incluso la redacción de un nuevo texto constitucional, es la solución. Una nueva Constitución ha sido básicamente un proyecto de la izquierda. Su objetivo principal es el reforzamiento de los derechos sociales en un texto más coherente, es decir, básicamente la provisión de un plan de gobierno que otorgue prioridad a los elementos "positivos" de la ley, antes que a los elementos "negativos".[38]

Pero un cambio legal de consideración puede introducir tantos derechos que distraería la atención de los temas fundamentales que posibilitan el constitucionalismo: separación de poderes, elecciones efectivas, un sistema judicial bien sustentado. Tal estrategia magnificaría la confusión que ahora existe en el primer capítulo de la Constitución.

Las instituciones facilitan ciertas decisiones en mayor me-

---

[37] Véase en Uhlig (1994) una descripción impresionante de la impunidad de la policía y sus conexiones con los narcotraficantes.
[38] Véase Sartori (1962, p. 862).

dida que otras, pero un mero cambio legal que no sea resultado de la acción de grupos organizados capaces de asegurar el cumplimiento de la nueva legislación puede crear simplemente una distancia mayor aún entre el marco legal y la forma como actúa efectivamente un gobierno, lo que desgastaría aún más la legitimidad de la Constitución. Más que una nueva Constitución, parecería que una estrategia mejor es la realización de reformas más modestas pero quizá más eficaces. Son muchos los cambios que se pueden hacer a nivel más micro, pero no podría examinarlos con mayor detalle. Sin embargo, en las cuestiones más importantes el mero cambio de la ley es precisamente el primer paso. La única manera de incrementar la probabilidad de que estas nuevas leyes transformen la Constitución viva es mediante la adquisición de un compromiso por parte de las organizaciones sociales en apoyo de estos cambios.

¿Estará el nuevo presidente dispuesto a encabezar esta movilización, a pesar de las restricciones que esto implicaría inevitablemente para su poder? Hasta ahora, parece haber una fuerte voluntad política presidencial para emprender por lo menos una parte de esta necesaria reforma. La limitación del poder presidencial que ahora se percibe es un procedimiento para la consolidación del programa de reforma estatal y algo crucial para la legitimación del nuevo presidente. Por lo que toca al poder del presidente frente al PRI, Zedillo ha anunciado nuevas reglas que limitarían el poder presidencial. Aunque no ha ocurrido todavía ningún cambio legal, esta separación funcionó en la elección de los candidatos del PRI en los estados de Jalisco y Yucatán, por ejemplo.

Se ha implantado una reforma del sistema judicial con el apoyo abierto del PAN. Además, el presidente designó a un miembro del PAN para que dirigiera la Procuraduría General de la República (PGR), institución responsable de la persecución de los delitos. Este nombramiento rompe el control de la élite del PRI sobre la PGR, elemento fundamental para el aseguramiento de la impunidad.[39]

Sin embargo, está por verse si Zedillo tendrá la capacidad

[39] Fix Zamudio (1988) discute la relación existente entre el presidente y el sistema judicial.

necesaria para reformar la Constitución mexicana viva. Por su voluntad podrán fijarse límites a su poder autónomo, aunque su propia restricción podría verse sustituida simplemente por el poder de los jefes locales, y no por el desarrollo del Estado de derecho. La tarea es más compleja en cuanto al poder infraestructural, ya que requiere la construcción de nuevas instituciones capaces de limitar a quienes tienen recursos para actuar con impunidad. Es un proceso de aprendizaje en la práctica, de modo que en todo caso llevará tiempo.

IV. LA ADMINISTRACIÓN DE JUSTICIA Y EL ESTADO DE DERECHO EN MÉXICO

Manuel González Oropeza

La búsqueda de justicia es parte intrínseca de la búsqueda de democracia en México. Es posible que la corrupción política sea el pecado original del sistema mexicano, porque a su sombra han florecido muchos otros problemas, como el narcotráfico, la pobreza extrema, la violencia y la injusticia.[1] La solución del problema de la justicia equivale a reinventar la nación y superar las deficiencias de un régimen autoritario como el que observamos en México.

Carlos Fuentes ha afirmado que la cuestión de la justicia está implícita en el concepto de democracia.[2] En la medida en que el presidente Salinas (1988-1994) reconoció en su último informe presidencial que no se habían resuelto los problemas de la justicia y la seguridad social,[3] queda claro que éstos debieran figurar en el primer sitio de la agenda del presidente Zedillo para los años venideros.

Aunque Salinas concentró su gobierno en los aspectos económicos y logró algunos avances en ese aspecto, no sólo siguen siendo generalizados la pobreza, el desempleo y la desigualdad,[4] sino que el aparente progreso de la economía no se vio igualado por el desarrollo de las instituciones políticas. La reforma estatal fue limitada en la arena política, aunque incluyó algunas de las demandas de los partidos políticos de oposición, como las tres reformas que modificaron la Constitución y el Código Federal de Instituciones y Procedimientos

---

[1] Véase García Ramírez (1987), p. 236.

[2] *La Jornada*, 24 de octubre de 1994, p. 5.

[3] Esto a pesar de que Salinas consideraba la justicia como uno de los retos principales de su administración.

[4] La tasa normal de los delitos denunciados diariamente en la ciudad de México en 1994 se aproximó a 300, de los cuales más de la tercera parte se relacionaba con robos. Pero al final de ese año aumentó la cifra a 442 delitos diarios. *La Jornada*, 5 de enero de 1995, p. 21.

Electorales (COFIPE) de 1986. Algunos de estos cambios tuvieron implicaciones importantes para la justicia electoral.

Este empeño en los problemas económicos se ha debido en parte a un proceso de cambio de la élite entre el grupo político que había monopolizado la Presidencia desde 1946, y que ha desplazado gradualmente a los abogados por los "políticos neoliberales". Más recientemente, la crisis interna del partido oficial y la degradación de su imagen pública no sólo han dañado el prestigio de presidentes subsiguientes, sino también la legitimidad del régimen mismo. La magnitud de esta crisis se puso de manifiesto con los asesinatos del candidato presidencial del PRI, Luis Donaldo Colosio, en marzo de 1994, y del secretario general del PRI, José Francisco Ruiz Massieu, en septiembre de ese mismo año.

Estos acontecimientos han dañado evidentemente el sistema legal y han contribuido a degradar el aparato coercitivo cuando más necesario era. Los tres principales candidatos presidenciales en la contienda de 1994 destacaron la necesidad de reformar la estructura legal del país, sobre todo en lo tocante a la administración de justicia. La generalizada insatisfacción popular contra el sistema judicial legal impulsó a Ernesto Zedillo a criticar los primeros procedimientos e investigaciones del caso Colosio.

Por lo que toca a los actores principales del sistema de justicia, niegan rotundamente toda responsabilidad en los vicios que han desgastado sistemáticamente tal sistema. Los policías culpan a los jueces de ser blandos con los delincuentes; los agentes judiciales critican los abusos cometidos por la policía, los jueces federales consideran que los jueces estatales son particularmente responsables de la corrupción. Al final, todos culpan a la sociedad entera por promover y tolerar la corrupción generalizada. Éste es el escenario típico que ayuda a explicar el estado de parálisis del sistema de justicia.

La búsqueda de la justicia tiene larga historia. Al principio, la carencia de recursos explicaba el desempeño pasivo y deficiente de los tribunales. Durante la dictadura de Porfirio Díaz (1876-1911) se difundió la corrupción, y la influencia del Poder Ejecutivo sobre los jueces se volvió tan ubicua que los tribunales se volvieron servidores del presidente Díaz. Aunque la

Constitución mexicana siguió el modelo de la estadunidense en mucho sentidos —como la organización del Poder Judicial y la revisión judicial desde 1847 a través de nuestro juicio de amparo— también las tradiciones continentales de España y Francia se reflejaron en las instituciones políticas y legales, lo que convirtió a México en un país ecléctico o híbrido.

Estas contradicciones no sólo provocaron problemas de incoherencia, sino también la adopción de instituciones relativamente incompatibles. Por una parte, tenemos la revisión judicial del derecho común; por otra, la hemos combinado con algunos elementos del derecho francés. De igual modo, aunque formalmente adoptamos un sistema federal estadunidense, éste tenía una centralización distintivamente española y en nuestro régimen presidencial formalmente adoptado también hemos observado algunas prácticas parlamentarias. Este paradigma ecléctico, también caracterizado por el papel pasivo de la mayoría de los actores políticos, con la única excepción del presidente, ha restringido indudablemente el desarrollo de muchas de nuestras instituciones y ha generado lagunas y contradicciones.

Durante el siglo XX, el sistema presidencial omnipotente y absoluto desarrollado desde el régimen de Díaz emerge a fines de este siglo como una de las características distintivas del sistema político. El poder presidencial autoritario no sólo permaneció incólume después de la Revolución mexicana y la nueva Constitución de 1917, sino que Carranza se convenció pronto de que una presidencia fuerte era esencial para enfrentarse a rebeldes como Emiliano Zapata y Francisco Villa. Más tarde, Álvaro Obregón y Plutarco Elías Calles continuaron esta tendencia, fortaleciendo aún más el cargo presidencial en detrimento de los otros dos poderes de gobierno.

Fue Díaz quien, el 22 de mayo de 1900, decidió incorporar la procuración de justicia al Poder Ejecutivo, creando un departamento especial con el nombre de Procuraduría General de la República (PGR). Como había ocurrido antes, durante la dictadura de Antonio López de Santa Anna, con el acta de Lares de 1853, esta decisión separó la función de investigación de los delitos del papel jurisdiccional de los tribunales.[5] Para

---

[5] Véase Baeza (1981), p. 65.

1917, con la eliminación del Ministerio de Justicia, la Procuraduría General de la República asumió la precedencia. Esa oficina se inspiraba en el *Ministère Publique* francés, como lo recomendaba el paradigma ecléctico. En forma gradual, pero eficaz, asumió las facultades del Poder Judicial. Hoy, la doctrina reconoce que la justicia penal se encuentra principalmente en manos de la PGR.[6]

LA ADMINISTRACIÓN DE JUSTICIA: ¿UN PODER PRESIDENCIAL?

Muchos de los problemas concernientes a la administración de justicia están más relacionados con la esfera de competencia presidencial que con el Poder Judicial propiamente dicho. Durante la administración de Salinas, los complejos papeles desempeñados por el procurador general bajo la sombra del presidente provocaron cinco cambios de titular de esa oficina. Similar inestabilidad se observó en la oficina del procurador general del Distrito Federal (ciudad de México),[7] lo que convirtió a ambos puestos en los más inestables y controversiales de la administración pública. Esta movilidad se complementó con los seis directores del sistema de prisiones del Distrito Federal designados por el regente de la ciudad de México, quien también era designado directamente por el presidente.[8]

El presidente es el principal elaborador de políticas en la esfera de la justicia, dados sus poderes políticos y el gran peso de los proyectos de ley expedidos por la Presidencia y regular-

[6] Piero Calamandrei, el experto italiano en derecho procesal, quien ejerció gran influencia sobre la doctrina legal mexicana, consideraba al *Ministère Publique* una invasión de la política realizada por el Poder Ejecutivo en el campo del Poder Judicial. Calamandrei (1944), pp. 406-407. Véase también Jardi Alonso (1991), pp. 16-17.

[7] Enrique Álvarez del Castillo, Ignacio Morales Lechuga, Jorge Carpizo, Diego Valadés y Humberto Benítez Treviño fueron procuradores generales de la República. Ignacio Morales Lechuga, Miguel Montes García, Diego Valadés, Humberto Benítez Treviño y Ernesto Santillana fueron procuradores generales del Distrito Federal. Miguel Ángel Rivera, "Clase Política", *La Jornada*, 3 de noviembre de 1994, p. 4. Apenas poco más de 50 días después de la toma de posesión de Zedillo, el procurador general del Distrito Federal, Rubén Valdez Abascal, fue sustituido por José Antonio González Fernández. *La Jornada*, 23 de enero de 1995, primera plana.

[8] *Reforma*, 21 de octubre de 1994, p. 1B.

mente incorporados al Poder Legislativo. El presidente Salinas no fue una excepción a esta tradición: al inicio de su administración, en enero de 1989, instruyó a la Procuraduría General de la República para que organizara un foro sobre la administración de justicia y la seguridad pública.[9] Los resultados de este foro se tradujeron en políticas y reformas legales, sobre todo en los códigos procesales, pero tuvieron escaso impacto sobre el nivel de la delincuencia.[10] No hay duda de que la solución del problema de la justicia en México requiere mucho más que una confrontación superficial de ideas dispersas en un foro.

LA REFORMA CONSTITUCIONAL Y EL ESTADO DE DERECHO

La Constitución ha sido extensamente modificada y este poder pertenece exclusivamente al presidente. No se ha permitido que los partidos de oposición promuevan reformas constitucionales, a pesar del gran número de proyectos de ley que han presentado ante el Poder Legislativo. La única excepción es la reforma de tres artículos presentada por el Partido Acción Nacional (PAN) en 1966. Algunas enmiendas recientes de la Constitución, especialmente aquellas relacionadas con las instituciones políticas y electorales, se debieron a raras alianzas forjadas entre el PRI y algunos partidos de oposición.

Sin embargo, la reforma constitucional ha seguido siendo una prerrogativa casi exclusiva del presidente. Esto se debe, en

[9] *Informe de labores de la Procuraduría General de la República correspondiente al año de 1989,* PGR, México, p. 14.

[10] El único resultado directo de este foro fue la elevación a 50 años de la pena máxima para los delitos. Desde el siglo XIX, México ha repudiado la pena de muerte. Otras reformas de 1989 fueron la reglamentación del perdón presidencial, que parece incompatible con la republicana separación de poderes, así como limitaciones y simplificaciones de las funciones asignadas a los agentes del Ministerio Público federal. Se introdujeron también castigos más severos para los delitos de abuso, intimidación y extorsión cometidos por cualquier autoridad. En el resto de la administración de Salinas se aprobaron las siguientes reformas legales: *a)* las revisiones médicas deberían realizarse por personal del mismo sexo; *b)* requisitos para la libertad condicional; *c)* invalidación de la confesión que no se haga con la asistencia del abogado defensor, de una persona de su confianza o de un traductor; *d)* promulgación de la ley federal para la prevención y la sanción de la tortura (27 de diciembre de 1991); *e)* penalidad para los secuestros motivados por intereses extranjeros. Véase Valdez Abascal (1994), pp. 196-219.

parte, al carácter "espectacular" de tales reformas, con repercusiones de largo alcance en todo el país. En efecto, al reformar la Constitución, el presidente fija la agenda política y económica del gobierno central, así como de los gobiernos locales. Paradójicamente, sin embargo, la reforma constitucional es también la más simple de todas las reformas legales realizadas por el presidente. Contando con el apoyo incondicional de todos los miembros del PRI en el Congreso y en las legislaturas estatales, los proyectos de ley del presidente se aprueban en cuestión de días, no de meses o de años, como ha sido el caso de las reformas de la legislación secundaria. Una reforma a una ley sustantiva, como los códigos penal, mercantil o civil, es sin duda una tarea más compleja.

A veces, la reforma constitucional puede consistir simplemente en un párrafo y unas palabras poco comprometedoras, aceptables para todos, pero este procedimiento de *fast track* se reserva exclusivamente al presidente y ningún individuo o grupo de miembros del Congreso puede persuadir al resto del cuerpo legislativo de que se mueva y apoye una nueva legislación con tanta rapidez.

Esto explica que la Constitución, en teoría un documento rígido e intocable, sea el más reformado de todos los textos legales. Aunque en principio contiene 136 artículos, se ha reformado más de 66% de sus disposiciones. En cambio, la legislación ordinaria tiene cerca de 240 leyes federales en vigor y sólo se ha reformado el 48 por ciento.

Desde la década de 1920, cada presidente ha usado su poder para transformar la Constitución con diferentes propósitos. Esta tendencia se ha intensificado desde la década de 1970, de modo que cada nuevo presidente supera el poder de reforma de su predecesor.[11] La administración de Salinas, por ejemplo, realizó 54 reformas constitucionales.[12]

[11] El presidente Luis Echeverría (1970-1976) hizo 41 reformas constitucionales, mientras que su antecesor sólo había corregido 19 artículos. José López Portillo (1976-1982) reformó 44 y Miguel de la Madrid (1982-1988) aumentó el número a 52. Véase González Oropeza (1994), p. 123.

[12] Un resumen de las acciones de Salinas para modificar la Constitución es el siguiente: *a)* primera reforma política (16 de abril de 1990), 10 artículos; *b)* reforma bancaria (27 de junio de 1990), tres artículos; *c)* reforma agraria (6 de enero de 1992), un artículo; *d)* reforma religiosa (28 de enero de 1992), cinco artículos; *e)* reforma indígena (28 de enero de 1992), un artículo; *f)* re-

Esta falta de restricción en la forma como un presidente en ejercicio puede modificar la ley suprema ayuda a explicar la debilidad del Estado de derecho en México. Para fines prácticos, el presidente puede cambiar radicalmente cualquier disposición legal. Durante el periodo de Salinas se transformaron dos disposiciones "intocables": la relación existente entre el Estado y la Iglesia católica, y la ley agraria, que ningún presidente mexicano se había atrevido a cambiar hasta entonces. Todas las reformas realizadas en nombre de la justicia han sido meros parches sin ninguna transformación profunda. Durante la administración de Salinas, la única reforma constitucional relacionada con la administración de justicia se aprobó el 3 de septiembre de 1993. Irónicamente, esta reforma, en lugar de preservar los derechos humanos, otorgaba mayor poder a los agentes del procurador general al ampliar sus facultades de detención y arresto sin consideración a los jueces.

En consecuencia, cuando Ernesto Zedillo afirmó que el Estado de derecho en México es deficiente, muchos supusieron que se estaba refiriendo a esta práctica a fin de evitarla.[13] Sin embargo, apenas el 8 de diciembre de 1994, en uno de sus primeros actos presidenciales, decidió depurar la Suprema Corte, jubilando a los 25 magistrados mediante una amplia reforma constitucional. (Durante 20 días, simplemente se careció en México de Suprema Corte.) El 31 de diciembre de 1994 se aprobó su iniciativa y se reformó lá Constitución, al designarse 11 nuevos magistrados y crearse un consejo de la judicatura federal a cargo de importantes asuntos administrativos.[14]

forma de las comisiones de derechos humanos (28 de enero de 1992), un artículo; g) reforma educativa (5 de marzo de 1993), dos artículos; h) reforma de los requisitos para la Presidencia (20 de agosto de 1993), un artículo; i) reforma del banco central (20 de agosto de 1993), tres artículos; j) segunda reforma política (3 de septiembre de 1993), siete artículos; k) reforma del Congreso (3 de septiembre de 1993), dos artículos; l) reforma de la procuración de justicia (3 de septiembre de 1993), cinco artículos; m) reforma del Distrito Federal (25 de octubre de 1993), 13 artículos; n) requisito para la Presidencia (25 de octubre de 1993), un artículo; ñ) tercera reforma política (24 de marzo de 1994), un artículo.

[13] Discurso pronunciado el 4 de noviembre de 1994 ante los comités financiero y empresarial del PRI. El Nacional (5 de noviembre de 1994), primera plana y p. 5.

[14] Dos artículos apoyan esta aseveración: el quinto párrafo del artículo 16 establece: "Sólo en casos urgentes, en la comisión de delitos graves así esta-

AUMENTO DE TRIBUNALES ADMINISTRATIVOS

En 1853, Teodosio Lares recomendó la creación de tribunales administrativos que pudieran resolver todas las disputas derivadas del funcionamiento de la administración pública, basado en la aseveración de que juzgar a la administración equivaldría a controlar la administración. Su modelo era el *Conseil d'État* francés y la jurisdicción administrativa conocida como lo *contentieux-administratif*.

Sus ideas se pusieron en práctica en 1917, cuando la Constitución estableció una junta para la solución de las controversias derivadas de las disputas laborales. Esta agencia, conocida como Junta de Conciliación y Arbitraje, sólo fue reconocida como un tribunal de justicia en 1924, cuando la Suprema Corte falló el caso de Guillermo Cabrera,[15] reconociendo a los tribunales administrativos en México.

Este reconocimiento judicial de los tribunales administrativos fue motivado por la profunda desconfianza existente en el movimiento obrero hacia la administración regular de justicia, dadas las demoras y la práctica parcial, a pesar de la dis-

blecidos por la ley y cuando el acusado pueda sustraerse a la acción de la justicia, o cuando no haya ninguna autoridad judicial disponible, en virtud de la hora, el lugar o la circunstancia, el agente del Ministerio Público, bajo su exclusiva responsabilidad, podrá ordenar la detención de un acusado, justificando y explicando las razones en que se base su acción." El segundo artículo es el 119, que en su segundo párrafo establece: "Todos los estados y el Distrito Federal están obligados a dar [una explicación] sin demora al acusado, a quienes estén sujetos a juicio o sentenciados [...] siguiendo las instrucciones expedidas por cualquier autoridad estatal. Estos procedimientos se practicarán mediante la participación de los agentes del Ministerio Público correspondientes, de acuerdo con los convenios celebrados entre los estados. Para estos mismos fines, los estados y el Distrito Federal podrán celebrar estos convenios con el gobierno federal, el que estará representado por la Procuraduría General de la República". Suprema Corte de Justicia de la Nación, México, 1993, pp. 50-51. Este párrafo contrasta con la antigua disposición: *"El auto del juez* que ordene el certificado de extradición será suficiente para causar la detención del acusado durante un mes en el caso de la extradición entre estados..." Ahora, con la reforma de 1993, sólo la extradición internacional requiere el auto de un juez, de acuerdo con el párrafo tercero del nuevo artículo 119. Ya no ocurre lo mismo con la extradición nacional, lo que podría provocar acusaciones de discriminación en contra de los nacionales.

[15] Véase Bassols (1964), pp. 86-87.

posición estipulada en el artículo 17 de la Constitución.[16] Según Mario de la Cueva, el principal redactor de la vigente Ley Federal del Trabajo de 1970, en ese entonces los trabajadores consideraban los tribunales como un instrumento de los empresarios, que carecía de la imparcialidad indispensable.[17] En efecto, el desempeño de estas juntas, originalmente creadas para resolver las disputas laborales, ha sido muy deficiente y ahora se consideran entre los tribunales más corruptos de todo el sistema judicial.[18]

En 1936 se fundó un segundo tribunal administrativo con restricciones similares. El Tribunal Fiscal de la Federación es una limitada sala de justicia en la estructura del Poder Ejecutivo, dependiente de la Secretaría de Hacienda en lo financiero y lo administrativo, y legalmente facultado para anular los actos de la administración pública o para ordenar la reparación de los errores cometidos por la autoridad. La administración del derecho fiscal es muy complicada porque en la mayoría de los casos la ley obliga al contribuyente a agotar previamente todos los demás recursos legales. Una vez agotado este procedimiento, se concede el acceso al tribunal fiscal. A pesar de estos procedimientos complejos, el prestigio ganado por este tribunal es considerable entre los practicantes, aunque los jueces no son permanentes y se designan cada seis años.[19]

En 1971 se creó un tribunal administrativo para resolver las controversias derivadas del gobierno del Distrito Federal. Este pequeño tribunal se ha comportado en forma bastante irregular, con un presupuesto insuficiente y completamente depen-

---

[16] Héctor F. Castañeda hace un comentario similar en un trabajo contemporáneo: "La garantía contemplada en el artículo 17 de la Constitución se aproxima más a la retórica, pues obliga a las personas a acudir ante los tribunales si desean obtener justicia. Por supuesto, esta clase de justicia no es rápida ni gratuita, porque ellas deben contratar un abogado y cubrir otros gastos para ir al juicio". Véase Castañeda (1989), p. 53. El artículo 17 establece: "Ninguna persona puede tomar la ley en sus manos, ni recurrir a la violencia para hacer respetar sus derechos. Todos tienen derecho a recurrir a los tribunales, los que estarán prestos a impartir justicia en los lugares y términos establecidos por las leyes, emitiendo sus resoluciones en una forma expedita, completa e imparcial. Sus servicios serán gratuitos y, en consecuencia, todo cargo judicial queda prohibido".

[17] Véase De la Cueva (1994), p. 346.

[18] Véase Ovalle Fabela (1984), p. 79.

[19] *Ibid.*, pp. 68 y 78.

diente de la misma autoridad local a la que en teoría debiera llamar a cuentas. Uno de los problemas principales de este tribunal es simplemente el desconocimiento de su existencia por parte de los residentes del Distrito Federal, junto al secreto y las estrictas medidas de seguridad que rodean sus actividades. Otra deficiencia es el hecho de que los jueces son designados más bien con criterio político que por consideraciones profesionales.

Los procedimientos son sencillos y los beneficios son obvios, pero el número de casos es reducido si se compara con lo que ocurre en otros tribunales. Por ejemplo, desde 1989 hasta 1991 recibió el tribunal administrativo menos de 12 000 casos, pero, de acuerdo con los informes oficiales, cerca de 90% de tales casos se falló en favor de la parte privada.[20] Esto se debe, en parte, al hecho de que la mayoría de las resoluciones expedidas por el gobierno del Distrito Federal no se fundan o basan debidamente sobre disposiciones legales.

Sin embargo, debe destacarse el hecho importante de que las decisiones del tribunal administrativo no se acompañan de mecanismos coercitivos, de modo que no es raro observar que diferentes oficinas del gobierno del Distrito Federal no acatan las sentencias de ese tribunal. Este hecho neutraliza las características positivas antes mencionadas.

Además, debemos considerar que durante la administración de Salinas el tribunal administrativo tuvo un competidor que eclipsó sus logros. En 1989 se creó una oficina anexa al gobierno del Distrito Federal, el procurador social, como una instancia informal de mediación entre la población del Distrito Federal y sus autoridades gubernamentales. El número de quejas que recibe esta oficina es ligeramente menor que el de las demandas formales recibidas en el tribunal administrativo, un promedio de 2 000 quejas por año.[21]

Otro tribunal administrativo, el Tribunal Federal Electoral, se ha establecido en el ámbito de la Secretaría de Gobernación, brazo político del gabinete. Su legitimidad política ha sido ob-

[20] Se consultaron todos los informes del magistrado principal del tribunal administrativo del Distrito Federal de 1989 a 1993. Especialmente el *Informe de labores del Tribunal Contencioso-Administrativo del Distrito Federal* (7 de diciembre de 1989, 1990, y 11 de diciembre de 1991).

[21] Véase Procuraduría Social del Distrito Federal (1993), p. 17.

jeto de gran debate desde 1873. Al principio, el Poder Judicial federal deseaba ejercer sus facultades en este campo, pero se le negó esta posibilidad hasta 1882, en que fue lograda debido a la influencia ejercida por uno de los más importantes presidentes de la Suprema Corte, Ignacio L. Vallarta.

Basándose en el famoso caso estadunidense de Luther *vs.* Borden (1849), fallado por la misma Suprema Corte que legitimó la esclavitud en ese país, Vallarta estableció la jurisprudencia[22] por la que el Poder Judicial no debía revisar controversias políticas. A pesar de que la Suprema Corte de los Estados Unidos revocó ese precedente hace mucho tiempo, México mantiene todavía tal jurisprudencia. Éste es un segundo ejemplo de autorrestricción del mismo Poder Judicial, que en una forma y otra ha reforzado la jurisdicción del Poder Ejecutivo. El mito de Vallarta del no enjuiciamiento de las cuestiones políticas debiera pasar a formar parte de la historia, y el Poder Judicial debiera realizar su función de acuerdo con el principio de la separación de poderes. En México, donde el presidente es el jefe del partido oficial, la misma autoridad organiza las elecciones, al mismo tiempo que juzga y resuelve las disputas electorales. El presidente es el elector final que decide quiénes son los representantes legítimos del país.

Por último, durante la presidencia de Salinas se creó un nuevo sistema de justicia administrativa. El Tribunal Superior de la Reforma Agraria (con cinco jueces) inició sus actividades el 8 de julio de 1992. Posteriormente se designó a 34 jueces de distrito para que se ocuparan de la difícil cuestión del rezago de juicios de la reforma agraria acumulados durante más de 50 años, cuya resolución se suponía que estaba en manos de la Secretaría de la Reforma Agraria antes de su creación.

En el primer año se sometieron 10 277 casos a este tribunal. Su eficiencia y ritmo de revisión judicial han sido muy bajos. El presidente del tribunal decidió su autorrestricción cuando anunció que el tribunal no propondría políticas de reforma

---

[22] La jurisprudencia es un concepto legal que dota de fuerza plena a un precedente judicial de cinco sentencias aprobadas por una mayoría calificada de los magistrados o ministros del Poder Judicial federal.

agraria, sino sólo medidas limitadas a la organización y procedimientos relacionados con el mismo tribunal.[23]

Aunque más recientemente este tribunal pudo reducir el tiempo del juicio a sólo cuatro meses, 55% de las resoluciones fue contrario a la petición de los campesinos.[24] Al mismo tiempo, la responsabilidad de los empleados y los jueces se sometió a estricto escrutinio y se descubrió que cinco agentes realizaban actividades ilegales. Estos agentes fueron destituidos de inmediato, y uno de ellos, sometido a proceso.

Sin lugar a dudas, la mayoría de los tribunales relacionados con la justicia administrativa eran, en buena medida, resultado de la pasividad observada en el Poder Judicial federal. Siempre que esta rama se negaba a conocer de cuestiones relacionadas con la administración, se creaba un nuevo tribunal administrativo. Es evidente también que estos tribunales han luchado por ganar más independencia frente al Poder Ejecutivo y el Poder Judicial, ya que este último puede revisar sus resoluciones finales mediante la revisión judicial del juicio de amparo.

EL PODER DE DESIGNACIÓN DEL PRESIDENTE

La corrupción entre jueces y empleados no puede explicarse fácilmente por un solo factor, pero el proceso de selección de jueces por el presidente es de particular importancia. Todo el sistema de justicia de México depende en alto grado de la elección del presidente. El proceso de ratificación en el Congreso es secundario cuando sólo hay un candidato con el apoyo de la Presidencia. Así ocurre en especial cuando la ratificación depende por entero del Senado, donde la oposición es prácticamente inexistente, y la mayoría del partido oficial tiende a apoyar de manera automática la mayoría de las candidaturas presidenciales.

El caos y la corrupción son casi inevitables si la designación de los jueces es resultado de motivaciones políticas. Desafortunadamente, así ocurre con frecuencia incluso en la Supre-

[23] Véase García Ramírez (1993), p. 81.
[24] *Ibid.*, p. 92.

ma Corte. Al 1° de enero de 1995 muchos de los magistrados del más alto tribunal habían sido designados con tal criterio. Aunque fuesen profesionales competentes, es posible que el proceso de selección para una magistratura desplazara a otros miembros del sistema judicial con méritos iguales o mayores.

A resultas de todo esto, encontramos a antiguos funcionarios del PRI (la jueza Irma Cué Sarquis) y a antiguos procuradores generales en desgracia (los jueces Victoria Adato Green y Diego Valadés Ríos), así como a políticos "en tránsito", esperando otra posición política o electoral en sus carreras. En esta categoría se hallan nombres como Jorge Carpizo (último secretario de Gobernación en la administración de Salinas), Salvador Rocha Díaz (senador) y Trinidad Lanz Cárdenas (senador).

Hasta ahora, sólo un magistrado de la Suprema Corte se ha atrevido a criticar esta situación, haciendo pública su oposición al nombramiento de jubilados presidentes de la Suprema Corte para otros puestos. Esta medida trataba de eliminar la calidad de jueces "en tránsito" y evitar así una situación en la que la Suprema Corte pudiera convertirse simplemente en un paso intermedio en la carrera del político.

De igual modo, un académico presentó una iniciativa que sugería que los nombramientos judiciales al estilo de los Estados Unidos (postulación presidencial con ratificación del Senado) se cambiara por una lista de tres candidatos elaborada por el presidente y sometida al Senado.[25] Éste fue el sistema propuesto por el presidente Zedillo y aprobado el último día de 1994. Sin embargo, parece improbable que el Poder Judicial pueda alcanzar mayor independencia con el sistema establecido ahora en el artículo 96 de la Constitución. El cambio del sistema requeriría la transformación completa del proceso de designación y la eliminación de la participación del presidente. Una posibilidad es que la Suprema Corte o el tribunal superior decida a partir de una lista de tres o cinco candidatos propuestos por diferentes organizaciones (universidades, colegios de abogados, facultades, asociaciones de empleados, etc.), y aprobados por el voto mayoritario de la Cámara de

---

[25] Véase José Luis Soberanes Fernández, "Apuntes sobre la reforma judicial", *El Nacional*, 31 de octubre de 1994, p. II.

Diputados. Si no se llega a ninguna decisión, la Cámara podría pedir a la Suprema Corte que presente candidatos o resuelva la cuestión, siempre que no se alcance la mayoría en una nueva votación.

Un comentario final sobre los nombramientos políticos debiera tomar en consideración la gran frustración existente entre empleados y jueces por las demoras en los ascensos. El recién creado "Consejo de la Judicatura" trata de abordar este problema. Para tal propósito, debiera formarse un comité colegiado designado por los magistrados de las respectivas supremas cortes del país. Ese comité evaluaría las calificaciones de aquellos candidatos que pudieran ser ascendidos a puestos más altos del sistema judicial. La reforma de 1994 prevé la existencia de un consejo judicial federal que se ocuparía, entre otras cosas, del proceso de designación para la totalidad de los puestos judiciales, excepto los magistrados de la Suprema Corte.

Esta reforma constitucional cambió el sistema de permanencia que prevalecía en la Suprema Corte. En la actualidad, los magistrados son designados para periodos de 15 años, a menos que incurran en "mal comportamiento". En la historia mexicana reciente, los magistrados se han desempeñado bien, y hasta ahora no se han llevado a cabo destituciones políticas por parte del Congreso.

LA DEFENSA DE LOS DERECHOS HUMANOS:
OTRA NUEVA TAREA PARA EL PODER EJECUTIVO

En el siglo XIX se suponía que los tribunales judiciales salvaguardaban los derechos humanos mediante el juicio de amparo, pero con la reforma de Salinas, del 28 de enero de 1992, se creó una comisión administrativa para la protección de los derechos humanos. La protección se basa en un procedimiento y una investigación informales de los hechos. Las resoluciones de la comisión son "recomendaciones" que se someten a la autoridad involucrada en la violación de derechos humanos.[26]

[26] Véase el capítulo III.

Por supuesto, los blancos principales eran al principio las actividades de los procuradores generales a nivel federal y estatal.

Se excluyeron de la jurisdicción de la comisión todas las cuestiones electorales, laborales y judiciales federales. Al principio, la comisión afrontó una gran renuencia de las autoridades para aplicar y obedecer sus recomendaciones. Sin embargo, la elevada posición del presidente de la comisión, quien rinde sus informes en presencia del presidente de la República, hizo que algunas autoridades lo aceptaran.

La Procuraduría General de la República recibió cerca de 100 recomendaciones de 1990 a 1993.[27] De mayo de 1993 a mayo de 1994, la comisión recibió más de 24 quejas diarias solamente en su oficina de la ciudad de México. En las oficinas dispersas por todo el país la cantidad diaria de quejas se elevó a 72.[28] De las reclamaciones presentadas ante la comisión, 70% provenían de personas pobres que no podían pagar los servicios de abogados y seguir un proceso judicial. Las causas más comunes de las quejas son:

a) Violación de los derechos de los presos. La sobrepoblación de las prisiones es del orden de 50%, y dos tercios de los presos no han sido sentenciados.[29]

b) Abuso de autoridad. Sin embargo, de acuerdo con el código penal para el Distrito Federal, el abuso de autoridad no es un delito grave, porque un funcionario acusado tiene asegurada su libertad provisional.[30]

c) Detención ilegal cometida por la policía judicial.

d) Demora de los agentes de la Procuraduría General para llevar al acusado ante los tribunales.

e) Rechazo a prestar servicios de salud por parte de instituciones públicas.

f) Acusaciones y denuncias falsas.

g) Mala práctica médica.

[27] Véase Carpizo (1993), p. 18.
[28] Véase Comisión Nacional de Derechos Humanos (1994).
[29] Véase Valdez Abascal (1994), p. 200.
[30] De acuerdo con el artículo 215 del código penal, la pena impuesta por el juez puede ser de uno a ocho años para 10 de los delitos más comúnmente cometidos por las autoridades. Sólo dos se castigan con penas mayores.

h) Negación del derecho constitucional de petición.

i) Responsabilidad oficial.

j) Tortura; el informe del presidente actual de la comisión establece que se expidieron 53 recomendaciones contra agentes que practicaron la tortura entre 1993 y 1994, de las cuales las autoridades sólo llevaron a juicio siete de ellas.

El papel de la comisión ha sido sólo parcialmente exitoso, porque las autoridades disfrutan de considerable arbitrio. Una agencia pública como la comisión no puede emitir "recomendaciones", a menos que contengan sugerencias de políticas y directrices específicas acerca de la forma como debiera impartirse la justicia. Sin embargo, siempre que una autoridad pública conozca los hechos de un delito, debiera poder denunciar ante los tribunales, en lugar de convertirse en objeto de otra investigación, que probablemente se realizará en el ambiente corrupto de los agentes de la Procuraduría General. En consecuencia, el poder de coacción de las "recomendaciones" es menor que el de los mecanismos coercitivos que se otorgan de ordinario a una autoridad genuina, de modo que resultan ineficientes para reparar las violaciones de los derechos humanos.

La situación de la Comisión de Derechos Humanos del Distrito Federal es muy similar. En 1994 recibió 210 acusaciones contra policías y 256 contra policías judiciales, pero debido a las recomendaciones de esta comisión sólo 54 de las 466 acusaciones fueron procesadas por los agentes de la Procuraduría General del Distrito Federal; es decir, sólo 11% de las quejas tuvo éxito.[31]

¿PROCURACIÓN O POSPOSICIÓN DE LA JUSTICIA?

Hemos sostenido que el presidente de la República ha tenido el completo control de la procuración de justicia desde 1900. El Poder Ejecutivo ha absorbido aquellos segmentos de la administración de justicia ligados a los procedimientos penales

[31] Véase Jessica Kreimerman, "Se temen, pero se necesitan", *Reforma,* 1º de octubre de 1994, p. 7B.

que son firmemente supervisados y canalizados por uno de sus agentes de la Procuraduría General de Justicia. Los jueces se ven reducidos a responder pasivamente a las acciones emprendidas por el Poder Ejecutivo.

Hemos destacado también que el presidente es el único responsable efectivo de las reformas constitucionales y que es el más importante elaborador de leyes del país: situación que vuelve exclusivos y exorbitantes sus poderes políticos. El Poder Ejecutivo controla también el nombramiento de toda clase de jueces y magistrados. En su calidad de jefe máximo en materia de seguridad, el presidente comanda el mayor cuerpo policiaco de la ciudad de México y dicta la política general para todos los cuerpos de seguridad a través de la Comisión de Seguridad Pública.[32] El sistema de prisiones se encuentra en sus manos y también prepara y toma decisiones importantes sobre el presupuesto federal. Por último, el presidente puede otorgar el perdón a cualquier sentenciado y eliminar la mayoría de los castigos judiciales. Contando con estos impresionantes poderes, el presidente se ha convertido en el principal administrador de justicia, de modo que todas las críticas contra la administración de justicia se dirigen también contra su desempeño y su aparato burocrático.[33]

Sin embargo, desde la década de 1970, la mayoría de los presidentes han tratado de erradicar la corrupción y han emprendido campañas para promover la moral y la honestidad. ¿Por qué tales prácticas corruptas no se han eliminado de la administración de justicia? La brecha existente en México entre la elaboración de políticas y su aplicación podría explicarse considerando dos factores principales: 1) la extrema ocupación del presidente decidiendo las cuestiones más intrincadas y centralizando todas las decisiones, y 2) la extrema independencia de la burocracia, sin ninguna descentralización planeada, y presa de influencias personalistas (soborno) que promueven la regulación para adquirir mayor arbitrio (extorsión).[34]

---

[32] El 26 de abril de 1994 Salinas creó la Coordinación de Seguridad Pública de la Nación. Se suponía que esta dependencia expediría directrices sobre el comportamiento de la policía para todas las agencias del Ministerio Público federal.

[33] En 1960 llegó a la misma conclusión Niceto Alcalá Zamora y Castillo, famoso experto español en derecho procesal.

[34] Véase Alcalá Zamora y Castillo (1977), pp. 37-38 y 52.

Una encuesta de opinión realizada en 1994 reveló que 72% de la población de la ciudad de México desconfía de la policía.[35] Este sentimiento se confirma con el caso de González Calderoni, antiguo comandante de la Policía Judicial Federal, quien cometió algunos delitos en México y escapó a los Estados Unidos, donde fue arrestado. Durante su arresto declaró que prefería ser juzgado en los Estados Unidos, porque temía por su vida si regresaba a México.[36]

La desconfianza hacia la policía se ha puesto de manifiesto por las multitudes que ejecutan linchamientos, realizan manifestaciones públicas e incendian patrullas policiacas. La mayoría de estos actos tiene su origen en violaciones y delitos cometidos por los policías. En algunos casos se ha probado la participación de policías en los delitos, pero en muchos casos se alteraron las placas de identificación o se sostuvo que los abusos fueron cometidos por particulares que se hicieron pasar por policías. Pero es un hecho que gran número de miembros de los cuerpos policiacos participa en toda clase de delitos, y ésta es sin duda la razón principal de la desconfianza que inspiran las instituciones de procuración de justicia.

Esta desconfianza es especialmente perceptible hacia la llamada policía judicial, que pertenece a la Procuraduría de Justicia de cada estado, en contraste con la policía municipal, cuyo nivel de corrupción se considera menor. En la medida en que el procurador general controla el proceso de investigación de los delitos (incluida la consignación de los hechos ante los tribunales de justicia), no es sorprendente que, cuando los agentes de tales oficinas están involucrados en delitos, toda la maquinaria judicial falla y ocurren grandes abusos. El presidente Ernesto Zedillo ha apoyado una propuesta para romper este monopolio legal.[37]

[35] *Reforma*, 30 de septiembre de 1994, p. 1B. El 9 de febrero de 1995, un informe de la Comisión de Derechos Humanos de las Naciones Unidas incluyó a México entre los países donde la tortura es ampliamente practicada por los militares y los policías. *La Jornada*, 10 de febrero de 1995.

[36] Este cínico comentario fue ampliamente difundido. Véase *La Jornada*, 23 de septiembre de 1994. [Nota de los compiladores: un número considerable de funcionarios de la Policía Judicial Federal ha sido encontrado culpable de involucramiento en el narcotráfico.]

[37] Folleto titulado "Palabras pronunciadas por Ernesto Zedillo Ponce de León, candidato del Partido Revolucionario Institucional a la Presidencia

Al margen de las medidas que se tomen, los sueldos extremadamente bajos de todos los policías debieran tomarse en cuenta. Un policía regular de la ciudad de México gana cerca de 1 600 pesos mensuales, y un policía judicial 2 400 pesos. Parece evidente la implicación de los bajos niveles de los sueldos para la corrupción y la ineficiencia policiacas. Entre los principales problemas identificados en el desempeño de la Policía Judicial Federal se encontraban los siguientes:

a) La desorganización de las estructuras de la Procuraduría General de la República.

b) La creación y el funcionamiento de unidades y grupos especiales fuera del control central con operaciones que también escapan a la jurisdicción apropiada.

c) La existencia de una unidad de operaciones, con un millar de agentes, paralela y superior al comandante general de la policía judicial.

d) La existencia de "asistentes" de los policías, que ayudan en las investigaciones pero no reciben aparentemente ninguna paga. Se les llama comúnmente "madrinas".[38]

De 1993 a 1994 se introdujeron ciertas medidas para fortalecer la unidad en el comando de la policía judicial y eliminar a las "madrinas" existentes. Continuó la campaña de limpieza en la fuerza policiaca[39] y se dieron muchos otros pasos contra el narcotráfico.[40] A nivel federal se lograron avances impor-

de la República, en el Foro Nacional de Justicia y Seguridad, en la ciudad de Guadalajara, el 14 de julio de 1994", p. 199. La solución de Zedillo apuntaba en dos direcciones: a) crear un derecho de apelación contra la decisión del fiscal, o b) eliminar el monopolio de la consignación que tiene el fiscal.

[38] Entrevista con el subprocurador general de la República y hermano del funcionario del PRI asesinado, Mario Ruiz Massieu, en Reforma, 30 de junio de 1994.

[39] En mayo de 1994, un alto funcionario de la Procuraduría General de la República, comisionado en el estado de Sonora, fue despedido porque estaba extorsionando a sus agentes subordinados. Sólo en junio de 1994 fueron despedidos 25 empleados de la procuraduría. De acuerdo con informes oficiales, todos los antiguos policías de la fuerza federal están identificados, pero no ha ocurrido en otras partes. Según el director de policía de la ciudad de México, la policía de la capital carece de un archivo de delincuentes profesionales. Véase La Jornada, 25 de octubre de 1994.

[40] El 17 de junio de 1993 se creó un instituto para el combate del narcotráfico y se hicieron ciertas reformas legales para penar el lavado de dinero.

tantes, pero la mayoría de los problemas subsistió tanto en los estados como en el Distrito Federal, donde se han propuesto pocas medidas.

Aparte de los abusos descritos aquí, deberán eliminarse otros obstáculos para establecer un sistema de justicia sano:

a) La extorsión de la policía judicial contra individuos que tienen antecedentes penales, incluidos algunos que fueron absueltos por un tribunal de justicia.

b) El incumplimiento de las órdenes de aprehensión. El porcentaje de cumplimiento es bajo en este aspecto (26%).

c) Las víctimas de los delitos no tienen ninguna intervención en los juicios penales.

d) No hay disposiciones especiales para las mujeres embarazadas y las personas de edad avanzada en prisión.

e) La manipulación del sistema judicial para los menores de edad.

f) La extorsión por parte de funcionarios corruptos, que exigen dinero de los agentes subordinados.[41]

g) La duplicación de los instrumentos de control y la ausencia de mecanismos de vigilancia que evalúen el desempeño de la fuerza policiaca.[42]

h) La ausencia de información acerca de estas cuestiones, que impide mayor escrutinio público de los procesos oficiales.[43]

La solución de los problemas que afronta México con su propio leviatán es sin duda una tarea ingente y complicada. Se han formulado muchas propuestas —algunas de ellas por

[41] Muchos casos de esta naturaleza se registraron en la oficina contra el abuso policiaco del Distrito Federal. Esta oficina se creó en 1992 y recibió por lo menos 500 quejas en 1994.

[42] Véase Vázquez de Forgani (1986), p. 95. Dentro de la estructura de las corporaciones policiacas encontramos unidades, departamentos y contralorías internas que supuestamente supervisan y controlan el comportamiento de los policías. Pero tal diversidad complica demasiado los esfuerzos de los ciudadanos por una responsabilidad mayor de la policía. Los resultados son muy modestos y a menudo el quejoso sólo recibe un documento donde se asienta su queja, sin que eso implique que haya investigación o castigo posterior.

[43] El secreto es uno de los pilares principales de la corrupción mexicana. Ningún registro o informe está a disposición del público, los jefes policiacos no rinden un informe público de sus actividades y la información no se da a conocer al público.

el propio presidente Zedillo—, pero el problema de la justicia está tan arraigado en nuestras instituciones que la reforma necesaria tiene que ser radical y acompañada de una vigilancia permanente.

El objetivo principal del sistema de justicia es la policía judicial. Este organismo debe ser desmantelado y reorganizado en su totalidad. La administración de justicia es caótica, y esto no es sólo el resultado de la corrupción en los tribunales, sino, sobre todo, de las amplias facultades concentradas sin el menor control en el Poder Ejecutivo. El presidente debe reconocer que no puede conservar las inmensas facultades que le confieren la Constitución y las leyes, de modo que debe devolver muchas de las que pertenecían originalmente a otras ramas del gobierno.

Está claro que el problema de la justicia es más administrativo que judicial, que implica más problemas de ejecución y operación que de elaboración de políticas. Es más un problema de organización y personal que de estructura. Por lo tanto, algunas instituciones deben cambiar si se quiere avanzar en este campo.

El Poder Ejecutivo debiera permanecer alejado de la tarea de procuración de justicia. Idealmente, la Procuraduría General debiera regresar a la estructura judicial que operaba con gran éxito en el siglo XIX.[44] Puesto que la investigación de los hechos forma parte también del proceso judicial, sus agentes debieran permanecer bajo la autoridad de un juez.

Con esta reforma inicial, el presidente podría dedicar sus esfuerzos a otras cuestiones políticas. La función normal de una comisión de derechos humanos debiera transformarse precisamente para recibir quejas de la población contra irregularidades en el sistema de justicia. Debiera emitir "recomendaciones reales" para los magistrados o el presidente de la Suprema Corte, a fin de corregir los errores o las lagunas existentes en los procedimientos, de modo que no sólo se resuelvan las quejas particulares, sino que también se impidan errores en lo futuro.

[44] Un prominente abogado ha seguido con simpatía la propuesta de que se vuelva a los agentes del Ministerio Público federal independientes del Poder Ejecutivo, y se adopte el sistema italiano donde el Poder Judicial controla a estos agentes. Véase Fix Zamudio (1987), pp. 23, 59 y 66-67.

Desde 1960, muchos abogados han propuesto la restauración del Ministerio de Justicia[45] que desapareció en 1917, a pesar de su larga existencia desde 1824. Este ministerio sería algo nuevo, con funciones diferentes de las del ministerio antiguo. Concentraría las facultades otorgadas a la Comisión de Derechos Humanos, la oficina de Asuntos Legales de la Presidencia, la Comisión de Seguridad Pública y las olvidadas facultades de la Procuraduría General de la República en lo tocante a la asesoría legal para el presidente de la República. Entre las principales funciones podríamos mencionar: la planeación legal, la reforma legal y la eliminación del monopolio de la consignación que disfrutan ahora los agentes del Ministerio Público.

Otra reforma que se ha discutido es la eliminación de los tribunales administrativos como tales y su inserción en el Poder Judicial como subsistemas. El mejor procedimiento para mejorar la administración de justicia es el fortalecimiento de su estructura y la ampliación de sus facultades. La administración de justicia es ajena al resto de nuestro régimen constitucional, y el Poder Judicial necesita mayor apoyo político y financiero para el papel que se espera desempeñe.

La administración pública deberá unificarse y adoptar políticas más eficientes, así como evitar la duplicación de los controles de vigilancia. Además, el gobierno debiera promover la formación de controles no gubernamentales a fin de vigilar el comportamiento de los policías y expedir recomendaciones a los agentes desde este Ministerio de Justicia que se propone.

Por último, el presidente debiera concentrarse más bien en la reforma legal del país que en los aspectos constitucionales, donde ha ejercido un poder abusivo que mina el Estado de derecho. El presidente debiera restringirse en el uso de su poder para reformar la Constitución, del mismo modo en que lo está el presidente de los Estados Unidos; alternativamente, podría adoptarse una última reforma constitucional que eliminara la

---

[45] Véase Río Govea (1960), núm. 37-40; Estrada Sámano (1979), México, p. 367; Alcalá Zamora (1977), pp. 284-285; Flores García (1964), p. 20. Entre los distinguidos abogados que han apoyado la restauración del Ministerio de Justicia se encuentran: Ricardo Couto, Roberto Molina Pasquel, Antonio Martínez Báez, Eugenio Ramos Bilderbeck, Niceto Alcalá Zamora, Luis Garrido y Virgilio Domínguez.

facultad del Poder Ejecutivo para someter propuestas de reforma constitucional. Si esto ocurriera, el Congreso lo aceptaría seguramente.

La corrupción generalizada ha obstruido el surgimiento de una cultura de cumplimiento de la ley en México. Hace mucho tiempo, el proceso legislativo era un verdadero debate político en que se discutían todos los detalles legales. Con la aparición del sistema presidencial, el papel del Congreso se redujo a la realización de debates formales sin ningún análisis real de los proyectos aprobados por orden presidencial. La reforma constitucional del Poder Judicial de 1994 es un buen ejemplo.

El movimiento de regulación promovido desde 1965 hasta 1985 terminó por fomentar mayor corrupción entre la burocracia opresiva. Los esfuerzos de desregulación realizados durante la década de 1980 no han producido resultados tangibles. Los proyectos y las leyes aprobadas son todavía muy deficientes, pues están plagados de lagunas y otorgan facultades discrecionales a autoridades administrativas.[46] A veces, la legislación es excesivamente dura y esto no es necesariamente un aspecto positivo, porque surgen prácticas corruptas que eluden el cumplimiento efectivo de la ley.[47]

Todavía no se tienen las características de una legislación moderna, con la inclusión de un Ministerio de Justicia. Desafortunadamente, no hay ninguna conexión electoral entre los electores y los representantes elegidos al Congreso en todos los niveles del Estado mexicano. Esto se debe, en parte, a la introducción en la Constitución, desde 1934, de un precepto que prohíbe la reelección, práctica fundamental para la creación de una carrera parlamentaria y el establecimiento de una mayor responsabilidad pública.

Sin entrar en la discusión de una reforma profunda del Poder Legislativo, es importante destacar que la subordinación del sistema de comités a la burocracia y la presidencia ha dañado claramente su trabajo. Aun cuando existen comités pro derechos humanos, son incapaces de resolver los urgentes problemas que afronta la sociedad. Además, otros comités relacionados con los tribunales y la procuración de justicia sólo

---

[46] Véase Escobedo Torres (1993), p. 8.
[47] Véase Naim (1990), p. 155.

pueden trabajar en las cámaras legislativas y se han convertido en parte intrínseca de un proceso de elaboración de políticas controlado por el Poder Ejecutivo y carecen de los frenos y equilibrios del principio de la separación de poderes.

LA JURISDICCIÓN PASIVA DE LOS TRIBUNALES

Como se señaló antes, la expansión de las funciones asignadas a la Procuraduría General de la República no sólo redujo significativamente la jurisdicción penal del Poder Judicial, sino que los tribunales administrativos se quedaron con una base constitucional dudosa, ya que fueron legitimados por decisiones judiciales. Por otra parte, el Poder Judicial se ha visto negativamente afectado por una legislación deficiente, cuyas reformas sólo son posibles mediante anteproyectos de ley del presidente. Ésta es una situación muy lamentable para el tercer poder del gobierno, que se refleja también en su participación en el presupuesto federal: cerca de 0.1% del presupuesto nacional se destina a los tribunales federales,[48] mientras que el Poder Legislativo recibe 1% y el Poder Ejecutivo más de 95 por ciento.

Las pruebas de corrupción en el Poder Judicial son relativamente menores, sobre todo cuando se comparan con los niveles observados en las áreas de la administración pública donde se inserta toda clase de corporaciones policiacas. El Poder Judicial federal exhibe una tasa de corrupción moderada, especialmente si se toma en cuenta su tamaño:[49]

12 429	empleados	73	tribunales de circuito
155	jueces de distrito	39	tribunales unitarios
256	jueces de circuito	156	tribunales de distrito
26	magistrados de la Suprema Corte		

[48] Véase Ovalle (1988), p. 69.

[49] Durante la administración de Salinas, sólo un magistrado de la Suprema Corte, Ernesto Díaz Infante, se vio involucrado en la corrupción y fue procesado en 1993: *Reforma*, 13 de octubre de 1994. Dos magistrados de circuito del tribunal ubicado en Chilpancingo fueron también procesados en 1989. En 1993, tres magistrados de circuito y un juez de distrito se vieron involucrados en conducta ilícita.

Desde 1988, la Suprema Corte de Justicia se ha transformado en un tribunal constitucional, dejando a los tribunales de circuito (colegiados) la mayoría de las tareas que antes correspondían al más alto tribunal.

Aunque hay una separación aparente entre la ley y la política en las decisiones de la Suprema Corte, no se han observado diferencias significativas entre las medidas presidenciales y las del Poder Judicial federal; algunos impuestos dudosos, como el de las nóminas, fueron impugnados, pero la Suprema Corte falló en favor de la presidencia.

Sin embargo, un caso particular donde interviene a fondo la política es el de la tesis acerca del no enjuiciamiento de los derechos políticos, sostenida por la Suprema Corte desde el siglo XIX. Por esta razón, los gobiernos municipales no tuvieron acceso al sistema de la justicia federal hasta 1995.[50] Esta injusticia para los organismos municipales terminó finalmente con la reforma constitucional del 31 de diciembre de 1994, que enmendó el artículo 105 y permitió que los municipios sometieran "controversias constitucionales" a la consideración de la Suprema Corte.

La Suprema Corte fue escasamente aludida en el contexto de la crítica dirigida contra la administración de justicia durante la campaña presidencial de 1994. En junio de ese año, todo el Poder Judicial federal realizó una encuesta, mediante una compañía privada, en la que se plantearon interesantes preguntas a todos sus empleados acerca de los puntos siguientes:

a) Comparación entre el Poder Judicial federal y los tribunales estatales.
b) Su opinión acerca de los tecnicismos del juicio de amparo.
c) Efectos de las sentencias de amparo.
d) Las tesis de jurisprudencia emitidas por los tribunales de circuito.
e) La magnitud de la corrupción en el sistema judicial.
f) Nombramientos de ministros de la Suprema Corte.
g) Opinión sobre los tribunales administrativos.
h) Opinión acerca de la reforma de 1988, que dejó a la Suprema Corte exclusivamente como tribunal constitucional.

[50] Véase González Oropeza (1992), p. 33.

i) Opinión acerca del sistema legal en México.
j) Opinión acerca de los abogados mexicanos.

Los problemas identificados hasta ahora son claramente importantes para la realización de una reforma de la administración de justicia. Los resultados de la encuesta de opinión no se han publicado y es posible que permanezcan en la confidencialidad, pero por lo menos ofrecen una guía sobre los principales problemas que afectan al Poder Judicial.

Las irregularidades percibidas en el Poder Judicial son más notorias que en el caso de otras autoridades. Ésa es, en parte, la razón de que se perciba más injusticia en las demoras de las decisiones de los tribunales que en aquellos abusos cometidos por las autoridades administrativas. Éste es un sentimiento generalizado que la Suprema Corte no ha eliminado. Muchas decisiones no ofrecen ninguna interpretación de la ley, sino una mera reproducción de las palabras legales, sin ninguna elaboración adicional.

Por lo que toca a los poderes judiciales de los estados, la experiencia es igualmente desalentadora en vista de la influencia ejercida por los políticos regionales sobre los tribunales estatales, incluido el nombramiento de los jueces por el gobernador en turno. A nivel estatal es casi inexistente el nombramiento vitalicio. En el Tribunal Superior del Distrito Federal, por ejemplo, sólo siete de 49 magistrados tienen ese nombramiento. Además, sus decisiones carecen de toda fuerza de precedente y en la mayoría de los estados ni siquiera se publican en algún informe.

Hemos sostenido aquí que los principales problemas relacionados con la administración de justicia en México derivan de la amalgama particular de las tradiciones continentales y estadunidenses en el marco judicial, así como de los efectos del presidencialismo mexicano en esta rama del gobierno. Como ha demostrado este capítulo, el Poder Judicial híbrido resultante de dos tradiciones diferentes no sólo dañó el desarrollo de algunas instituciones, sino que generó lagunas y contradicciones. De igual modo, la administración de justicia se ha visto grandemente influida por la supremacía del poder presidencial, que ha sido responsable de la politización del Poder Judicial, así como del proceso intenso, pero no necesariamente congruente, de reforma constitucional. Irónicamente, algunas medidas sensatas, como la creación de comisiones de derechos humanos, han revelado la triste situación del Estado de derecho en México. A medida que estas instituciones se han visto saturadas de quejas, han aumentado las pruebas de violaciones de derechos básicos y de abusos de autoridad. Por último, y aunque se han identificado algunos de los problemas principales que deberá atacar una reforma del Poder Judicial y se han tomado ya algunas medidas, está claro que el éxito de tal reforma dependerá de dos factores, por lo menos: el compromiso firme del Poder Ejecutivo en lo tocante a la independencia del Poder Judicial y el diseño de mecanismos eficaces que puedan ayudar a mejorar el desempeño de los tribunales en la administración de justicia.

V. MEDICIÓN DE LA CIUDADANÍA EN MÉXICO*

JOE FOWERAKER

LA PREMISA de este capítulo es que todo estudio de la ciudadanía contemporánea debe concentrarse en la cuestión de los derechos y, en particular, en los derechos civiles y políticos básicos de los ciudadanos. Los derechos civiles son aquellos necesarios para la libertad individual y se asocian más directamente al Estado de derecho y al sistema de los tribunales. Los derechos políticos aseguran la participación en el ejercicio del gobierno político y se asocian a las elecciones y a las instituciones parlamentarias de diferentes clases. Hoy se reconocen ampliamente los derechos civiles y políticos y se propagan por casi todos los países del mundo,[1] pero la difusión de estos derechos puede seguir siendo enteramente superficial. En efecto, hay alguna razón para creer que los derechos civiles y políticos han avanzado tanto y tan de prisa precisamente porque pueden lograr una presencia política meramente formal. En conse-

* Esta investigación fue patrocinada por el Consejo de Investigación Económica y Social (ESRC, sus siglas en inglés). Gran parte de la investigación y el análisis fue realizada por mi investigador asociado en el proyecto del ESRC, Todd Landman (Departamento de Gobierno, Universidad de Essex). Landman y yo estamos escribiendo un libro sobre el tema del proyecto, *Citizenship and Social Movements in Comparative Perspective*.

[1] Los derechos civiles y políticos básicos se enumeran en la Declaración Universal de Derechos Humanos, el Convenio Internacional sobre Derechos Civiles y Políticos (ICCPR, sus siglas en inglés) y el Convenio Internacional sobre Derechos Económicos, Sociales y Culturales (ICESCR, sus siglas en inglés). La Declaración Universal fue adoptada por la Asamblea General de las Naciones Unidas en 1948, y la aprobación del ICCPR y el ICESCR dio a la Declaración la fuerza del derecho internacional. En enero de 1989, 92 Estados habían ratificado el ICESCR, 87 el ICCPR, 94 la Convención para la Eliminación de Todas las Formas de Discriminación contra las Mujeres, y 28 las convenciones de la OIT. Además, hay leyes consuetudinarias que los Estados consideran obligatorias, aunque no estén incorporadas en estatutos formales, y muchas disposiciones de la Declaración Universal tienen la fuerza del derecho consuetudinario incluso para Estados que no son signatarios de las convenciones, como los Estados Unidos (Nagengast *et al.*, 1992).

cuencia, la presencia superficial de estos derechos puede reflejar una *brecha* amplísima entre el formalismo legal y el cumplimiento efectivo del Estado de derecho (Anglade, 1994, p. 244).

EL CARÁCTER CONTRADICTORIO DE LA CIUDADANÍA MEXICANA

La Constitución de 1917 otorgó un amplio conjunto de derechos civiles y políticos a los mexicanos, y así consagró un concepto pleno de ciudadanía mexicana. Pero se ha reconocido desde hace largo tiempo que la realidad política dista mucho de corresponder a la retórica constitucional. Los principios constitucionales originales de separación de poderes, federalismo y autonomía local se vieron pronto subvertidos por los poderes "metaconstitucionales" que se arrogaba la presidencia y que minaban el efectivo Estado de derecho. Ni la Legislatura ni el Poder Judicial podían permanecer genuinamente independientes puesto que estas "leyes no escritas [...] dotaban al Ejecutivo de poderes y funciones que van mucho más allá del marco constitucional" (Garrido, 1989, p. 420). Además, todos los presidentes mexicanos, desde la redacción de la Constitución, han utilizado sus facultades constitucionales (según el artículo 135) para incrementar sus propias prerrogativas constitucionales (véanse los capítulos II y III).

En un sistema que carece de frenos y equilibrios eficaces, y ante la ausencia específica de un Poder Judicial independiente, el Poder Ejecutivo mexicano elabora la ley —iniciando la mayor parte de la legislación— y controla los tribunales (véase el capítulo IV).[2] El Ejecutivo puede también (rutinariamente) designar y destituir a gobernadores estatales, alcaldes y legisladores a nivel federal y regional. En suma, no hay ningún

---

[2] El presidente puede designar ministros para la Suprema Corte (artículo 89, sección XVIII de la Constitución), así como "aceptar" sus renuncias y "otorgar" licencias (artículos 99 y 100). También ejerce considerable influencia sobre el aparato administrativo del Poder Judicial, y puede utilizar sanciones penales para los propósitos del control político. En el caso de los procedimientos penales que involucren a funcionarios públicos, puede determinar el resultado presionando al Congreso. Por último, el predominio del Poder Ejecutivo vuelve al presidente inmune contra el procesamiento, aunque hubiese violado el código penal.

Estado de derecho, pues el gobierno no puede ser llamado a rendir cuentas en México. En cambio, en los organismos políticos democráticos el ajuste de cuentas se logra, primero, mediante la separación de poderes y, segundo, mediante las elecciones competitivas que constituyen una oportunidad recurrente para "librarse de delincuentes".[3] En México, los partidos políticos de oposición nunca han tenido tal oportunidad, y el gobierno ha seguido controlando las reglas y el proceso electorales.[4] En consecuencia, durante la mayor parte de este siglo, estos partidos débiles, fragmentados y a menudo "colaboracionistas" no podían pretender razonablemente que llamarían a cuentas al gobierno. En la actualidad, aunque el sistema partidista-electoral parece más plural y competitivo, el partido gobernante continúa imponiendo su voluntad a través del control y la distribución de los recursos estatales; y mientras persista su predominio, el gobierno seguirá gozando de impunidad

Sin embargo, en los últimos años se ha vuelto común argüir que está aumentando en México la ciudadanía real, cerrándose así la brecha entre las formas legales y las prácticas políticas. Las bases del argumento varían. Primero, se dice que el régimen político está comprometido con un proceso gradual de liberalización (Cornelius, 1987; Middlebrook, 1986), o que se implementan progresivamente ciertas reformas bajo la presión de diversas clases de crisis (Bailey, 1988). Segundo, se asegura que la reforma económica, y el TLC en particular, conduce necesariamente a la clase de reforma política que apoyará la ciudadanía (Weintraub y Baer, 1992), porque el libre comercio y la economía liberal incrementarán la autonomía de la sociedad civil y reducirán el control y la manipulación estatales. Tercero, se afirma que el surgimiento de mo-

---

[3] El Estado de derecho no equivale exactamente a la democracia, pero la democracia puede ayudar a proteger el Estado de derecho al hacer que el gobierno rinda cuentas. De igual modo, el Estado de derecho y sobre todo "los derechos civiles y políticos garantizados" pueden considerarse "esenciales para la democracia como tal, porque sin ellos no es posible ningún control popular efectivo sobre el gobierno" (Beetham, 1994, p. 29).

[4] Por estas razones, Meyer insiste en que el partido gobernante, el Partido Revolucionario Institucional (PRI), "es un partido que no nació para luchar por el poder, sino para administrarlo, sin compartirlo" (Meyer, 1986, p. 42).

vimientos sociales profundiza y disemina las demandas políticas y sociales que se enuncian cada vez más en términos de derechos (universales), y desafía las formas tradicionales y predominantemente clientelistas del poder político, perjudiciales para la ciudadanía (Foweraker, 1989, 1993, 1995).

En este sentido se reconoce que, aun cuando no funciona la declaración de derechos, su presencia formal y constitucional es un punto de referencia para las aspiraciones políticas, así como un criterio para los movimientos sociales que tratan de cerrar la brecha que media entre los derechos que disfrutan en principio y el Estado de derecho tan imperfecto que experimentan en la práctica. En el contexto de un proyecto muy presuntuoso de reforma del Estado,[5] la fuerza de esta movilización social se suma a las campañas políticas partidistas en una arena electoral cada vez más reñida (Loaeza, 1989), lo que explica la presión creciente en favor del cambio político que impulsará la "transición" del régimen político mexicano (Cornelius y Craig, 1991; Harvey, 1993). Detrás de este proceso se encuentran los cambios de "las percepciones, los símbolos y los valores políticos de los mexicanos" y la "creciente cultura de participación" que ya no tolera las "acciones arbitrarias del gobierno" (Loaeza, 1989, pp. 221-224). Aunque la dirección de la transición puede ser dudosa y el proceso mismo precario, se supone que debe conducir a una mayor responsabilidad gubernamental y a un respeto mayor por el Estado de derecho.

---

[5] Este proyecto de reforma se inició con la "apertura política" de Echeverría, e inicialmente trataba de fortalecer el papel de los sindicatos formados por el Estado, además de alentar el surgimiento de nuevas asociaciones locales y regionales (Rubin, 1987). Las revisiones de la Ley del Trabajo de 1970 abrieron la puerta a los sindicatos independientes (Pérez Arce, 1990; Cook, 1990), mientras que los cambios en la ley y las políticas de la reforma agraria presionaron en favor de la inclusión de algunas organizaciones campesinas en las agendas del crédito y la comercialización (Harvey, 1990; Fox y Gordillo, 1989). Estas políticas lograron parcialmente vincular los movimientos sindicales al sesgo corporativo del gobierno mediante los incentivos y las sanciones del Congreso del Trabajo. Más tarde, las reformas políticas de López Portillo y la "renovación moral" de De la Madrid desplazaron el énfasis estratégico del proyecto a la arena electoral, donde ha permanecido desde entonces. Las reformas electorales trataban de crear una oposición electoral coherente, pero minoritaria, mas no contaban con el fuerte surgimiento de movimientos sociales en los años siguientes, y finalmente resultaron contraproducentes porque catalizaron las alianzas antes difíciles entre los movimientos y los partidos políticos.

La prueba más reciente que se aduce en apoyo de la creciente participación de la ciudadanía proviene de la propia elección de agosto de 1994. Tras el susto de julio de 1988, el partido gobernante había tratado de recuperar su legitimidad electoral mediante una nueva serie de reformas electorales, la que había sido evaluada y declarada satisfactoria por una comisión técnica de las Naciones Unidas (véase el capítulo II). El Instituto Federal Electoral, que vigila el proceso electoral, era ahora genuinamente independiente; se había elaborado un nuevo padrón de votantes (y se había encontrado en gran medida correcto), y se habían expedido nuevas credenciales de identificación para los votantes, "a prueba de fraudes". Los propios votantes parecían convencidos de que su voto ya podría contar y acudieron a las urnas en un impresionante 77%. Por lo tanto, cuando el partido gobernante ganó finalmente con una fracción mayor de 50% de los votos emitidos, pudo sostener razonablemente que lo había hecho en una forma limpia y clara. Después de decenios de fraude electoral que había viciado los derechos de la ciudadanía, aquí estaba una prueba sólida de que ahora estos derechos estaban protegidos. Las elecciones mexicanas ya no eran internacionalmente sospechosas, y el propio presidente Salinas anunció orgullosamente que los expertos de las Naciones Unidas habían pedido a México que proveyera observadores para las elecciones de otros países.[6]

Así pues, las evaluaciones recientes de los derechos de ciudadanía en México parecen benignas en general. Al revés de lo ocurrido con los regímenes de Argentina, Brasil, Chile o Centroamérica, el régimen mexicano nunca ha sido seriamente investigado por abuso contra los derechos humanos y no se aplicó ninguna "prueba de democracia" para el acceso al TLC (Foweraker, 1993a). Las elecciones regulares y los partidos políticos plurales parecen ubicar al régimen fuera de todo reproche serio. Pero algunos informes de Amnistía Internacional y de Americas Watch concluyen que el abuso contra los derechos humanos es muy elevado, sobre todo en las zonas rurales (Americas Watch, 1990; Amnistía Internacional, 1986). En efecto, entre 1971 y 1986 hubo 351 casos documentados de

[6] En un discurso pronunciado ante una reunión juvenil convocada por el Programa Nacional de Solidaridad, 27 de septiembre de 1994.

ejecución arbitraria, 93% de los cuales involucraban a campesinos (Nagengast *et al.*, 1992, p. 10; Concha Malo, 1988). Aunque estas muertes no se deben necesariamente a las acciones deliberadas de autoridades gubernamentales, Amnistía alega que algunas autoridades locales han participado en asesinatos políticos y extrajudiciales (Nagengast *et al.*, 1992, pp. 8-9). El *Country Reports on Human Rights*, del Departamento de Estado de los Estados Unidos, corrobora los casos reportados por Amnistía Internacional y Americas Watch, y agrega que 500 personas han "desaparecido" desde 1969 (y no han reaparecido hasta ahora) (Departamento de Estado de los Estados Unidos, 1981, p. 477). Además, aparte de las muertes y desapariciones, hay problemas crónicos de tortura y abuso físico contra los detenidos en prisiones locales a fin de obtener confesiones, así como juicios injustos y el encarcelamiento de indios por motivos de conciencia sin el proceso debido (Nagengast *et al.*, 1992, p. 9; Amnistía Internacional, 1991; Americas Watch, 1991a).[7] Luego del terremoto de 1985 en la ciudad de México, que destruyó el edificio de la Procuraduría General de la República, se descubrió que los cuerpos de presos colombianos y mexicanos mostraban huellas inequívocas de haber sido torturados (Departamento de Estado de los Estados Unidos, 1985, p. 603).

No hay indicios de que estas prácticas de abuso hayan disminuido en los últimos años. Durante la administración de De la Madrid desaparecieron otros 19 individuos (Amnistía Internacional, 1991, p. 35) y por lo menos 33 periodistas fueron asesinados (artículo 19, 1988, p. 113). Desde las elecciones de 1988, intensamente disputadas y muy conflictivas, cerca de 250 activistas del oposicionista PRD han sido asesinados, según las denuncias del propio partido (Partido de la Revolución Democrática, 1994, *La Jornada*, 11 de septiembre de 1993). Estas matanzas han sido generalizadas en los estados de Guerrero y Michoacán (Amnistía Internacional, 1991, pp. 41-48). En general, se alega que el llamado "sexenio cruento" de Salinas ha sido "uno de los más sangrientos en la historia reciente del país" y ha presenciado los asesinatos de "delin-

---

[7] A mediados de 1993 había todavía varios miles de indígenas en prisión, esperando ser acusados o juzgados (Fox, 1994).

cuentes comunes, políticos de primer nivel, activistas sociales, sacerdotes católicos, narcotraficantes prominentes, campesinos, trabajadores, presos rebeldes, jefes políticos y otros miembros de la sociedad" *(Proceso,* 3 de octubre de 1994, p. 6). Aunque *Proceso* no presente cifras globales, queda bien claro en la narración que el total de muertos alcanza las centenas.

Esta imagen sombría ilustra la inexistencia del Estado de derecho y corrobora la imposibilidad de llamar a cuentas al gobierno. Además, más allá de estos abusos descarados, hay fuertes indicios de que otros derechos básicos, como la libertad de reunión o la libertad de expresión, están menos firmemente protegidos de lo que podría sugerir la impresión general de la ciudadanía mexicana. La garantía constitucional de la libertad de prensa, por ejemplo, se ve a menudo minada por el "uso consciente de mecanismos económicos y políticos" (artículo 19, 1988, p. 98; Amnistía Internacional, 1991, pp. 73-81). El gobierno puede controlar y "censurar" a la prensa mediante su casi monopolio de los contratos de publicidad (más de dos tercios del total de la publicidad de la prensa proviene del gobierno) (artículo 19, 1988, p. 99) y mediante su participación de 90% en la Productora e Importadora de Papel, S. A. (PIPSA), que controla la producción y distribución del papel.[8] Resulta interesante observar que, a pesar de la promesa formulada en 1989 por el presidente Salinas, en el sentido de que PIPSA sería privatizada, permaneció bajo control público y todas las importaciones competitivas "pagarían un arancel de 15% y estarían sujetas a la disponibilidad de divisas" (artículo 19, 1991, p. 114). Por lo tanto, el control *de facto* ejercido por el gobierno sobre la prensa seguía vigente, mientras que el control de los medios electrónicos en manos de las empresas e influido por el gobierno continuaba expandiéndose.

Por último, está claro también que, por "limpias y honestas" que hubiesen sido las elecciones de agosto de 1994, estaban caracterizadas por "desigualdades estructurales" (Knight, 1994) generadas por el poder de patronazgo del partido gobernante y por la distorsión sistemática en la cobertura de los medios y

---

[8] "A través de PIPSA, el Estado no sólo puede presionar a un diario para que cambie su política editorial, sino también provocar su desaparición al no proveerlo de papel o no suministrárselo a tiempo" (artículo 19, 1988, p. 100).

en la formación de la opinión. Además, a pesar de sus mejoras, el proceso electoral se insertaba todavía en un sistema que sobrerrepresentaba constantemente al partido gobernante a través de sus llamadas "cláusulas de proporcionalidad". En consecuencia, la mayoría absoluta del PRI le dio apenas 277 de los 300 escaños disputados en la Cámara de Diputados y 64 de los 96 del Senado, de modo que ahora tiene la importantísima mayoría de dos tercios que se requiere en el Congreso para aprobar las enmiendas constitucionales. Irónicamente, la "transparencia" sin precedentes del proceso electoral ha generado una oposición parlamentaria más débil aún.

Así pues, la referencia reciente y generalmente benigna de la ciudadanía mexicana está comprometida por las pruebas existentes de abuso y distorsión. En consecuencia, la impresión final es intrínseca e ineludiblemente *contradictoria:* por una parte, la liberalización, la reforma y una ciudadanía activa cada vez más consciente de sus derechos; por la otra, las detenciones, las desapariciones y un modelo de censura y mala fe. Individuos en apariencia libres no están de hecho exentos de persecución, ni son propiamente libres para asociarse y disentir. Elecciones aparentemente "transparentes" están sujetas a presiones ocultas y manipulación encubierta.[9] En suma, las expectativas generalizadas de "transición" política se ven defraudadas por las pruebas persistentes de "no transición" de México (Garrido, 1993). Estas contradicciones expresan, sin duda, severas restricciones políticas o, para adaptar la caracterización que hace Centeno de la democracia mexicana, una "ciudadanía dentro de la razón", donde la razón es la razón autoritaria de la élite política (Centeno, 1994). Pero si dejamos así las cosas no damos respuesta a los interrogantes principales. ¿Se están ampliando o reduciendo los derechos de la ciudadanía en México? ¿Y cuál es el proceso de ciudadanía que crea estos efectos contradictorios? Una investigación de la evolución de los derechos de la ciudadanía *al correr del tiempo* podría empezar a proveer algunas respuestas (provisionales).

---

[9] Como dijera el *subcomandante Marcos* (1994): "¿A qué tanto escándalo por el pasamontañas? ¿No es la cultura mexicana una cultura de tapados?"

Los métodos de la investigación cuantitativa
de la ciudadanía

El primer paso táctico de esta reseña es la división de la ciudadanía en tres dimensiones: "derechos en principio", "derechos en la práctica" y la brecha que mide la diferencia entre ellos. Por "derechos en principio" se entienden la formas legales y las reglas procesales que prescriben los derechos de los ciudadanos dentro del cuerpo político. La enunciación explícita de estos derechos se encuentra de ordinario en la Constitución y en las leyes, pero —dependiendo del país y del tiempo— también podría expresarse en actas institucionales, cláusula de emergencia y artículos transitorios. Los "derechos en la práctica" son aquellos derechos de que disfrutan efectivamente los ciudadanos dentro del organismo político y tienden a reflejar el grado en el que las prácticas del régimen se conforman o no a la prescripción de los derechos basada en los principios. La meta principal de la investigación es el desarrollo de medidas cuantitativas para demostrar cómo varían a través del tiempo estas categorías, así como la variación consiguiente en la brecha que las separa. El periodo que se reseña está limitado por los datos disponibles que permiten la construcción de medidas comparables de los "derechos en principio" y los "derechos en la práctica" para el periodo que va de principios de la década de 1960 a la de 1990.

Los derechos en principio

El conjunto de datos que tiene las mejores medidas longitudinales de la variación institucional pura a través del tiempo es el *Cross-Polity Time Series Data Archive*, compilado por Arthur S. Banks. El conjunto de datos contiene indicadores anuales para 115 países desde el siglo XIX hasta el presente. Como primer paso, se combinaron las anotaciones institucionales individuales de Banks en un índice legal-institucional (BANKSLII), que es la suma de sus medidas para la nominación competitiva, la eficacia ejecutiva, la eficacia legislativa (1), eficacia legislativa (2), selección legislativa y legitimidad partidista. Los valores para este índice fluctúan del 1 al 17. Una anotación de uno (1) en el BANKSLII indica que el régimen en cuestión no tiene instituciones que garanticen efectivamente la protección de los derechos de los ciudadanos. Una anotación de diecisiete (17) indica que el régimen tiene instituciones democráticas que garantizan efectivamente la protección plena de los derechos de los ciudadanos. Los datos que se tienen desde 1950 hasta el presente pueden sugerir el amplio margen de variación institucional en México.

El BANKSLII puede captar el proceso del cambio institucional, pero no puede reflejar cambios procesales de pequeños aforos. En México, a pesar de las plenas garantías para la ciudadanía que contiene la Constitución de 1917, el partido gobernante ha manipulado constantemente los derechos laborales y electorales para mantenerse en el poder (Bailey, 1988; Cornelius y Craig, 1991). En consecuencia, el BANKSLII se complementa con un índice más comprensivo (IDP) que incluye los cambios de las instituciones legales (en el sufragio, el proceso electoral, la independencia del Poder Judicial, la igualdad ante la ley, el arresto y la detención arbitrarios, las provisiones del juicio de amparo y la libertad de expresión) y los cambios procesales (en las reglas electorales, las restricciones impuestas a los votantes, el registro de los partidos, la negociación colectiva, etc.). Se utilizó la evaluación particular de estos cambios para elaborar una hoja de resultados dividida en *1)* derechos fundamentales, *2)* derechos de reclamación y *3)* derechos de participación: división basada en las dimensiones de la poliarquía de Dahl (Dahl, 1971). Se codificaron los diferentes elementos de la hoja de resultados para cada año del periodo de 1963 a 1990, y estos elementos pueden agregarse o quitarse después para mostrar cómo varían a través del tiempo diferentes provisiones de derechos. El cuadro v.1 ilustra la composición de la hoja de resultados que es capaz de describir un índice que fluctúa de 0 (ningún derecho garantizado) a 29 (todos los derechos garantizados). El índice es una medida de la presencia meramente formal de los derechos de los ciudadanos. Además, dado que BANKSLII e IDP comparten muchos de los elementos, no es sorprendente que estén altamente correlacionados *(r = 0.66)*.

CUADRO V.1. *Hoja de resultados para el* IDP

Derechos fundamentales	Calificación
Disposiciones del *habeas corpus*	2
Excepciones al *habeas corpus*	1
Ausencia del *habeas corpus*	0
Reunión	1
No reunión	0
Asociación	1
No asociación	0
Expresión / Información	1
No expresión / Información	0
No cláusulas de excepción	1
Cláusulas de excepción	0
Independencia del Poder Judicial	2
No tribunal militar	1
Tribunal militar	0
Revisión judicial	1

Reclamación

Legislatura elegida directa e indirectamente	2
Seleccionada por el Ejecutivo o por adscripción	1
No legislatura	0
Nominación competitiva	2
Nominación no competitiva	1
Competencia partidista plena	3
Exclusión de partidos extremistas	2
Algunos partidos, pero no todos	1
No hay partidos o uno es dominante	0
Partido más grande < 70%	2
Partido más grande > 70%	1
Sindicalismo abierto	2
Sindicalismo controlado por el Estado	1
No sindicalismo	0
Ejecutivo elegido directa o indirectamente	1
Ejecutivo no elegido	0
Periodo limitado	1
Periodo ilimitado	0
No reelección	2
Reelección	1

CUADRO V.1. *Conclusión*

Participación	Calificación
Sufragio	2
Sufragio limitado	1
No sufragio	0
Existen elecciones	1
No elecciones	0
Procedimiento electoral limpio	1
Procedimiento electoral desbalanceado	0
TOTAL (intervalo: 0 a 29)	

Los derechos en la práctica[10]

Debido a que los datos originales sobre las violaciones de los derechos (véanse párrafos anteriores) pueden proveer sólo una impresión parcial de los derechos en la práctica, el paso siguiente consiste en buscar medidas abstractas que puedan servir de base para la construcción de índices comparables al IDP. La medida de los derechos en la práctica con series de tiempo, que es más popular (académicamente), es la de Raymond Gastil (Gastil, 1990), que clasifica las libertades políticas (LP) y las libertades civiles (LC) en una escala de 1 a 7, donde 1 denota una democracia y 7 un Estado totalitario. Gastil se interesa primordialmente por la titulación y el disfrute individuales de los derechos en un cuerpo político particular, en relación con todos los demás cuerpos políticos. Su escala se ha utilizado

[10] La cuestión de la medición de los "derechos en la práctica" se ha planteado recientemente en la publicación del Programa de Desarrollo de las Naciones Unidas (PNUD) *Human Development Report*, 1991, que vinculó la práctica de los derechos humanos con el desarrollo económico (Barsch, 1993, p. 87). El informe sugería una correlación entre su Índice de la Libertad Humana (ILH) y las variables económicas. Pero, en virtud de que el informe se basaba en la *World Human Rights Guide* de Humana (1983, 1987), fue condenado por algunos estados miembros por su sesgo etnocéntrico, mientras que los metodólogos se preocupaban por su estrecha y subjetiva base empírica. La controversia sobre el informe del PNUD ilustra los problemas potenciales, tanto éticos como metodológicos, de la medición de los derechos en la práctica.

como medida del "grado de represión del régimen" (Muller y Seligson, 1987), de la "probabilidad de la libertad política" (Helliwell, 1994) y de la democracia *tout court* (Stepan y Skach, 1993), así como una "escala de la poliarquía" (Coppedge y Reinecke, 1988). Su gran ventaja es que permite el análisis de series de tiempo desde 1972 hasta el presente. En 1992, Freedom House se dio a la tarea de codificar los regímenes utilizando la escala original de Gastil (Ryan, 1994). En su forma desagregada, esta codificación provee una guía para la relación existente entre las libertades políticas y las libertades civiles a través del tiempo. En su forma agregada, muestra los modelos generales de las prácticas de los regímenes a través del tiempo.

Hay muchas críticas contra la escala de Gastil (Barsh, 1993), y la mayoría de ellas objetan la forma como se calculan las calificaciones. Gastil (Gastil, 1990) afirma que utilizó una lista de verificación mental que califica en forma aproximada las libertades políticas, como las elecciones competitivas, y las libertades civiles, como la libertad de prensa y la libertad de expresión. Aunque esta lista de verificación (véase el cuadro v.2) puede parecer similar a la del IDP, debe destacarse que Gastil se interesa en todo momento por la experiencia de libertades del individuo o su ausencia. Además, la "contaminación institucional" de sus medidas que pueda presentar se diluirá gradualmente mediante la construcción de una medida "en estratos" o compuesta de los derechos en la práctica.

La escala de Gastil puede validarse por comparación con otras medidas elaboradas anualmente o a intervalos fijos, como el Índice de Imagen de Fitzgibbon-Johnson (IIFJ) (Fitzgibbon, 1967; Johnson, 1976, 1977, 1982; Wilkie y Ruddle, 1992), que clasifica a los regímenes de acuerdo con las impresiones de destacados estudiosos comprometidos en la investigación sobre América Latina. Cada cinco años, desde 1945 hasta 1985, Fitzgibbon recabó las respuestas a cuestionarios de los investigadores, a fin de llevar a cabo estas clasificaciones. El cuestionario original contenía variables sociales y políticas generales,[11]

---

[11] Estas variables incluyen: *1)* un nivel educativo suficiente para dar a los procesos políticos cierta sustancia y vitalidad, *2)* un nivel de vida razonablemente adecuado, *3)* un sentimiento de unidad interna y cohesión nacional,

CUADRO V.2. *Lista de verificación de las libertades políticas y civiles de Gastil*

Libertades políticas	Libertades civiles
Autoridad principal recientemente elegida por un proceso significativo	Medios / textos libres de censura política
Legislatura recientemente elegida por un proceso significativo	Discusión pública abierta
Leyes electorales justas, oportunidad de realizar campañas, encuestas y tabulación	Libertad de reunión y manifestación
Reflexión correcta de la preferencia de los votantes en la distribución del poder	Libertad de organización política o semipolítica
Varios partidos políticos	Estado de derecho no discriminatorio en casos políticamente relevantes
Cambios recientes en el poder mediante elecciones	Ausencia de terror político o encarcelamientos injustificados
Voto opositor significativo	Sindicatos, organizaciones campesinas o equivalentes libres

4) la creencia del pueblo en su dignidad y madurez políticas individuales, 5) la ausencia de dominación extranjera, 6) la libertad de prensa, expresión, reunión, radio, etc., 7) elecciones libres y competitivas: votos honestamente contados, 8) libertad para la organización partidista; una oposición partidista genuina y efectiva en la Legislatura; el escrutinio legislativo del Poder Ejecutivo, 9) un Poder Judicial independiente: respeto de sus decisiones, 10) conciencia pública de la responsabilidad en la recaudación y el gasto de fondos públicos, 11) una actitud inteligente hacia la legislación social: la vitalidad en la aplicación de tal legislación, 12) supremacía de los civiles sobre los militares, 13) una libertad razonable de la vida política frente al impacto de los controles eclesiásticos, 14) la actitud adecuada al desarrollo de una administración gubernamental técnica, científica y honesta, 15) una administración inteligente y comprensiva de cualquier autogobierno local que prevalezca. Véase Fitzgibbon (1967), pp. 136-137.

CUADRO V.2. *Conclusión*

Libertades políticas	Libertades civiles
Ausencia de control militar o extranjero	Libertad de empresas o cooperativas
Negación de una autodeterminación razonable a uno o varios grupos importantes	Organizaciones profesionales u otras de carácter privado libres
Poder político descentralizado	Instituciones religiosas libres
Consenso informal, poder de oposición *de facto*	Derechos sociales personales (propiedad, viajes por el interior y el exterior, residencia, matrimonio y familia)
	Derechos socioeconómicos (ausencia de dependencia de los terratenientes, los caciques, los líderes sindicales o los burócratas)

que en opinión de Fitzgibbon eran condiciones y manifestaciones de la democracia (Fitzgibbon, 1967, p. 135). Cada una de las variables se calificó en una escala del 1 al 5. Johnson revisó el índice en 1975 para incluir sólo variables políticas,[12] y luego lo estandarizó a un intervalo de 1-20, donde el uno (1) denota a los países más democráticos y el veinte (20), a los países menos democráticos. Este índice *revisado* y estandarizado se utilizó como una de las medidas que describen las prácticas del régimen mexicano.

El IIFJ puede complementarse con otras medidas, como la medida de la represión de Duff y McCamant (1976), que incluye la represión como una de sus variables dependientes. Dado que la medida se define en términos similares a los de la noción de los derechos en la práctica,[13] puede servir al propó-

[12] Los criterios políticos revisados incluyen: libertad de expresión, elecciones libres, organización partidista libre, Poder Judicial independiente y supremacía civil. Véase Wilkie y Ruddle (1992).

[13] Duff y McCamant definen la represión como "el uso de la coerción guber-

sito general de trazar la evolución de los derechos de los ciudadanos. Como el IIFJ, el índice de Duff y McCamant (DUFFMC)
es una medida impresionista, abstracta, de los derechos. A fin
de codificar un índice adecuado para su definición de la represión, estos autores califican cuatro componentes de la represión
en una escala que va del 0 al 4 (véase el cuadro v.3), generán-
dose así un intervalo total del 0 al 16. Un cero (0) indica que
todos los derechos están plenamente garantizados. Un dieci-
séis (16) denota un régimen muy represivo (Duff y McCamant,
1976, pp. 24-42). La cobertura del periodo 1950-1970, por el
DUFFMC, completa el cuadro de los primeros años del periodo
contemporáneo. En forma análoga, Arat (1991) ha elaborado
también una representación estadística de la democracia política en cuatro dimensiones (participación, inclusión, competitividad y coerción gubernamental), y aunque su índice ha
sido criticado por su complejidad y su desatención a los índices
anteriores (Barsch, 1993, pp. 108-109), su cobertura (1948-1982)
lo vuelve útil para un examen superficial de la primera parte
del periodo.[14] Por último, tenemos el índice Humana (1983,
1987, 1992), que se calcula calificando cuarenta (40) preguntas sobre los derechos políticos, civiles y sociales en escala
del 0 al 3,[15] transformando luego la calificación final en una
escala del 0 al 100. Todas las preguntas de Humana derivan
directamente de la *Declaración Universal de los Derechos Humanos*, pero el índice se recodificó para incluir sólo derechos
civiles y políticos (véase el cuadro v.4). A diferencia del DUFFMC
y Arat, el índice recodificado de Humana se utiliza para com-
pletar la última parte del periodo.

   Estos diversos estudios proveen una selección de derechos en
medidas prácticas que pueden crear una visión "estratificada"

---

namental para controlar o eliminar la oposición política efectiva o potencial.
La coerción puede aparecer bajo la forma de arrestos y encarcelamiento o
exilio de los individuos que se oponen o que se sospecha que desean oponerse
al gobierno. También puede presentarse bajo la forma de no permitírseles un
proceso justo a estos individuos. El gobierno puede impedir que los oponentes se asocien u organicen, así como negarles el derecho de comunicarse por
los medios públicos", Duff y McCamant (1976), pp. 24-25.
   [14] Véase en Arat (1991), pp. 24-27, un análisis más completo de este "índice
de democratización".
   [15] El intervalo cubre los casos de *muy libre* = sí (codificado como un 3); *mo-*

CUADRO V.3. *Criterios de represión de Duff y McCamant*[16]

Suspensión de los derechos constitucionales
0 No hay informe de suspensión
1 Suspensión temporal (< 30 días)
2 Suspensión > 30 días, pero < 9 meses
3 Suspensión > 9 meses, interferencia judicial
4 Suspensión completa de los procedimientos legales

Arrestos, exilios, ejecuciones
0 Ninguno
1 Pequeña escala (< 10 por millón)
2 Gran número de arrestos temporales
3 Arrestos masivos (> 50); asesinatos
4 Gran número de presos políticos o exiliados, líderes de la oposición asesinados

Restricciones a los partidos políticos
0 Ninguna restricción
1 Extremos excluidos
2 Se permite todo, menos los extremos pequeños, cierto acoso de otros grupos
3 El control impide un partido mayoritario
4 No se permite la oposición

Censura
0 Ninguna restricción
1 Restricciones menores
2 Restricciones a largo plazo
3 Censura de todas las noticias políticas, propiedad privada
4 El gobierno decide qué noticias se publican

---

deradamente libre = sí (codificado como un 2); *severo* = no (codificado como un 1); y *muy severo* = NO (codificado con un 0). Gupta *et al.* (1994) arguyen que algunos derechos del índice de Humana son más importantes, de modo que debieran ser ponderados; sin embargo, el esquema de ponderación que proponen, utilizando el análisis discriminante, sólo sería útil para el análisis comparado internacional y no altera significativamente las calificaciones en el caso de México. Véanse mayores comentarios en Gupta *et al.* (1994), pp. 131-162.
[16] Véase Duff y McCamant (1976), pp. 24-42.

CUADRO V.4. *Derechos políticos de Charles Humana*

Libertad de asociación
Ausencia de servidumbre, esclavitud, trabajo forzado o infantil
Ausencia de asesinatos o desapariciones extrajudiciales
Ausencia de tortura o coerción estatal
Ausencia de la pena capital
Ausencia de detención indefinida sin acusación
Ausencia de censura política de la prensa
Ausencia de censura del correo o intervención telefónica
Derecho a la oposición política
Libertad para elecciones multipartidistas por voto secreto y universal
Libertad para la igualdad legal y política de las mujeres
Libertad para los periódicos independientes
Libertad para la publicación independiente de libros
Libertad para las redes de radio y televisión independientes
Libertad para la independencia total de todos los tribunales
Libertad para los sindicatos independientes
Privación de la nacionalidad
Inocente mientras no se pruebe la culpabilidad
Ausencia de juicios civiles secretos
Juicios expeditos
Inviolabilidad del hogar

---

de la evolución de estos derechos a través del tiempo. Por lo tanto, se transformaron todas las escalas a un intervalo del 0 al 1, a fin de facilitar las comparaciones estadísticas y gráficas. Dado que Gastil, el IIFJ y el DUFFMC dan una calificación baja a la protección plena de los derechos y una calificación alta a la ausencia de tal protección, se invirtieron sus escalas antes de hacer la transformación al intervalo 0 al 1.[17] Los índices de Arat y Humana otorgan una calificación alta a las democracias y

[17] Para convertir el Gastil, simplemente restamos la suma de sus dos calificaciones originales de 14 y dividimos el resultado por 12. Formalmente se representa así: Gastil convertido = [14 − (LP + LC)]/12. Véase una explicación de este procedimiento en Helliwell (1994), pp. 225-248. Para convertir el Fitzgibbon, restamos de 20 la calificación original y dividimos el resultado por 19. Formalmente se representa así: IIFJ convertido = [20 − IIFJ]/19. Para convertir el Duff y McCamant, restamos de 16 la calificación original y dividimos el resultado entre 16. Formalmente se representa así: DUFFMC convertido = [16 − DMRAW]/16. Estas operaciones revierten la calificación y transforman los índices a un intervalo del 0 al 1.

una calificación baja a los regímenes que no son democráticos, de modo que no se requirió ninguna inversión. Dado que el índice de Arat fluctúa entre 20 y 109, se restaron 29 puntos de las calificaciones originales antes de dividirlas por 80.[18] El índice recodificado de Humana se dividió entre 100. Ninguna de estas inversiones o transformaciones alteró la forma de los índices a través del tiempo: sólo promovió la comparación en una escala común. Los periodos cubiertos son: IIFJ, 1945-1985 (en intervalos quinquenales); Arat, 1948-1982; DUFFMC, 1950-1970; Gastil, 1972-1990, y Humana, 1983, 1987 y 1992.

A primera vista parece posible combinar estos diferentes índices para crear una línea más suave de los derechos en la práctica que cubra todo el periodo contemporáneo. Llamaremos a esta medida el Índice Combinado de los Derechos (ICD). El procedimiento más simple para combinar las medidas consiste en promediarlas para cada año cuando hay una calificación. Está claro que en los años de fuerte traslape las calificaciones tenderán a converger hacia el promedio, mientras que tendrán un peso mayor en los años que tienen una sola calificación o pocas calificaciones. Los metodólogos podrían objetar también una maniobra que combina "manzanas y aguacates" y las llama "frutas". Pero dado que todas estas medidas tienen algo de subjetivo y una naturaleza abstracta, su combinación parece justificada si puede proveer una visión preliminar de la evolución de los derechos en la práctica a través del tiempo. Lamentablemente, no disponemos por ahora de medidas más comprensivas u objetivas.

La brecha entre los derechos en principio y los derechos en la práctica

Uno de los objetivos principales de la descripción del movimiento de los derechos en principio y los derechos en la práctica a través del tiempo es la medición de la variación de las diferencias existentes entre ellos, es decir, la brecha. Pero an-

---

[18] Formalmente, la transformación es como sigue: Arat convertido = [Arat original – 29]/80. Donde 80 es la diferencia entre 109 y 29, lo que produce en el denominador un cociente que fluctúa entre 0 y 1.

tes de que se pueda medir la brecha, los dos índices deberán hacerse directamente comparables transformando el índice de los derechos en principio (IDP) a un intervalo del 0 al 1. Dado que originalmente tenía un intervalo del 0 al 29, simplemente se dividió la calificación original entre 29. Teniendo ambos índices en la misma escala, se pudo calcular la brecha. Pero el grado de la "contaminación institucional" en el índice de los derechos en la práctica sugería que la simple operación de restar el IDP del ICD podría no representar la brecha verdadera. En consecuencia, se calculó la brecha como los residuos resultantes de la regresión del índice de los derechos en la práctica (ICD) en el índice de los derechos en principio (IDP) utilizando la técnica ordinaria de mínimos cuadrados (OMC) (Duvall y Shamir, 1980).

La regresión OMC produce residuos que son simplemente la diferencia entre los valores pronosticados de Y, en este caso los derechos en la práctica, y los valores efectivos de Y (ICD). En suma, se utiliza el índice de los derechos en principio (IDP) como una variable independiente para pronosticar los derechos en la práctica (Y). Los valores pronosticados de Y representan lo que debieran ser los derechos en la práctica, dados los derechos en principio. Sin embargo, los valores efectivos indican los grados de cumplimiento o incumplimiento de los derechos en principio. La brecha representa la diferencia, o el residuo, existente entre los dos. Lógicamente, dado que ambos índices de los derechos tienen un intervalo del 0 al 1, la brecha tendrá un intervalo de valores de –1 a +1. La gráfica v.1 ilustra estas cualidades lógicas de la brecha. La línea diagonal representa los valores pronosticados, de modo que los valores que se encuentran por encima de la línea tienen una brecha positiva, mientras que los valores por debajo de la línea tienen una brecha negativa. Con una brecha positiva, la práctica es mayor que el principio y los ciudadanos disfrutan derechos más plenos que los que están legalmente garantizados. Con una brecha negativa, el principio es mayor que la práctica y los derechos de los ciudadanos están siendo negados o comprometidos. Para los valores que se encuentran directamente en la línea diagonal, la brecha es cero, y los derechos en principio tienen el mismo valor que los derechos en la práctica.

GRÁFICA V.1. *Propiedades lógicas de la brecha*

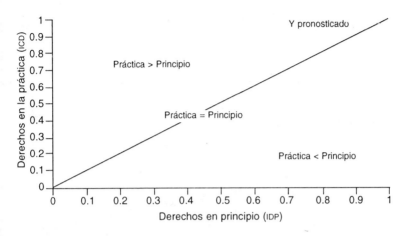

Esto no nos dice nada acerca de la calidad de la ciudadanía, porque una brecha de cero indica simplemente cierta equivalencia: un cuerpo político totalitario sin protección de los derechos y con gran represión, y un cuerpo político democrático con protección plena de los derechos y una libertad completa pueden tener ambos una brecha de cero.

LOS RESULTADOS DE LA INVESTIGACIÓN CUANTITATIVA
DE LA CIUDADANÍA

Los derechos en principio

El índice de BANKSLII para los años de 1950 a 1990 (gráfica V.2) parece sugerir que el régimen mexicano no ha hecho casi ningún cambio legal-institucional durante el periodo. Pero como se sugirió antes, las enmiendas constitucionales que pudiera esperarse que reflejara el índice se han incrementado con un conjunto de facultades "metaconstitucionales" que otorgan al Poder Ejecutivo el control final sobre toda la función de elaboración de políticas (Garrido, 1989). Los índices construidos con medidas que no sean como las que aparecen en Banks (1994) no pueden reflejar correctamente tales facultades dis-

GRÁFICA V.2. *El BANKSLII para México*

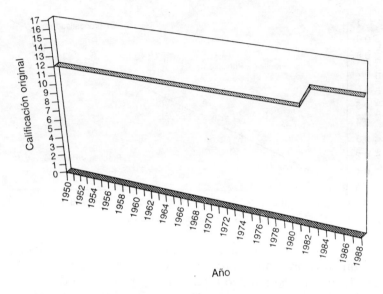

Fuente: Banks (1994), *Cross Polity Time Series Data Archive.*

crecionales asumidas por el Poder Ejecutivo.[19] Pero los componentes del BANKSLII son sensibles a la eficacia relativa de las tres ramas del gobierno, lo que probablemente determina la calificación continuamente baja de México durante el periodo (12 de 17). Los únicos cambios procesales que parece recoger el BANKSLII son la "renovación moral" de De la Madrid en 1982 y las victorias subsecuentes de la oposición en grandes distritos metropolitanos en las elecciones de 1983 (Molinar, 1989, pp. 265-290).

Aunque las reformas electorales y procesales del partido gobernante siguen siendo imposibles de codificar en términos

[19] Se recordará que estas facultades incluyen el poder de: *1)* enmendar la Constitución, *2)* actuar como el legislador principal, *3)* actuar como la autoridad final en cuestiones electorales, *4)* designar sucesores presidenciales, *5)* designar gobernadores estatales, miembros de las mayorías del PRI en el Congreso y representantes estatales, *6)* remover funcionarios a nivel federal, estatal y local, *7)* imponer puntos de vista en ambas cámaras del Congreso, *8)* asumir jurisdicción en asuntos judiciales, *9)* imponer su autoridad a los gobernadores estatales, *10)* influir sobre el gobierno municipal.

de los derechos, el IDP aparece un poco más sensible a las grandes reformas del periodo (véanse el capítulo II y Bailey, 1988). Primero, en 1970 aumentó el número de sufragantes reduciendo la edad de votación de 21 a 18 años, lo que se reflejó en el IDP. Aunque el mismo año se suprimió el artículo 145-2 del código penal, esto sólo restableció el derecho de asociación y reunión que ya estaba reconocido en la Constitución, de modo que no tuvo ningún impacto sobre el IDP. Segundo, la Ley Federal de Organizaciones Políticas y Procesos Electorales (LOPPE), de 1977, redujo los requisitos para el registro de los partidos[20] y otorgó apoyo financiero para la organización partidista. La Cámara de Diputados se amplió a 400 escaños, con 300 escaños elegidos en distritos uninominales y 100 por representación proporcional (con la salvedad de que cualquier partido minoritario que ganara más de 90 escaños perdería automáticamente la mitad de tales escaños) (Hellman, 1983, p. 131).[21] La gráfica V.3 ilustra los tres componentes del índice para México de 1963 a 1990, lo que revela el efecto de estas dos reformas. La reforma de 1970 aumentó el número de sufragantes y así cambió la medida de la participación; la reforma de la LOPPE trató de abrir cierto espacio electoral para los partidos minoritarios, sobre todo a la izquierda, y así cambió la medida de la reclamación. Un tercer conjunto de reformas al código electoral, en 1989, cambia de nuevo la medida de la participación (véase el capítulo II). Sin embargo, el BANKSLII y el IDP concuerdan en que estos derechos están protegidos sólo moderadamente: si convertimos ambos a una escala del 0 al 1 (donde 0 significa ninguna protección de los derechos y 1 significa la protección plena de los derechos), obtenemos calificaciones medias de 0.71 para el BANKSLII y 0.73 para el IDP. Por otra parte, los derechos en principio mejoran a lo largo del periodo, aunque muy lentamente, a pesar de que los derechos fundamentales permanecen completamente sin cambio.

---

[20] Los partidos que alcanzaban el 1.5% de la votación durante tres elecciones, o tenían 65 000 miembros, constituían una organización partidista viable (Hellman, 1983).
[21] Una reforma posterior, en 1987, incrementó a 500 los escaños en el Congreso, pero este cambio no afectó al índice.

GRÁFICA V.3. *Derechos componentes del IDP para México*

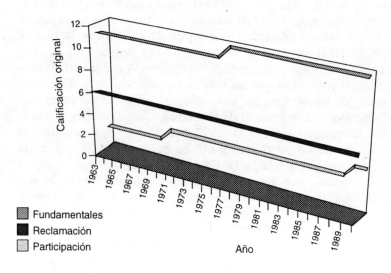

■ Fundamentales
■ Reclamación
□ Participación

Año

Los derechos en la práctica

Se sugirió antes que las diversas medidas de los derechos en la práctica podrían combinarse en un solo Índice Combinado de los Derechos (ICD). La matriz de correlación bivariada de las diversas medidas (véase el cuadro v.5) muestra ciertas correlaciones positivas y una correlación negativa entre Arat y DUFFMC. Esta correlación negativa parece ocurrir porque DUFFMC baja su calificación en respuesta a la masacre de Tlatelolco de 1968, mientras que Arat omite el suceso por completo (lo que arroja cierta duda sobre la confiabilidad de su índice).

Sin embargo, si se incluyen todas estas medidas en la construcción del ICD (véase la gráfica v.4), todavía mostrará una tendencia sostenida hacia la declinación, la que se acelera con rapidez después de 1970. El índice de Arat muestra la tendencia contraria de un ascenso sostenido, de modo que si se excluyera su índice del ICD su tendencia a la declinación sería todavía más pronunciada. El IIFJ describe una situación mucho más favorable de los derechos en la práctica que los índices de Humana y Gastil, los que permanecen estrechamente alineados. Es algo evidente que Humana y Gastil eran pesimistas

CUADRO V.5. *Matriz de correlación de las medidas*
de los derechos en la práctica para México
(r de Pearson)

	Duff-McCamant	Fitzgibbon-Johnson	Gastil	Humana
Arat	–.5295[†]	.4523	.0511	—
Duff-McCamant	—	—	—	—
Fitzgibbon-Johnson			.8660	—
Gastil				—

NOTAS: – ausencia de correlación debido al pequeño número de casos
[†] p = .016 (significación con dos colas)

con respecto al progreso real de los derechos en la práctica en México.

Quizá sea instructivo detenernos por un momento para comparar el ICD de México con el de España, Brasil y Chile durante el mismo periodo (estos últimos índices fueron elaborados exactamente del mismo modo que el índice mexicano). Se observa (véase la gráfica V.5) que tanto España como Chile recuperaron rápidamente una protección más plena de los derechos en la práctica luego de sus "transiciones democráticas", y

GRÁFICA V.4. *Medidas* de los derechos en la práctica para México*

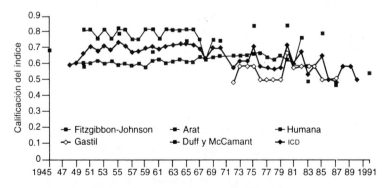

*Todas las medidas convertidas a una escala común (0-1)

GRÁFICA V.5. *ICD para todos los casos (1945-1990)*

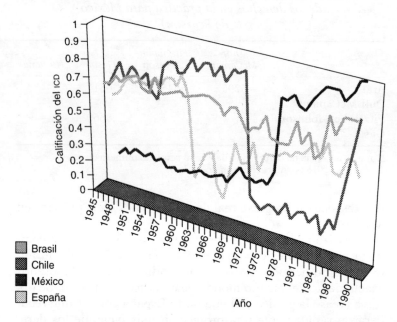

Brasil
Chile
México
España

así empezaron a satisfacer los estándares (derechos en principio) establecidos en sus nuevas constituciones.[22] La transición de Brasil fue (es) mucho más gradual en este sentido. Pero adviértase que el índice mexicano termina significativamente por debajo de los índices de los otros tres países: mientras que ellos han mejorado visiblemente su experiencia de los derechos en la práctica, la experiencia mexicana continúa deteriorándose.

La brecha entre los derechos en principio y los derechos en la práctica

La brecha para el periodo de 1963-1990 se representa esquemáticamente (como un diagrama de puntos) en la gráfica v.6.

---

[22] Es plausible que la independencia relativamente mayor del Poder Judicial en estos dos países, antes de sus "transiciones", fuese por lo menos parcialmente responsable del rápido retorno al Estado de derecho efectivo.

GRÁFICA V.6. *La brecha para México*

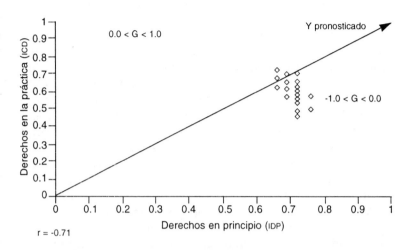

Aunque hubo relativamente pocos cambios institucionales que pudieran considerarse ampliadores de los derechos en principio, la brecha sigue siendo negativa durante la mayor parte del periodo. En efecto, la relación entre los derechos en principio y los derechos en la práctica es negativa y significativa. Esta relación negativa indica que, aunque el régimen trató de extender los derechos en principio mejorando su diseño institucional, su experiencia en lo tocante a los derechos en la práctica siguió deteriorándose. Además, el valor R^2 es 0.49, lo que indica que cerca de la mitad de la varianza de los valores reales de la brecha de los valores pronosticados de Y se explica por los propios derechos en principio. La combinación de la correlación negativa con el valor de R^2 sugiere algunas hipótesis interesantes acerca de la evolución de los derechos durante este periodo. Por otra parte, es posible que las mejoras institucionales que extendieron los derechos en principio hayan incrementado la seguridad del régimen acerca de negar o violar los derechos en la práctica, o que la extensión de los derechos en principio estaba destinada a disfrazar un deterioro de los derechos en la práctica. Por otra parte, es posible que la extensión de los derechos en principio suscitara el incremento de la movilización y la reclamación alrededor de demandas expresadas en el lenguaje de los derechos, lo que, a su vez, implicaba mayores niveles de represión y negación de los derechos.[23]

Esta segunda hipótesis parece especialmente convincente en el contexto de una arena electoral cada vez más disputada. Esto sugiere otra forma, posiblemente más correcta, de enunciar la hipótesis: a medida que se extienden los derechos políticos (y, en particular, a medida que la movilización alrededor de estos derechos se introduce claramente en la arena electoral), se deteriora la experiencia de los derechos civiles porque estos derechos se ven cada vez más reducidos o negados. Dado que la construcción del ICD no permite su desagregación en derechos civiles y políticos, resulta imposible la verificación directa de esta hipótesis; pero se sugiere una prueba circunstancial sólida en su apoyo yuxtaponiendo los derechos en principio, los derechos en la práctica y la brecha (véase la gráfica v.7). Es evidente en la gráfica que, siempre que la reclamación política aumenta (1968, 1976, 1983, 1987-1988), la brecha (negativa) se ensancha rápidamente.[24] Parece ser que esta observación podría ayudar, en parte, a explicar los efectos contradictorios del proceso de la ciudadanía en México que se señalaron al principio de este capítulo.

CONCLUSIÓN

Si se entiende la ciudadanía como un conjunto de derechos civiles y políticos deberá depender, ante todo, del Estado de derecho efectivo. Pero en México el Estado de derecho ha estado sujeto al poder discrecional de las autoridades políticas, en

---

[23] Una tercera posibilidad, más sencilla, es que habrá más información disponible sobre la negación de los derechos en la práctica con los reportajes de las agencias internacionales. Esta posibilidad podría debilitar las hipótesis sugeridas, pero no las desmentiría del todo.

[24] En 1968 ocurrió el movimiento estudiantil. 1976 marcó la culminación de la lucha del SUTERM y la formación del CNAP. En 1983 ocurrió una considerable movilización electoral por parte de la oposición y su victoria electoral en varios distritos metropolitanos. Entre 1987 y 1988 surgió el Frente Democrático Nacional (FDN), la debacle de las elecciones de julio y las movilizaciones y protestas de los meses siguientes.

GRÁFICA V.7. *Principio, práctica y la brecha en México*

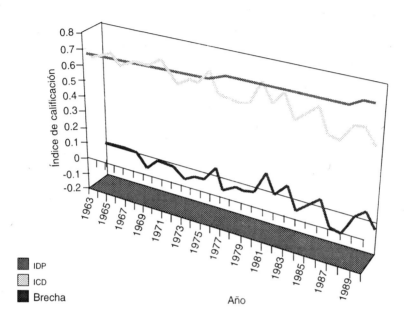

particular del Ejecutivo federal, de modo que se abre una amplia brecha entre la realidad y la retórica constitucional de la ciudadanía. Evaluaciones recientes indican que la brecha puede estar cerrándose, pero la situación parece contradictoria: la liberalización creciente y la competencia electoral están acompañadas de la represión y el abuso de los derechos por todas partes. El carácter contradictorio de la ciudadanía mexicana se confirma por este intento de medición de su progreso: las mejoras del diseño institucional del régimen, y en particular una arena electoral más abierta, han expandido efectivamente los derechos políticos, pero los derechos civiles se han contraído y la experiencia de abuso de los derechos civiles ha empeorado. Las pruebas circunstanciales revelan que la expansión de los derechos políticos y la contracción de los derechos civiles son dos caras de la misma moneda. Como organizaciones civiles, los movimientos sociales y los partidos políticos reclaman los derechos políticos que disfrutan en principio, de modo que las respuestas gubernamentales tienden a infringir o negar los derechos civiles de estos aspirantes a ciudadanos. Una visión comparativa sugiere que únicamente cuando el gobierno de México esté más obligado a rendir cuentas podrá superarse el carácter contradictorio de la ciudadanía mexicana.

VI. LAS RELACIONES IGLESIA-ESTADO: DEL DEBATE AL DESORDEN

Roberto J. Blancarte

Se suponía que el sexenio del presidente Salinas (1988-1994), en lo tocante a los asuntos religiosos, se recordaría como un periodo de cambio, de modernización y de nuevas libertades para todos los creyentes en el contexto de una sociedad mexicana secularizada, llena de confianza en sí misma. Por el contrario, es posible que la imagen de una rebelión indígena (Chiapas, 1994) y un proceso incierto de pacificación marcado por muchos símbolos religiosos permanezca en la mente y la memoria de la mayoría de los mexicanos. Pero la historia podría probar que tal imagen es injusta, porque las reformas logradas han ganado el consenso y cierto grado de aceptación que demuestran su validez.

Por lo que respecta a los asuntos religiosos, la administración de Salinas puede dividirse en tres periodos: uno que se inicia con el discurso de toma de posesión de Salinas en diciembre de 1988 y con su propuesta de una nueva relación del Estado con la sociedad mexicana, incluidas las iglesias. Este periodo terminó con el anuncio formal del presidente, en su tercer informe anual, del intento de reforma. El segundo periodo va de octubre de 1991 a septiembre de 1992, cuando se introdujeron grandes cambios constitucionales, se adoptó la ley vigente sobre la observancia religiosa y se establecieron relaciones diplomáticas con la Santa Sede. El tercer periodo cubre los dos últimos años del mandato de Salinas, tiempo turbulento para el país y para la relación entre las iglesias y el Estado. El asesinato del cardenal Juan Jesús Posadas Ocampo, arzobispo de Guadalajara, y la rebelión indígena de Chiapas, donde el elemento religioso está presente en muchas formas, son solamente los principales acontecimientos de este periodo.

147

LA PROPUESTA Y EL DEBATE PÚBLICO

Durante su discurso inaugural, el 1º de diciembre de 1988, el presidente Carlos Salinas de Gortari delineó su proyecto para la transformación estructural de la sociedad mexicana. En ese discurso ofreció una primera idea de su visión de la reforma de las relaciones Iglesia-Estado en México: "El Estado moderno es un Estado que [...] mantiene la transparencia y actualiza su relación con los partidos políticos, los grupos empresariales y la Iglesia". Pero a pesar de la propuesta de Salinas y la reiteración del secretario de Gobernación, a la semana siguiente, en lo tocante a la modernización de las relaciones entre la Iglesia y el Estado, el carácter y el alcance de estos cambios no se aclararon de inmediato. Sólo establecían la posibilidad de sostener un debate público a fin de examinar la situación sobre la base de tres premisas: separación de la Iglesia y el Estado, educación secular en las escuelas públicas y libertad religiosa. Estas condiciones, algo ambiguas en su formulación, dejaban un margen considerable para la discusión. Por lo tanto, podría haber resultado casi cualquier clase de reforma.

Las primeras reacciones de los sectores políticos mexicanos fueron principalmente negativas, a pesar de la adhesión habitual a las declaraciones políticas presidenciales. En realidad, al día siguiente de la exposición del secretario de Gobernación, siete gobernadores declararon que "el carácter secular del Estado era irreversible y que las pláticas recientes con la Iglesia no implicaban el otorgamiento del reconocimiento legal". En efecto, estos gobernadores sólo estaban reflejando los sentimientos anticlericales y las actitudes negativas que prevalecían en la mayoría del partido oficial (PRI) acerca de cualquier reforma posible.[1] Pocos meses más tarde, en la Cámara de Diputados, algunos diputados discutieron sin éxito la posibilidad de enmendar el artículo 130 de la Constitución. Dadas estas circunstancias, se hacía cada vez más evidente, para el nuevo gobierno, que las reformas tendrían que alcanzarse lentamente y con suficiente tiempo para el debate público. A la vez, la ausencia de una política clara emanada del Poder Eje-

---

[1] Véase Blancarte (1991), pp. 259-269.

cutivo creaba confusión entre los grupos políticos interesados en influir sobre esta cuestión.

El anuncio de una segunda visita papal a México (después de la de enero de 1979) complicó aún más la situación. Por lo tanto, el secretario de Gobernación (oficialmente a cargo de las cuestiones religiosas) declaró a principios de agosto de 1989 que el gobierno no tenía ninguna intención de enmendar el artículo 130. Pocos días más tarde, el propio secretario reiteraba que sería insensato, al tratar de enmendar el artículo 130, "abrir nuevas heridas que en el pasado habían costado incluso muchas vidas".[2] Este anuncio siguió a declaraciones del líder del partido oficial en las que reiteraba o reafirmaba que su partido no estaba considerando modificar las relaciones Iglesia-Estado ni el establecimiento de relaciones diplomáticas con el Vaticano.

A pesar de esto, el debate público se inclinaba hacia la posibilidad del establecimiento de relaciones diplomáticas con el Vaticano. El anuncio de la segunda visita de Juan Pablo II a México coincidió con la intención, por parte del gobierno mexicano, de establecer relaciones más formales con la Santa Sede, como un primer paso hacia otros cambios deseados. Además, durante esos meses, el gobierno mexicano exploró la posibilidad de formalizar las relaciones diplomáticas con el Vaticano, en lugar de modificar los principios constitucionales. Finalmente, en febrero de 1990, el presidente anunció la designación de un representante personal ante Juan Pablo II. A pesar de esto, el secretario de Gobernación declaró que todavía era prematuro hablar de un nuevo tipo de relación entre la Iglesia y el Estado, porque el gobierno apenas conocía la opinión de los sectores políticos y las organizaciones representativas de diversos sectores. También reiteró que no se enmendaría ningún artículo referente a la Iglesia, incluido el 130.[3]

En mayo de 1990, el papa hizo una segunda y muy exitosa visita a México, de modo que aumentó la presión y la especulación acerca de la reforma constitucional y la posibilidad de establecer lazos diplomáticos más formales. Además de la presión interna ejercida por algunos miembros de la jerarquía ca-

[2] *La Jornada*, 4 de agosto de 1989, p. 1; 13 de agosto de 1989, p. 3.
[3] *Excélsior*, 15 de febrero de 1990, pp. 1, 10.

tólica, que llegaron a mencionar la existencia de una "persecución legal",[4] había la presión internacional derivada de los acontecimientos en Europa oriental, lo que tendía a presentar la situación de México como algo excepcional. En mayo de 1990, por ejemplo, la Unión Soviética y la Santa Sede habían establecido relaciones diplomáticas formales. Es importante observar que la representación soviética (ahora de la Federación Rusa) recibe la denominación de "misión con situación especial". Por esta razón, ocupa el último lugar en la lista de protocolo de las representaciones ante la Santa Sede.

Durante los meses siguientes, el gobierno mexicano exploró la posibilidad de establecer relaciones diplomáticas con el Vaticano. Cuando el presidente anunció su plan de visitar el Vaticano en julio de 1991, surgió de nuevo la especulación acerca de la posibilidad de formalizar los lazos diplomáticos. Sin embargo, poco tiempo antes de esa visita, la jerarquía católica mexicana declaró que no aceptaría tal relación si antes no se sometían a discusión los artículos anticlericales de la Constitución. Por lo tanto, la visita de Salinas no logró nada aparentemente y las posibilidades de una reforma constitucional parecían todavía muy inciertas. Sin embargo, para ese momento se habían establecido bases formales para la reforma de los artículos controversiales. Por lo tanto, el 11 de noviembre de 1991, el presidente Salinas anunció, en su tercer informe de gobierno, que "ha llegado el momento de promover nuevos procedimientos legales para las iglesias", y emprendió una iniciativa para reformar la Constitución. Añadió el presidente Salinas:

> Recordemos que la situación legal actual de las iglesias de México derivó de consideraciones políticas y económicas que se encuentran en la historia, y no de disputas doctrinales sobre creencias religiosas; por lo tanto, la solución debiera reconocer lo que debiera permanecer y lo que debiera cambiar. La experiencia nos enseña que el pueblo mexicano no desea que el clero participe en política o acumule bienes materiales, pero tampoco quiere el pueblo de México vivir en la simulación...[5]

---

[4] Tal fue el caso del obispo Alamilla, vocero de la Conferencia del Episcopado Mexicano.

[5] Carlos Salinas de Gortari, tercer informe presidencial (1º de noviembre de 1991).

Insistió Salinas en que el propósito no era retornar a una época de privilegio para algunos; por otra parte, "no se trata de retornar a situaciones de privilegio, sino de conciliar la secularización definitiva de nuestra sociedad con la libertad religiosa efectiva". Basado en estos supuestos, el presidente propuso un nuevo marco legal para todas las iglesias, fundado en los principios de la separación de la Iglesia y el Estado, el respeto por la libertad religiosa y el mantenimiento de la educación secular en las escuelas públicas.[6]

LAS REFORMAS LEGALES DE 1992

En última instancia, la justificación de Salinas para actualizar el marco legal sobre asuntos eclesiásticos era la necesidad de promover "la congruencia entre lo que manda la ley y el comportamiento diario de los ciudadanos, dando un paso hacia la armonía interna en el contexto de la modernización".[7] Muchas de las preocupaciones planteadas en los debates acerca de la reforma encontraron expresión en las nuevas leyes de 1992, pero no es fácil identificar quién se beneficiaría con ellas.

En términos generales, el cambio más importante generado por la nueva legislación fue el reconocimiento formal del derecho a la asociación religiosa y, por ende, el de la libertad de los fieles para establecer organizaciones y expresar su fe colectivamente. Desde 1917 hasta 1992, el Estado mexicano no reconoció la posición legal de "los agrupamientos religiosos llamados iglesias". Esto significa que el Estado trataba sólo con creyentes individuales y no otorgaba derechos legales a las asociaciones religiosas o a sus miembros como tales. La enmienda de enero de 1992 al artículo 130 de la Constitución introdujo una innovación legal con el concepto de "asociación religiosa", la que ahora podría obtener el reconocimiento legal, una vez registrada en la Secretaría de Gobernación.

La Constitución de 1917 había garantizado la libertad de re-

[6] *Ibid.*
[7] *Ibid.*

ligión en el artículo 24, pero con ciertas restricciones importantes, a saber:

> Todos son libres de profesar la creencia religiosa que prefieran y de practicar las ceremonias, devociones o ritos respectivos *en los templos o en sus hogares* [subrayado mío], mientras no constituyan una ofensa o una violación penada por la ley.[8]

En otras palabras, al mismo tiempo que el gobierno otorgaba la libertad de religión, limitaba las *formas públicas* de la práctica de la religión. El mismo artículo afirmaba que "todos los actos religiosos con ritos públicos se celebrarán necesariamente en los templos, los que estarán siempre bajo la vigilancia de las autoridades".

Así pues, la Constitución limitaba las ceremonias religiosas públicas a los edificios religiosos y los hogares, con lo que prohibía toda forma pública de expresión religiosa. Éste es otro ejemplo de la tendencia de la Constitución a considerar las cuestiones religiosas como correspondientes esencialmente al individuo. En su lugar, el nuevo artículo 24 de la Constitución ha eliminado el requisito de que los ritos religiosos se realicen sólo en las iglesias o los hogares, y ha agregado un párrafo para que el Congreso no pueda promulgar leyes que establezcan o prohíban ninguna religión. Por último, el artículo 24 indica que las ceremonias religiosas públicas se celebrarán normalmente en las iglesias, y que las celebradas fuera se sujetarán a una regulación. La ley que enuncia estas regulaciones, promulgada en julio de 1992, establecía de nuevo que las ceremonias religiosas públicas (fuera de las iglesias) se reservarían a ocasiones especiales e imponía diversos requisitos para su celebración. Sin embargo, excluía las peregrinaciones, el tránsito entre hogares para propósitos religiosos y las actividades realizadas en hogares a los que no tuviera libre acceso el público.[9]

---

[8] La discusión que sigue se basa en los textos comparativos de los artículos 3º, 24, 27 y 130 de la Constitución antes de las reformas de 1992 y los mismos artículos reformados. Los artículos reformados aparecen en el anexo XI de Méndez Gutiérrez (1992).

[9] Secretaría de Gobernación, *Diario Oficial*, "Ley de Asociaciones Religiosas y Culto Público", 15 de julio de 1992, p. 11.

Por lo que toca a la educación, la enmienda al artículo 3º de la Constitución, de enero de 1992, eliminó la prohibición absoluta de intervención de las organizaciones religiosas en las escuelas primarias y secundarias, normales para maestros y escuelas para obreros y campesinos. Esto posibilitó que las numerosas escuelas religiosas que habían operado ilegalmente, en su mayor parte católicas, salieran de su existencia clandestina. Sin embargo, el artículo establece también que la educación pública será laica "y por lo tanto será completamente independiente de toda doctrina religiosa". La jerarquía católica ha criticado desde entonces esta disposición.

Otra disposición derogada en la Constitución, cuya determinación final se dejó para la nueva legislación de 1992, tiene que ver con las propiedades de las iglesias. El artículo 27 simplemente les prohibía adquirir, poseer o administrar inmuebles o capitales que se les cedieran, además de considerar a todas las iglesias como propiedad de la nación. La enmienda derogaba esta prohibición, pero limitaba a las iglesias a "tener las propiedades indispensables para sus propósitos, dentro de los requerimientos y las limitaciones establecidos por la ley reglamentaria". Obviamente, resulta difícil definir cuáles propiedades son indispensables para los propósitos religiosos. Esta ambigüedad inherente, así como el margen de discreción que las nuevas leyes otorgan a la Secretaría de Gobernación para decidir sobre estas cuestiones, ha sido uno de los puntos más enconadamente debatidos y cuestionados por las iglesias (véase el capítulo iii).

Por último, además de otorgar personalidad legal a las iglesias y a los grupos religiosos, las enmiendas del artículo 130 de la Constitución daban a los miembros del clero el derecho de votar y eliminaban diversas limitaciones a su libertad de expresión oral y de imprenta, como la prohibición de criticar las leyes fundamentales del país y de comentar la política nacional. Sin embargo, el nuevo artículo 130 conserva todavía algunas restricciones a las acciones de grupos religiosos y su clerecía. Por ejemplo, todavía prohíbe que el clero ocupe cargos públicos, así como que se una a alguna campaña política con propósitos políticos o que haga proselitismo en favor de un candidato de cualquier partido político. El clero tampoco puede expresar su oposición a las leyes o instituciones del país en ceremonias o actividades religiosas públicas ni en sus publicaciones, o atacar los símbolos nacionales en cualquier forma. Además, las restricciones políticas se extienden a todos los fieles, ya que está estrictamente prohibida "la formación de cualquier clase de agrupamiento político cuyo título incluya cualquier palabra o cualesquiera indicaciones de que tiene nexos con cualquier fe religiosa". De tal modo, por lo menos de nombre, no puede haber en México ningún partido demócrata cristiano o social cristiano. El artículo 130 prohíbe también las reuniones políticas en las iglesias.

Contra las expectativas de algunos prelados católicos, las reformas son marcadamente liberales. No sólo el artículo 130 adopta como su principio rector la separación histórica entre el Estado y las iglesias, sino que el artículo 3º de la nueva ley reglamentaria establece que el Estado mexicano es laico y ejercerá su autoridad sobre toda expresión religiosa, individual y colectiva, "sólo en relación con la observancia de las leyes, el mantenimiento del orden y la moral públicos, y la salvaguardia de los derechos de terceros". Al registrar a las asociaciones religiosas y la aceptación consiguiente de la ley que ello presupone, el Estado mexicano establece su supremacía sobre los agrupamientos religiosos. Así impone una concepción liberal y laica de las cuestiones religiosas; sin embargo, ésta es una concepción que no sería fácilmente aceptada por todos los sectores.

Esta segunda fase de las relaciones Iglesia-Estado en México alcanzó un punto significativo el 21 de septiembre de 1992, cuando la Santa Sede y el gobierno mexicano anunciaron el establecimiento de relaciones diplomáticas por primera vez desde la Independencia. Aunque existieron relaciones entre la Santa Sede y México durante el imperio de Maximiliano (1862-1867), la tradición republicana niega su validez, pues sostiene que el gobierno del presidente Benito Juárez nunca dejó de existir. El presidente Salinas dijo que las relaciones diplomáticas con la Santa Sede eran un paso hacia el establecimiento de la reforma constitucional y el punto final de un largo proceso de conciliación nacional.[10]

[10] *La Jornada*, 22 de noviembre de 1992, p. 3.

Los límites de la nueva relación

Cuando se introdujeron las nuevas reformas legales sobre cuestiones religiosas, hubo mucha especulación acerca de un acuerdo implícito entre el gobierno mexicano y la jerarquía católica. Se hablaba, incluso, de la existencia de obispos salinistas, aliados incondicionales del régimen que darían la legitimidad necesaria a cambio de las modificaciones constitucionales y de un arreglo preferente con la Iglesia católica. En la práctica no hubo tal acuerdo: la ley no mostraría ningún trato especial para la Iglesia católica, y no disminuyó la crítica de los obispos contra el régimen y el sistema político. Incluso la nueva ley, aunque aceptada, fue criticada por sus "limitaciones y ambigüedades" en una declaración conjunta de los obispos mexicanos, tras su Reunión Plenaria 52, en agosto de 1992.

Muchos esperaban que el conflicto entre el gobierno y la Iglesia católica disminuyera (la fricción con otras iglesias era ya prácticamente inexistente en virtud de la alianza histórica establecida entre los protestantes y el Estado mexicano). Y como se preveía, durante los meses siguientes al establecimiento de relaciones diplomáticas con la Santa Sede se confirmó que esta impresión era correcta. Se establecieron nuevas conexiones y canales de comunicación, así como una buena atmósfera para mejores relaciones a un nivel más alto.

Sin embargo, la nueva situación legal dejaba insatisfechos a muchos grupos de creyentes (incluidos los católicos). Según los grupos más militantes de esta Iglesia, "la ambigüedad de la ley escrita permite que el gobierno controle la acción de las iglesias", en especial su "impulso de liberación". Por esa razón se criticaron las reformas legales aplicando el argumento de que "es preferible vivir en la clandestinidad, con libertad evangélica, que en una legalidad sometida a un poder que no tolerará nada que rebase sus límites y represente una amenaza".[11] Se rechazó una "Iglesia de poder", producto de las nuevas relaciones privilegiadas del gobierno y la jerarquía católica, y se propuso en su lugar una Iglesia "profética" o socialmente comprometida. Desde la perspectiva de algunos teólogos pro-

[11] Véase Vergara Aceves (1993), p. 139.

gresistas, clérigos regulares y laicos dedicados a la causa de los pobres, las nuevas reformas conducirán a un fortalecimiento de las relaciones existentes entre el poder político y la jerarquía de la Iglesia católica, las que a su vez operarán en contra de los oprimidos. En consecuencia, las nuevas relaciones Estado-Iglesia podrían generar un inmenso poder represivo:

> En México, esta autoridad constituida está integrada por la autoridad política, las élites del poder y la teología oficial de una eclesiología del poder. Ni el Estado, ni las élites, ni una corriente de las iglesias oficiales gustan de una Iglesia que causa incomodidad con su aspiración a la justicia y la libertad, con su reclamo de respeto hacia los derechos humanos, con su manifestación franca frente a todo poder, eclesiástico y estatal, porque el poder no es más que un simple César y jamás un amo absoluto como si fuera Dios.[12]

En ese contexto, el asesinato del cardenal Posadas, el 24 de mayo de 1993, aparentemente atrapado en un fuego cruzado entre *capos* de la droga, sacudió la conciencia de muchos católicos mexicanos. Algunos pensaron que su muerte era, en cierto sentido, producto de las nuevas relaciones entre el gobierno mexicano y la Iglesia; supusieron que este asesinato era consecuencia de la creciente exposición política de los prelados católicos. Esta hipótesis, muy difícil de probar, intensificó la creciente crisis de credibilidad, de modo que muchos, incluidos algunos obispos, dudaron de la explicación oficial del crimen. Ciertamente, no todos los obispos expresaron sus dudas en esta forma, pues hubo algunos, como el nuncio papal, los más importantes líderes de la conferencia de obispos y algunos otros prelados estrechamente relacionados con ellos, que se declararon satisfechos con los resultados de la investigación y la explicación ofrecida por la Procuraduría General de la República. Esa posición se reforzó cuando el papa, en su tercera visita a México en agosto de 1993, declaró que el asesinato del cardenal Posadas no afectaría las relaciones existentes entre México y el Vaticano.

Independientemente de las interpretaciones del asesinato del cardenal Posadas, es cierto que la actitud de muchos miem-

[12] *Ibid.*

bros de la Iglesia católica revelaba una profunda desconfianza acerca del riesgo de manipulación de la Iglesia por la clase política. La actitud conciliatoria de la jerarquía confirmaba muchos de esos temores. Otra consecuencia directa del asesinato de Posadas fue una disputa entre la Iglesia y los militares luego de la publicación de un documento surgido de la conferencia de obispos. La "Instrucción pastoral sobre la violencia y la paz" afirmaba que el dinero proveniente del narcotráfico "ha comprado a un número importante de políticos y militares". El secretario de la Defensa exigió una explicación de lo que se veía como una acusación sin pruebas, y la Secretaría de Gobernación intervino para mediar. Por último, los obispos fueron obligados a modificar el texto añadiendo "en ciertas partes del continente", diluyendo en esa forma la acusación. En todo caso, lo ocurrido fortalecía la posición de quienes veían la nueva relación como una amenaza grave para el papel "profético" de la Iglesia católica.

La rebelión del 1° de enero de 1994 revelaría también que se había roto el delicado equilibrio social en muchas regiones del país. En muchos sentidos, el papel de las iglesias había contribuido también a estas tensiones. El elemento religioso apareció desde el principio, ya fuese en conexión con la presunta participación del obispo Samuel Ruiz de San Cristóbal o con la de algunos miembros de órdenes religiosas en el movimiento armado, el presunto carácter ecuménico del ejército "zapatista" y los primeros esfuerzos de paz hechos por las principales iglesias. El hecho de que las pláticas entre el comisionado para la paz y los rebeldes se realizaran en la catedral de San Cristóbal bastó para despertar todos los temores que supuestamente habían desaparecido con la nueva relación resultante de la legislación religiosa promulgada en 1992.

La modernización de las relaciones del Estado con las iglesias: ¿desregulación o desmantelamiento de la Revolución?

En términos generales, la administración de Carlos Salinas de Gortari (1988-1994) parecería ser un sexenio de desregulación, por lo menos en lo tocante a la política económica. Pero antes que una desregulación, lo que ocurrió fue la destrucción "silenciosa" del modelo socioeconómico y, por lo tanto, del modelo político e ideológico de la Revolución mexicana. Así ocurría, sobre todo, en la esfera religiosa, donde más que un proceso de desregulación de las actividades de la Iglesia observamos el abandono del radicalismo revolucionario. Sin embargo, se mantuvo y en algunos sentidos se incrementó la naturaleza jurisdiccional del Estado en lo tocante a la actividad pública de las iglesias.

En este sentido, debemos recordar que la ausencia de todo reconocimiento legal colocaba a las asociaciones religiosas en una posición muy difícil, puesto que no tenían ningún derecho y su operación diaria dependía sólo de su eficacia y su presencia social. Al mismo tiempo, sin embargo, la ausencia de una personalidad legal las exentaba también de todo tipo de obligación hacia el Estado. Esto significa que, aunque las reformas constitucionales de 1992 representaban en términos generales una liberalización de la política religiosa, en virtud de la erradicación de las normas impuestas por los revolucionarios más radicales, la verdad es que las reformas no constituyen en sí mismas un debilitamiento de la tendencia intervencionista que ha influido sobre la regulación religiosa desde los primeros decenios del México independiente. El hecho de que las organizaciones religiosas no existieran legalmente antes de 1992, les daba un amplio espacio de maniobra. Al Estado no le interesaba mantener un registro de tales organizaciones o vigilar sus actividades. El papel del gobierno no era "positivo", puesto que no trataba de regular esa materia, sino "negativo", porque sólo establecía los terrenos donde estaban prohibidas las actividades eclesiásticas. En cambio, la nueva legislación, en la medida en que trata de colocar a las organizaciones religiosas en un marco positivo, las somete a control. El registro es ahora obligatorio, a fin de disfrutar del reconocimiento legal y obtener algunos privilegios especiales, como la expedición de permisos y autorizaciones.

Antes de la nueva legislación, las escuelas católicas elementales estaban en permanente peligro, porque oficialmente no existían. Al mismo tiempo, sin embargo, las escuelas no tenían que informar de sus actividades respecto a la educación religiosa. La nueva situación las obliga a ser más escrupulosas en cuanto a las reglas establecidas por la Secretaría de Educación. Por último, el Estado estableció el carácter laico de las escuelas primarias oficiales, confirmando su control sobre más de 95% de la educación básica mexicana y, por lo tanto, su autoridad suprema sobre campo tan esencial.

No dejó de advertirse lo anterior e incluso algunos miembros de la Iglesia católica pensaron que, desde una perspectiva más profética o liberacionista, la situación estaba declinando hacia un nuevo tipo de "absolutismo", similar al del periodo colonial. Otros criticaron las reformas constitucionales porque, a pesar de los cambios, seguían imponiendo graves limitaciones a la libertad religiosa. Las reformas constitucionales no eliminaban una serie de limitaciones impuestas a la actividad política de las iglesias o los clérigos y las "asociaciones religiosas"; la nueva forma legal, diseñada para satisfacer la demanda de reconocimiento legal, limitaba a las iglesias, en particular a la Iglesia católica. Por ejemplo, el nuevo artículo 27 permite que estas asociaciones posean, compren o administren inmuebles, pero sólo los que sean indispensables para su propósito, de acuerdo con los requerimientos y las limitaciones establecidos por la ley reglamentaria. En este sentido, la ley reglamentaria estipula que la Secretaría de Gobernación "decidirá si los inmuebles que las asociaciones religiosas traten de adquirir son indispensables o no". En otras palabras, el gobierno mexicano decidirá si tal propiedad es indispensable para la actividad religiosa.

Muchos líderes religiosos y algunos analistas laicos consideraron que estas y otras estipulaciones de la ley reglamentaria otorgaban facultades excesivas a la Secretaría de Gobernación. No sólo se considera excesiva la "discrecionalidad" de la secretaría al decidir sobre los requisitos de la autorización del registro, su control de todos los movimientos internos de las asociaciones religiosas, el registro de los inmuebles y su derecho a otorgar la aprobación, sino que también se cree violatoria del espíritu de la separación de la Iglesia y el Estado. Las reformas legales en el campo de las organizaciones religiosas eran ambiguas y no convencían a todos los grupos eclesiásticos. Dentro de la Iglesia católica había algunos sectores que no compartían el interés de la jerarquía por modificar la Constitución y reiteradamente expresaron sus dudas acerca de la necesidad, la dirección y las características de tales reformas.

En otras palabras, el argumento principal de las organizaciones religiosas (y en particular de la Iglesia católica) no se refería a que fuese conveniente o no la reforma de la Constitución, sino al hecho de que tales reformas tuviesen matices conservadores o progresistas, es decir, si tal cambio incrementaría el control político-religioso de la sociedad o ampliaría las libertades públicas.

La crisis provocada por el movimiento guerrillero de Chiapas, el 1° de enero de 1994, también oscureció las antiguas concepciones de la separación Iglesia-Estado y el Estado laico en México. La confusión existía antes de la rebelión campesina, ya que en efecto surgió desde el momento en que se trató de establecer una "nueva relación" tras los cambios legales aprobados en 1992. No hay duda de que la crisis política originada por el levantamiento guerrillero ha acelerado la destrucción de las formas tradicionales de la concepción de la participación política de las Iglesias y del papel del Estado en la vida religiosa del pueblo. Esto ha impulsado a las iglesias a reconsiderar su papel en la transformación de las estructuras sociales, económicas y políticas del país, y también ha provocado confusión en el gobierno y la clase política tradicional en lo tocante al concepto mismo de laicismo estatal.

Una de las consecuencias inmediatas de esta confusión ha sido el resurgimiento del anticlericalismo (apenas oculto durante los últimos años), acompañado de un endurecimiento generalizado y una reacción conservadora en el conjunto de la sociedad mexicana. Esta situación sugiere que las reformas se dictaron desde arriba y tienen un carácter autoritario, en lugar de basarse en un consenso público general. Como cualesquiera otras reformas legales, no habrían ocurrido si el apoyo popular hubiese sido necesario para aprobarlas, porque las masas, dejando de lado su piedad religiosa, han demostrado, desde las Leyes de Reforma de Juárez, una memoria histórica anticlerical.

Las verdaderas diferencias no se plantean tanto entre el Estado y la Iglesia como en las actitudes generales hacia la sociedad. La situación actual muestra una Iglesia católica orientada, por lo menos nominalmente, hacia las iglesias menos favorecidas y protestantes que están confundidas o paralizadas por la nueva situación. Sin embargo, la situación social es inestable y podría generar cambios importantes en las posturas eclesiásticas. Las organizaciones religiosas no católicas, que representan 75% de las asociaciones registradas y cerca de 10% de la población (aproximadamente nueve millones de mexicanos), han adquirido una nueva posición social que no disfrutaban antes. Pero en los últimos años han ocurrido muchos cambios en el campo religioso designado en general como "protestante". Por lo tanto, el Estado mexicano no puede recurrir a estas asociaciones para que se conviertan en bastiones del liberalismo o en aliados incondicionales en cuestiones sociales y políticas. El carácter popular y emocional de los grupos religiosos pentecostales en constante crecimiento los orienta hacia otros tipos de acción política.

Por último, si concebimos la lucha interna de la Iglesia católica como una disputa entre dos polos, uno que busca el acceso al poder y el otro que favorece la profecía, deberemos admitir que en los últimos años, y no sólo desde la rebelión de Chiapas, estamos presenciando una Iglesia católica socialmente más comprometida. Sin embargo, la línea divisoria entre una iglesia "de poder" y una iglesia "profética" puede ser más tenue y simbólica que real, y la tentación de buscar el poder es siempre grande. En conclusión, la tendencia que podemos observar es que las iglesias (no sólo la Iglesia católica) están socialmente más comprometidas y, por la misma razón, más dispuestas a asumir un papel de denuncia crítica contra toda forma de corrupción y de contrapeso contra el Estado o cualquiera otra expresión del poder político.

SEGUNDA PARTE

ECONOMÍA Y SOCIEDAD

VII. EL PROGRAMA ECONÓMICO DE MÉXICO: LOGROS Y RETOS

Agustín Carstens y Moisés J. Schwartz*

En los últimos años, la economía mexicana ha experimentado un gran proceso de ajuste, con una estrategia decisiva de estabilización y cambio estructural. El proceso de ajuste se inició a principios del decenio de 1980 y se intensificó en 1988 con la introducción de un programa de estabilización explícito, cuyo objetivo era la reducción de la tasa inflacionaria a niveles internacionales y la promoción de condiciones favorables para el crecimiento económico sostenido. Sin embargo, crecientes preocupaciones por la magnitud del déficit de cuenta corriente y ciertos acontecimientos políticos y criminales caracterizaron la economía mexicana durante 1994 y condujeron a una considerable devaluación del peso en diciembre de ese año. En este capítulo reseñaremos el desempeño económico de México durante los últimos años y destacaremos los principales retos que afronta la administración de Zedillo para superar la crisis económica actual y encauzar la economía a una ruta de estabilidad y renovado crecimiento económico.

Estabilización y desempeño económico (1987-1994)

A fines de 1987 fue introducido un plan de estabilización: el Pacto de Solidaridad Económica. Su objetivo principal era la reducción drástica de la inflación mediante un esfuerzo renovado, que implicaba la cooperación de trabajadores, agricultores, empresarios y gobierno. Los componentes principales del programa lo constituían una política de ingresos, la reducción de los gastos gubernamentales, una elevación de los precios de bienes y servicios ofrecidos por el sector público, una

---

* Los puntos de vista expresados en este capítulo pertenecen a los autores y no representan necesariamente los del Banco de México.

165

cruzada contra la evasión fiscal y una reducción del crédito de los bancos comerciales. Además, se utilizó la tasa de cambio como el soporte nominal del programa antinflacionario. Por otra parte, se profundizó la desregulación de los mercados internos, se aceleró la privatización y el desmantelamiento de las empresas públicas, y se adoptaron medidas de liberalización del comercio. Algunos de los componentes del programa se adaptaron para enfrentar las cambiantes circunstancias económicas, pero el programa trataba en todo momento de reducir la tasa inflacionaria a niveles similares a los de los principales socios comerciales de México.

Tras de llevar a cabo la tentativa de estabilización a fines de 1987, México dejó de ser una economía cerrada y muy regulada para convertirse en otra donde las fuerzas del mercado habían asumido un papel activo en la determinación de los precios y donde se actuaba decisivamente para incrementar la eficiencia y la productividad.

Además, la administración macroeconómica se complementó con amplias reformas estructurales e institucionales. Como resultado de estas medidas, se redujo el déficit fiscal del sector público de 16% del PIB en 1987 a un pequeño superávit a principios de la década de 1990 (véase la gráfica VII.1), y la tasa inflacionaria anual bajó de 159.2% a 7.05% durante el mismo periodo (véase la gráfica VII.2). Aumentó la actividad económica, aunque a ritmo lento durante 1993 y principios de 1994. Para 1994, la tasa de crecimiento de la producción llegaba a 3.5% (véase la gráfica VII.3).

La liberalización del comercio transformó la economía mexicana en una de las más abiertas del mundo. Por lo tanto, los productos mexicanos debían igualar el paso de las tecnologías más avanzadas y eficientes del resto del mundo. Esto ha promovido las exportaciones y contribuido a la modernización de la economía. El TLC y otros acuerdos de libre comercio celebrados por México han reforzado sustancialmente el compromiso con esta política.[1] Mientras que la moneda se apreciaba

[1] Además de unirse al TLC, México tiene acuerdos de libre comercio con Colombia y Venezuela (G-3), Costa Rica, Bolivia, Chile y Ecuador. También se están realizando negociaciones para la celebración de acuerdos de libre comercio con otros países de la región.

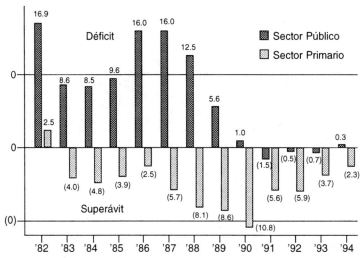

GRÁFICA VII.1. *Indicadores de las finanzas públicas.*
Porcentaje del PIB

Nota: No se consideran los ingresos derivados de la privatización de las empresas del sector público.

GRÁFICA VII.2. *Tasa de inflación anual (IPC)*
Cambio porcentual sobre el mismo mes del año anterior

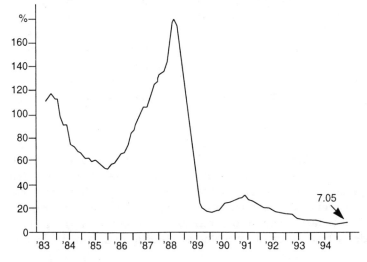

GRÁFICA VII.3. *Producto interno bruto real.*
Cambio porcentual sobre el mismo trimestre del año anterior

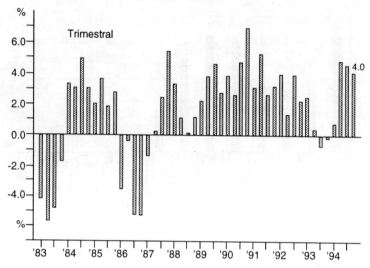

inevitablemente en términos reales tras la implantación del programa de estabilización (véase la gráfica VII.4), las exportaciones de manufacturas aumentaban a tasas elevadas, lo que sugería el mejoramiento de la eficiencia y la competitividad (véase la gráfica VII.5). Esto se debe, en parte, a los efectos favorables de las políticas estructurales sobre la eficiencia económica general. Además, las exportaciones no petroleras han incrementado su participación en el total de las exportaciones en una medida sustancial (véase la gráfica VII.6). La gráfica VII.4 muestra también la importante depreciación de la tasa de cambio real ocurrida *antes* de la devaluación de diciembre de 1994.

La política de la tasa de cambio evolucionó considerablemente durante los últimos años, al tratar de alcanzar un balance apropiado entre el fortalecimiento del sector externo y la provisión de un ancla nominal antinflacionaria. Además de las tradicionales políticas fiscales y monetarias restrictivas para frenar la inflación en programas de estabilización ordinarios, el esfuerzo antinflacionario de México utilizaba en gran medida la tasa de cambio como soporte nominal. El mecanismo de la tasa de cambio evolucionó desde una tasa de devalua-

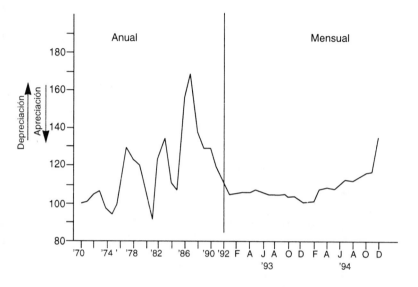

GRÁFICA VII.4. *Índice de la tasa de cambio real 1970 = 100,*
precios de 133 países ponderados por su PIB

GRÁFICA VII.5. *Exportaciones totales y de manufacturas*
(tasa de crecimiento anual)

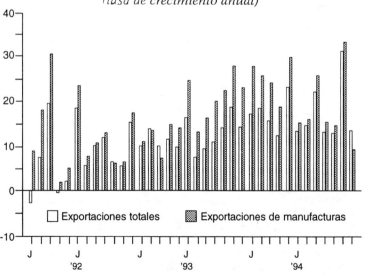

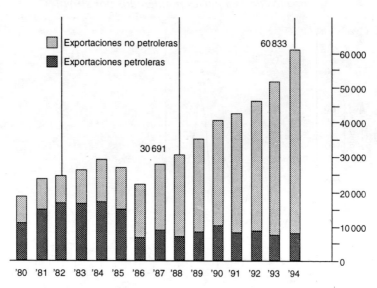

GRÁFICA VII.6. *Exportaciones petroleras y no petroleras*

Exportaciones no petroleras
Exportaciones petroleras

60 833

30 691

'80 '81 '82 '83 '84 '85 '86 '87 '88 '89 '90 '91 '92 '93 '94

GRÁFICA VII.7. *Política mexicana de tasa de cambio*

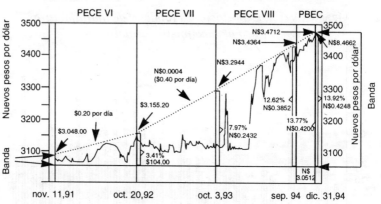

NOTA: Debe advertirse que el 1° de enero de 1993 se introdujo una nueva unidad monetaria —el nuevo peso—. Un nuevo peso equivale a mil pesos "viejos" (N$/$1 000).

PECE es el Pacto para la Estabilidad, la Competitividad y el Empleo celebrado entre el gobierno federal, los sindicatos obreros y organizaciones de agricultores, y el sector empresarial.

Última observación, 19 de diciembre de 1994.

ción del peso públicamente anunciada hasta una banda de flotación de la tasa de cambio. La gradual ampliación de la banda y su naturaleza asimétrica combinaban un grado considerable de certidumbre con mayor grado de flexibilidad (véase la gráfica VII.7). Sin embargo, la creciente presión experimentada por el peso mexicano a fines de 1994, cuyo origen puede encontrarse en acontecimientos políticos y trágicos, así como en las preocupaciones por la magnitud del déficit de cuenta corriente, demostraba que el régimen de tasa de cambio prevaleciente ya no era sostenible.

A pesar de las reformas estructurales y el mejoramiento consiguiente de los balances fiscales, el mayor ahorro público no era suficiente para cubrir el exceso de la inversión privada sobre el ahorro privado. Por lo tanto, se desarrolló un déficit creciente de cuenta corriente. Esto era favorable en la medida en que posibilitaba un incremento de la inversión más allá de lo que habría permitido por sí solo el ahorro interno. Las gráficas VII.8 y VII.9 muestran que una porción sustancial de las importaciones se ha relacionado con la exportaciones y otras actividades productivas.

El déficit de cuenta corriente se debió sobre todo a las entradas de capital extranjero, una parte considerable de las cuales asumió la forma de inversión extranjera (véanse las gráficas VII.10 y VII.11). Estos flujos eran atraídos a su vez por el mejoramiento de la perspectiva de la economía mexicana. Dado el régimen de tasa de cambio prevaleciente a la sazón, las entradas de capital en un país como México sólo podían tener dos destinos: un aumento de las importaciones o un aumento de las reservas internacionales del banco central. Como sería de esperarse, ocurrió una combinación de ambos destinos. Por lo tanto, en una situación como la de México desde mediados de 1990, las entradas de capital fueron la causa y el déficit de cuenta corriente, el efecto. Sin embargo, la magnitud creciente del déficit de cuenta corriente provocó ciertas preocupaciones entre los inversionistas extranjeros. Estas preocupaciones, sumadas a los hechos políticos y criminales que experimentara México en 1994, disminuyeron las reservas internacionales del banco central y minaron la capacidad de sustentación del régimen de tasa de cambio prevaleciente.

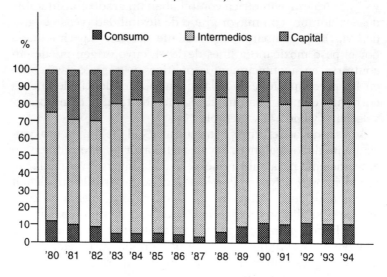

GRÁFICA VII.8. *Estructura de las importaciones*
(en porcentajes)

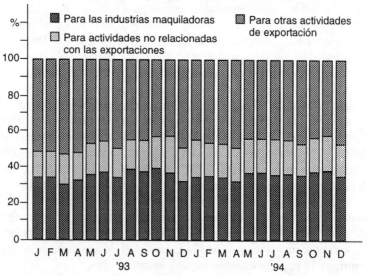

GRÁFICA VII.9. *Actividades relacionadas*
con las importaciones intermedias

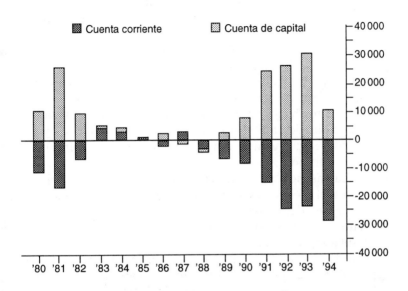

GRÁFICA VII.10. *Cuenta corriente y de capital*
(millones de dólares)

◪ Cuenta corriente   ▨ Cuenta de capital

'80 '81 '82 '83 '84 '85 '86 '87 '88 '89 '90 '91 '92 '93 '94

GRÁFICA VII.11. *Inversión de extranjeros en cartera*
(acervos en millones de dólares)

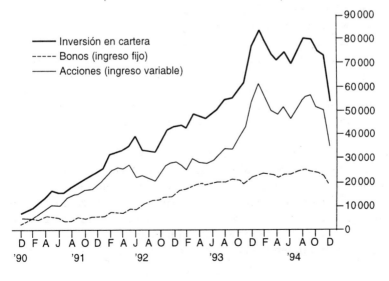

— Inversión en cartera
- - - Bonos (ingreso fijo)
— Acciones (ingreso variable)

D F A J A O D F A J A O D F A J A O D F A J A O D F A J A O D
'90   '91   '92   '93   '94

Además de la reforma macroeconómica implicada en el esfuerzo de estabilización, el proceso de liberalización financiera se aceleró en México a fines de la década de 1980. Hasta entonces, los mercados financieros se caracterizaban por ineficiencias que obstruían el proceso de intermediación entre prestamistas y prestatarios. El sistema financiero estaba plagado de restricciones a las tasas de interés, controles del crédito interno, mercados financieros fragmentados y elevados requerimientos de reservas. Se exigía a los bancos que canalizaran créditos hacia un conjunto especificado de actividades, los mercados de capital no estaban bien desarrollados y las empresas debían recurrir a menudo a los mercados informales para satisfacer sus necesidades de financiamiento a largo plazo. La ausencia de un mercado de dinero bien desarrollado restringía el alcance de la política monetaria a través de los instrumentos del mercado, mientras que los elevados requerimientos de reservas y los préstamos forzados al sector público desplazaban el crédito hacia el sector privado.

Dada la deficiente intermediación en los mercados financieros y en el contexto del esfuerzo de estabilización, la liberalización financiera implicaba en México la eliminación de los controles directos sobre el crédito y las tasas de interés, así como la reprivatización de los bancos comerciales. Se eliminaron los requerimientos de reservas sobre los depósitos bancarios. La eliminación de los topes de las tasas de interés y del programa de préstamos forzados del requerimiento de reservas permitió que los bancos comerciales compitieran más eficazmente entre sí por la atracción de fondos; los bancos obtuvieron de esta forma mayor flexibilidad y libertad de administración. Como resultado de la liberalización del sistema financiero, la ejecución de la política monetaria ha dependido en gran medida de las operaciones de mercado abierto. Por oposición a otros instrumentos de control monetario, las operaciones de mercado abierto tienen un impacto claro y directo sobre la cantidad de dinero sin causar distorsiones en los precios del mercado. Más recientemente, la liberalización financiera se ha extendido con el advenimiento de nuevos grupos y organismos financieros. El surgimiento de nuevos intermediarios financieros nacionales y la llegada de instituciones extranjeras debiera contribuir también a la promoción de la competencia en el sistema financiero mexicano.[2]

LA CRISIS Y LA AGENDA ECONÓMICA DE ZEDILLO

Poco después de la toma de posesión del presidente Zedillo, el 1° de diciembre de 1994, el peso mexicano se vio sometido a un severo ataque. Las preocupaciones provocadas por la magnitud del déficit de cuenta corriente y por los hechos políticos y trágicos desataron la tendencia contra el peso. Ciertos incidentes políticos y criminales causaron que la tasa de cambio llegara al tope de su banda de flotación. En consecuencia, disminuyeron las reservas internacionales. La gráfica VII.12 muestra la pérdida de reservas asociada al asesinato de Luis Donaldo Colosio (el candidato presidencial del PRI), la renuncia del secretario de Gobernación, las acusaciones y la renuncia del

GRÁFICA VII.12. *Acervo de reservas internacionales netas (millones de dólares)*

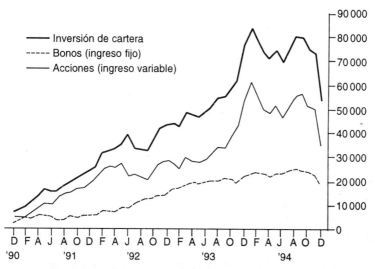

---

[2] Por lo que corresponde a la liberalización financiera durante el TLC, véase Trigueros (1994).

procurador general de la República, y la renovada hostilidad manifestada por los zapatistas en Chiapas.

El 20 de diciembre de 1994, las partes del "Pacto" convinieron en ajustar la regla de la tasa de cambio prevaleciente, depreciando el tope de la banda en 53 centavos (15%) y conservando su tasa de deslizamiento prevaleciente de N$0.0004 diarios. No se modificaron los demás elementos del "pacto", incluidos los relacionados con las finanzas públicas y las políticas salarial y monetaria. Sin embargo, a pesar de la ampliación de la banda de flotación de la tasa de cambio, las reservas internacionales del banco central siguieron disminuyendo. En estas circunstancias, las autoridades decidieron que era insostenible el régimen de tasa de cambio prevaleciente. Así, el 22 de diciembre de 1994 las autoridades establecieron un arreglo de tasa de cambio flotante que permitía que el ajuste necesario en la tasa de cambio balanceara el mercado sin necesidad de la intervención del banco central. En medio de creciente incertidumbre, el peso mexicano experimentó una severa devaluación (véase la gráfica VII.13).

A fin de restablecer la calma y la estabilidad, el gobierno, el

GRÁFICA VII.13. *Tasa de cambio*

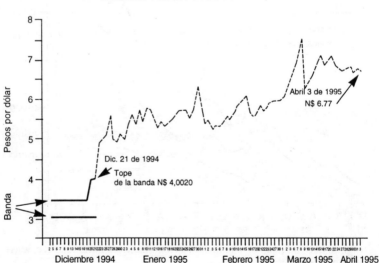

Banco de México, los sindicatos, las organizaciones de agricultores y los representantes empresariales llegaron a un acuerdo sobre un programa económico diseñado para superar la emergencia económica y establecer las condiciones necesarias para el crecimiento sustentable con estabilidad de precios.

En particular, el nuevo programa —anunciado a principios de enero de 1995— incluía medidas para evitar un círculo vicioso de devaluación-aumento salarial-inflación y para reducir rápidamente las presiones inflacionarias. Se impusieron medidas de control de precios y salarios para evitar la caída en una recesión con persistente inflación. El programa consideraba también una reducción del déficit de cuenta corriente hasta un nivel que no requiriera una nueva depreciación de la tasa de cambio para su financiamiento. Además se aplicaron también ciertas políticas para el fortalecimiento del ahorro interno y la restricción fiscal y monetaria, a fin de establecer condiciones ordenadas en los mercados externos de dinero y de divisas.

Un elemento esencial del programa era un conjunto de reformas estructurales que proveerían a la economía de una capacidad adicional para crecer. Se espera obtener una mayor eficiencia económica mediante nuevas desregulaciones, privatizaciones y esfuerzos para incrementar la competencia en el mercado. Además, el programa de enero ratificaba también el régimen de tasa de cambio flotante que ya estaba en operación. Este régimen se adoptó porque ninguna otra regla de tasa de cambio era viable, dadas las condiciones prevalecientes a la sazón en la economía mexicana.

El programa ratificaba asimismo el acuerdo salarial convenido en la etapa anterior del pacto suscrita en septiembre de 1994, que establecía un aumento salarial de 7% para todos los trabajadores, más un impuesto adicional negativo al ingreso de hasta 3% para los trabajadores cuyos ingresos no pasaran de cuatro salarios mínimos. También se ratificaron los acuerdos salariales contractuales, es decir, un aumento salarial de 4% más una bonificación por los incrementos de la productividad.

Como mencionamos antes, el programa destacaba la necesidad de incrementar el ahorro interno. Se requería un ajuste sustancial en las finanzas del sector público. Del lado de la recaudación, el gobierno anunció que los precios de algunos bienes y servicios del sector público (electricidad, gasolina, petroquímicos y otros derivados del petróleo) serían incrementados y que el impuesto al ingreso de las empresas aumentaría de 34 a 35%. También se ajustaría la tasa media del impuesto al ingreso personal para los estratos superiores. Por otra parte, el gasto gubernamental se reduciría en 1.3 puntos de porcentaje del PIB. Como resultado de estas medidas, se alcanzaría al final del año un superávit fiscal de 0.53% del PIB, sin contar los ingresos adicionales provenientes de la privatización de los ferrocarriles, las operaciones satelitales y los puertos.[3] Las principales reformas estructurales y los esfuerzos de privatización del nuevo programa incluían también un nuevo marco regulador que abriría los servicios telefónicos locales a la competencia extranjera para 1995 y el servicio de larga distancia para enero de 1997.

El gobierno anunció su decisión de permitir la participación extranjera hasta de 100% en las instituciones financieras nacionales ya existentes. Esta medida contribuirá grandemente a aliviar las preocupaciones por la solvencia financiera de algunas entidades y deberá fortalecer el proceso de liberalización del sistema financiero. Además, el programa económico hacía hincapié en que el crédito otorgado por los bancos de desarrollo no aumentaría en términos reales durante el año.

En lo tocante a la política monetaria, el banco central anunció su compromiso de implantar una política restrictiva a fin de estabilizar el mercado de divisas y buscar la estabilidad de los precios a corto plazo. De acuerdo con este objetivo, el Banco de México estableció un tope para el crecimiento de su crédito interno neto, de 12 000 millones de nuevos pesos para 1995. Este tope, que representaba un aumento de 21% en la base monetaria para el año, era congruente con una tasa de inflación proyectada de 19% y una tasa de crecimiento económico de 1.5% para el año. El tope de 12 000 millones de pesos nuevos se ajustó más tarde a 10 000 millones de nuevos pesos para 1995.

Los ajustes macroeconómicos del programa de enero se complementaron con un Fondo de Estabilización Cambiaria

[3] Los ingresos derivados de la privatización ascenderán a 14 500 millones de dólares durante el año.

de cerca de 18 000 millones de dólares (9 000 millones de las autoridades monetarias estadunidenses, 1 500 millones de dólares canadienses aportados por el Banco de Canadá, 5 000 millones de dólares del Banco de Pagos Internacionales y 3 000 millones de dólares de la comunidad bancaria internacional). Estos fondos permitirían que las reservas internacionales del Banco de México llegaran a cerca de 24 000 millones de dólares, que podrían utilizarse, si fuese necesario, para estabilizar los mercados financieros nacionales. Además, México suscribió un acuerdo contingente *(stand by)* con el Fondo Monetario Internacional y en febrero se llegó a un acuerdo que proveía el marco y los arreglos legales específicos de acuerdo con los cuales se utilizarían 20 000 millones de dólares aportados por los Estados Unidos para proveer préstamos, intercambios y garantías para México.

Todas las reformas anunciadas señalaban el firme compromiso de México de implantar políticas orientadas hacia el mercado y proveer a los inversionistas un ambiente adecuado y seguro para el desarrollo de nuevos proyectos. Sin embargo, a pesar de todas las acciones de política económica emprendidas a principios de 1995 y de la asistencia financiera recibida del exterior, la inestabilidad y la incertidumbre continuaron prevaleciendo en los mercados financieros y cambiarios. Esto se debía en gran medida a las dificultades en las negociaciones para el apoyo externo y a una percepción de que había aumentado el riesgo, por lo que México no ofrecía seguridad. Por lo tanto, las tasas de interés y la tasa de cambio continuaron mostrando gran volatilidad y llegaron a niveles inesperados.

Debido a lo anterior, las condiciones en los sectores reales y financieros siguieron deteriorándose. Además, las considerables desviaciones de las tasas de interés y de la tasa de cambio, de sus niveles deseados, provocaron crecientes preocupaciones acerca de la viabilidad del programa económico anunciado. En respuesta a la incertidumbre generalizada, el 9 de marzo de 1995 el gobierno reforzó el programa económico de 1995 con un conjunto de medidas adicionales.

El nuevo programa establecía los objetivos siguientes:

   i) restablecer la estabilidad financiera;
  ii) fortalecer las finanzas públicas y el sector bancario;
 iii) recuperar la confianza;
  iv) reforzar las bases del crecimiento sostenible a largo plazo;
   v) aumentar el ahorro interno;
  vi) reducir la dependencia del financiamiento externo;
 vii) disminuir los efectos de la crisis sobre la producción, el empleo y los ingresos de los trabajadores;
viii) promover el cambio estructural para incrementar la competitividad y los empleos permanentes bien remunerados, y
  ix) proteger los programas sociales del gobierno.

Teniendo esto en mente, se reforzó el programa de enero en cuatro grandes áreas de políticas:

   a) la corrección adicional de los balances públicos;
   b) una política monetaria restrictiva;
   c) el reforzamiento del sector bancario;
   d) un programa de salarios mínimos y empleo rural.

A continuación examinaremos cada una de estas áreas.

Política fiscal

En vista de la creciente necesidad de reducir la dependencia de los recursos externos para financiar el déficit de cuenta corriente, se consideró necesario promover el ahorro interno.[4] A su vez, se pensó que esto se lograría mejor incrementando el ahorro público. Por esa razón, se ajustó la meta del superávit fiscal primario a 4.4% del PIB en 1995. Este ajuste representaba 2.1 puntos de porcentaje del PIB de exceso con respecto a la cifra observada para 1994 (véase la gráfica VII.1). Por lo tanto, el Congreso aprobó un aumento en la tasa del impuesto al valor agregado, del 10 al 15% sobre todos los bienes, excepto en

---

[4] Por lo que corresponde a la baja tasa de ahorro interno de México, véase BANAMEX (1995).

las ciudades fronterizas, y la eliminación de las exenciones a lo largo de la cadena intermedia para alimentos y medicinas, mientras se seguía exentando a los consumidores finales de tales productos. Además, se incrementaron de inmediato los precios de la gasolina y las tarifas de la electricidad, en 35 y 20%, respectivamente. Estos precios se incrementarían en 0.8% mensual durante el resto del año.

Políticas monetarias y de tasa de cambio

El programa de marzo se puso en práctica bajo el supuesto de que continuaría el régimen de tasa de cambio flotante. Esto se decidió porque las condiciones económicas prevalecientes no permitían una regla de tasa de cambio diferente. Por lo tanto, la política monetaria tendrá que convertirse en el apoyo nominal de la economía.

En el contexto de la autonomía constitucional del Banco de México, el banco central continuará conduciendo la política monetaria de mantener la estabilidad de los precios. Con el fin de alcanzar este objetivo, el programa ratificó el tope de 10 000 millones de nuevos pesos para la expansión del crédito interno neto del banco central que se estableciera a principios de enero. En virtud de que la tasa de inflación para 1994 se revisó a 42%, el tope referido implica una política monetaria más restrictiva.

Además, en virtud de que los mercados financieros y de divisas mostraban gran volatilidad, y de que la tasa de cambio se desviaba considerablemente de lo que podría considerarse su nivel de equilibrio, el Banco de México anunció su intención de alcanzar los siguientes objetivos de corto plazo: i) restablecer la confianza y la estabilidad en los mercados financieros, ii) obtener una apreciación de la tasa de cambio, y iii) detener las salidas de capital y, finalmente, restablecer las entradas de capital. Se especificó claramente que la política monetaria se restringiría de inmediato si el peso experimentaba una nueva depreciación.

En vista de la necesidad creciente de actuar para permitir que los agentes económicos se protegieran contra las fluctuaciones de la tasa de cambio, se programó la iniciación de operaciones en un mercado de futuros del peso en México y un mercado de pesos futuros en la Bolsa Mexicana de Valores y en el Chicago Mercantile Exchange. Se contemplaron además otras clases de derivaciones.

Para facilitar el papel de la política monetaria como el apoyo nominal y aumentar la credibilidad en el programa, las autoridades económicas decidieron adoptar una nueva postura en lo relativo a la notificación de los indicadores fiscales y monetarios. En particular, se anunció que las estadísticas fiscales se darían a conocer cada mes, y que la información sobre las reservas internacionales y el crédito interno neto del banco central se revelaría cada semana. Además, el 17 de marzo de 1995, el Banco de México estableció un nuevo mecanismo para los requerimientos de reservas a fin de limitar la capacidad de los bancos para sobregirarse en sus cuentas con el banco central. Esta política mejoraría en mucho la administración de la liquidez diaria del banco central.

Proyectos para el fortalecimiento de la posición financiera de los bancos

La crisis tuvo un impacto importante sobre el sector bancario en cuanto problemas de liquidez, tanto en pesos como en dólares, y de calidad en su cartera de préstamos. El enfoque adoptado por las autoridades consistió en abordar estos problemas por separado mediante programas específicos.

La incertidumbre prevaleciente acerca de la evolución de la economía mexicana volvía más difícil la renovación de los suscritos certificados de depósito en dólares y el acceso a las líneas de crédito para los bancos comerciales. Las crecientes necesidades de los bancos para cumplir sus obligaciones en dólares generaban una presión adicional sobre el mercado de la moneda nacional. En consecuencia, el Banco de México, junto con el Fobaproa (Fondo Bancario de Promoción del Ahorro), creó una ventanilla especial de crédito en dólares, de aproximadamente 3 000 millones de dólares, para que los bancos la utilizaran como un recurso de última instancia.

A fin de mantener un nivel de capitalización adecuado en los bancos, se estableció el Programa de Capitalización Temporal (Procapte) como una instancia voluntaria para las instituciones de crédito con niveles de capitalización por debajo de 8%. Este programa permitirá que los bancos obtengan recursos a cambio de pagarés obligatorios convertibles subordinados, a fin de que lleguen a un nivel de capitalización de 9%. Los bancos podrán pagar la deuda subordinada en cuanto tengan de nuevo acceso a los mercados de capital. La conversión de los pagarés en acciones con derecho a voto ocurriría después de cinco años. Sin embargo, la conversión podría exigirse si las razones adecuadas del capital de los bancos bajara de los niveles ya especificados. Es importante destacar que el programa no tendrá ningún impacto monetario porque los bancos están obligados a depositar los fondos disponibles del programa en el banco central.

Además, se creó una nueva unidad monetaria de referencia (UDI) a fin de aliviar las preocupaciones que afectan a depositantes y prestatarios en los periodos de tasas inflacionarias inciertas y variables. Desde el punto de vista de los depositantes, la inflación implica no sólo una elevación de los precios, sino también que tal elevación ocurrirá a un ritmo difícil de pronosticar. Esto genera, a su vez, incertidumbre en lo tocante al rendimiento real de las inversiones en instrumentos como los depósitos bancarios y otros valores de deuda. En estas circunstancias, los inversionistas tienden a pedir un premio por el riesgo, para compensar su exposición a una tasa inflacionaria mayor que la esperada, y a acortar el vencimiento de sus inversiones.

Para los prestatarios, la transición de las tasas de inflación baja a alta crea un problema grave respecto al servicio de sus préstamos, debido a la aceleración del curso de amortización de tales créditos, expresada en términos reales. Esto ocurre porque las tasas de interés deben compensar al prestamista por la pérdida de valor del capital del préstamo. Por lo tanto, sobre base retrospectiva el componente real de las tasas de interés tiende a aumentar sustancialmente durante la transición a tasas inflacionarias más altas, debido al premio de riesgo demandado por los inversionistas. Además, la disponibilidad del financiamiento a largo plazo se desvanece prácticamente en un ambiente inflacionario.

La UDI es una unidad de cómputo de valor real constante que puede usarse como referencia para toda clase de transacciones financieras. El día de su creación, la UDI tiene un valor de N$1.00. El valor de la UDI evolucionará en proporción a la trayectoria del Índice de Precios al Consumidor y se actualizará y publicará diariamente. La UDI es sólo una unidad de cómputo; por lo tanto, cuando una inversión se realiza en UDI, el inversionista entregará la cantidad equivalente en pesos al valor dado de la UDI ese día. Del mismo modo, los pagos a los inversionistas, de capital e intereses, se harán también en pesos, calculando la cantidad correspondiente al valor de la UDI de ese día. El capital de los depósitos y los créditos constituidos en UDI se ajustará periódicamente, y el interés se pagará sobre el capital ajustado por el Índice de Precios al Consumidor.

El efecto de la creación de las UDI sobre los depositantes consiste en que sus ahorros quedan protegidos contra la erosión del valor real derivada de la inflación. En virtud de que los pagos de intereses se definen en términos de una tasa real positiva y se determinan en UDI, tales pagos de intereses también están protegidos contra el riesgo inflacionario. Para los prestatarios, las UDI implican que las tasas de interés reales tenderán a ser menores como consecuencia de la eliminación del premio de riesgo por la inflación. Más importante todavía es la desaparición de la amortización acelerada causada por la inflación.

Se diseñó un programa adicional para facilitar la conversión de los préstamos de pesos a UDI. El programa de reestructuración de los préstamos abordará las necesidades de las empresas pequeñas y medianas y las hipotecas al mejorar el flujo de efectivo del deudor. Esto se logrará eliminando la amortización acelerada de la deuda real que ocurre en un ambiente inflacionario.[5]

[5] Este capítulo se escribió antes de que el gobierno anunciara, en agosto de 1995, un paquete de medidas para devolver a los bancos los intereses pagados por los prestatarios. Por lo que toca a estas medidas más recientes, véase BANAMEX (1995).

Política salarial y social

Una característica importante de la agenda de Zedillo ha sido la preocupación por la reforma social. Desde el inicio de su campaña presidencial, Zedillo reconoció abiertamente la necesidad urgente de establecer un conjunto de programas sociales que se ocuparan de la atención médica, la nutrición y la educación, así como de la creación de empleos bien remunerados y el control de la contaminación. Los programas sociales se han considerado el mejor instrumento para incorporar, sobre una base permanente, a los segmentos más pobres de la población en el proceso de desarrollo.

En tal espíritu, el programa económico de marzo incluía un conjunto de normas orientadas hacia la protección de los trabajadores contra los efectos adversos de la crisis. Por ejemplo, se aprobó un aumento de 10% en el salario mínimo, mientras que todos los demás salarios serían libremente negociados entre empleadores y empleados. Además, se acordó el rembolso del impuesto al ingreso personal para aquellos trabajadores que no ganaran más de cuatro salarios mínimos.

Por otra parte, la atención médica proporcionada por el Instituto del Seguro Social se extendió a los trabajadores desempleados de dos a seis meses, y se implantó un programa de empleo rural en la construcción de caminos e infraestructura. El programa de marzo mantiene los recursos disponibles para subsidios de alimentos básicos, como las tortillas, el pan y la leche. De igual modo, se asignarán recursos gubernamentales a programas sociales, como los de salud, capacitación y educación. Continuarán aplicándose programas específicos para el combate de la pobreza extrema.

Debe recordarse que justo antes de que la nueva administración entrara en funciones en diciembre de 1994, Zedillo presentó un programa económico de 10 puntos dirigido a la estimulación de la actividad económica. El programa destacaba también la necesidad de lograr la estabilidad de los precios mediante una administración macroeconómica prudente. Los 10 elementos del programa eran los siguientes: *1)* incentivos para la inversión; *2)* inversión en capital humano y salud; *3)* estímulos fiscales para la inversión; *4)* promoción del ahorro y de un sistema financiero competitivo; *5)* desregulación de la economía; *6)* acceso a los insumos intermedios y la infraestructura para ganar competitividad; *7)* avance tecnológico; *8)* competencia extranjera justa; *9)* desarrollo del sector agrícola, y *10)* ambiente ecológico saludable.

Los principales elementos de la agenda de Zedillo destacan claramente los conductos por los que México deberá alcanzar tasas de crecimiento económico sostenibles. Los incentivos otorgados a sectores específicos, el estímulo a la inversión y la necesidad de ser más eficientes y competitivos describen la esencia del programa. Las metas del programa sólo podrán alcanzarse profundizando la desregulación e incrementando el papel de las fuerzas del mercado en la economía, al mismo tiempo que se limita en mucho el papel del Estado en el establecimiento del marco legal y administrativo apropiado para el fortalecimiento de la competencia en los mercados internos. La estabilidad de los precios y un ambiente propicio para la inversión proporcionan la base de la promoción de la eficiencia. Éste es el único camino para que México se integre con éxito a la economía global.

Conclusiones

La economía mexicana ha experimentado una verdadera revolución económica durante el último decenio, pasando de una estrategia de desarrollo dirigida por el gobierno, con normas orientadas hacia dentro y una intervención gubernamental generalizada, a una economía más orientada hacia el mercado, caracterizada por la liberalización comercial y financiera, con un papel mucho mayor para la competencia, los incrementos de la productividad y el mejoramiento de la eficiencia.

A pesar de la crisis económica actual, la administración de Zedillo está comprometida con una economía más eficiente y competitiva que cimentará las bases de los mercados financieros estables y de tasas de crecimiento económico sostenibles. Sin embargo, debe reconocerse que el mejor procedimiento para el éxito de la política económica en tal empresa es el restablecimiento de la confianza en la administración macroeconómica y el aseguramiento de la estabilidad de los precios. Éste es precisamente el objetivo de las medidas de política económica recientemente emprendidas.[6]

La norma económica se basa ahora en la desarrollo de mercados internos por medios como la competencia y una creciente apertura de la economía a los mercados extranjeros. La política económica destaca la promoción de las exportaciones y los incentivos para la inversión. La crisis actual ha incrementado la necesidad de que el país se vuelva más eficiente y productivo, y el programa económico en vigor tiene fundamentalmente ese propósito. El sector exportador mexicano también debe volverse más eficiente y productivo para penetrar más en los mercados internacionales. Sólo entonces podrán las exportaciones estimular tasas de crecimiento económico mayores y sostenibles, así como crear oportunidades de empleo más permanentes.

Aunque el régimen de tasa de cambio prevaleciente antes de la crisis actual resultó muy útil para el abatimiento de la inflación y sirvió como el apoyo nominal de la economía, las circunstancias actuales aconsejan un régimen de tasa de cambio flotante como el único curso viable de la política económica. Por lo tanto, la norma monetaria se convertirá en el apoyo nominal de la economía. El Banco de México está comprometido con la notificación transparente de la información monetaria oportuna. La prontitud de los datos sobre las operaciones del banco central aumentará la capacidad del público para evaluar la postura de la política monetaria y el cumplimiento del objetivo del banco central de asegurar la estabilidad de los precios.

Las políticas económicas recientemente emprendidas han provisto a la economía mexicana de fuertes cimientos para un pronto retorno de la estabilidad macroeconómica y para la búsqueda del crecimiento económico sostenible. La agenda económica de Zedillo destaca enfáticamente la necesidad de volvernos más eficientes y productivos. El mejor camino para

---

[6] Durante su visita oficial a los Estados Unidos, en octubre de 1995, el presidente Zedillo pudo demostrar el vigor de las políticas macroeconómicas actuales reintegrando parte de los fondos provistos en febrero por el gobierno de los Estados Unidos.

alcanzar esta meta es la promoción de la competencia en los mercados internos mediante un marco legal apropiado que otorgue oportunidades iguales a todos los agentes económicos y desaliente el comportamiento de colusión. La promoción de los programas sociales y la asignación de recursos a los sectores más pobres ayudarán a aliviar la carga y la severidad de la crisis.

VIII. RELACIONES ENTRE EL ESTADO Y LAS EMPRESAS EN EL MÉXICO CONTEMPORÁNEO

BLANCA HEREDIA

LOS INVERSIONISTAS privados han tenido siempre una posición privilegiada en la sociedad mexicana. Pero durante el último decenio, la fuerza económica y política de las empresas se ha incrementado notablemente. Dos grandes cambios se encuentran detrás de esta tendencia: la formidable expansión de la movilidad internacional del capital y la transición de México hacia una economía de mercado. Además, la expansión del poder de las empresas es sólo parte de una transformación más amplia y más profunda. La mayor movilidad del capital, aunada a la liberalización económica y la reforma del Estado, ha modificado radicalmente el contexto de la acción estatal, la actividad económica privada y las relaciones sociales en general. Estas transformaciones han redefinido también los términos de las relaciones Estado-empresas y han colocado tales relaciones en el centro de un vasto proceso de reorganización social, política y económica.[1]

El desplazamiento de México hacia el mercado se inició a mediados de la década de 1980. Como en toda la América Latina, el desplazamiento mismo estaba impulsado en gran medida por la conjunción de dos factores fundamentales: el colapso de las finanzas estatales y el crecimiento trascendental de la movilidad internacional del capital. La aguda necesidad financiera en el contexto de una elevada movilidad del capital incrementó la vulnerabilidad del Estado frente a los acreedores internacionales y los inversionistas privados, y propor-

---

[1] Sobre este punto, Edward Gibson ha sostenido convincentemente, por ejemplo, que durante el último decenio "el 'punto de apoyo de las coaliciones' de la política latinoamericana ha cambiado de las relaciones Estado-trabajadores a las de Estado-empresas". Véase Gibson (1994), p. 2.

cionó el impulso básico para la adopción de programas de reforma de largo alcance en dirección del mercado.[2] A su vez, la liberalización económica magnificó de nuevo el poder estructural en expansión de las empresas. Lo hizo ampliando aún más la autonomía de decisión y las opciones de inversión a disposición de los inversionistas privados, así como asegurando tales ganancias mediante la introducción de una serie de grandes reformas institucionales.

Este capítulo analiza la interacción existente entre las relaciones empresas-gobierno y la liberalización económica en México. La primera sección examina el papel de las cambiantes relaciones empresas-gobierno en el desplazamiento de México hacia el mercado. La segunda sección analiza la profundización de la reforma orientada al mercado durante la administración de Salinas (1988-1994) y sus efectos sobre el aparato estatal y sobre la distribución del poder en la comunidad empresarial. La última sección describe la recomposición de la alianza entre estos actores durante el mismo periodo.

En este texto se utilizará el término "empresa" en referencia a aquellos individuos que ejercen un control discrecional sobre los recursos de inversión privados y cuya motivación básica es la maximización de las ganancias en el ejercicio de tal control. A menos que se especifique otra cosa, se usarán como sinónimos los término "empresa", "sector privado", "inversionistas privados" y "élites económicas privadas".

EL DESPLAZAMIENTO HACIA EL MERCADO:
DIFICULTAD FINANCIERA Y MOVILIDAD DEL CAPITAL:
LA ESTRUCTURA DE LAS RELACIONES EMPRESAS-GOBIERNO

La capacidad para afectar en forma privada y unilateral el bienestar material de la colectividad distingue a los capitalistas de los demás grupos sociales y constituye el recurso de poder más importante de las empresas.[3] La existencia de este recurso está estructuralmente dada. Pero su magnitud y su eficacia

---

[2] Por lo que toca a la conexión entre la movilidad del capital y la reforma del mercado, véase Winters (1996), capítulo 1.
[3] Véase Offe y Wiesenthal (1980), pp. 67-115.

para asegurar los intereses de las empresas tienden a variar en forma considerable entre las naciones y a través del tiempo.

Entre los numerosos factores que influyen sobre la magnitud y la eficacia del poder estructural de las empresas, dos parecen peculiarmente importantes: la disponibilidad relativa de fuentes de financiamiento e inversión no controladas por el sector privado, y el alcance de las opciones de inversión rentable abiertas a los inversionistas privados en cualquier momento.[4] La primera variable determina el valor de escasez de la inversión privada: cuando son abundantes las fuentes de la inversión, el poder estructural de los inversionistas privados tiende a disminuir, y viceversa. La segunda variable afecta la capacidad de negociación de los gobiernos y de todos los grupos que dependen de la inclinación de los capitalistas a invertir. *Ceteris paribus*, mientras más amplias sean las opciones afrontadas por los inversionistas, mayor será el costo de la retención y la atracción de capital privado para un sector o lugar dados.

Además de ser variable en magnitud y eficacia, el poder estructural de las empresas tiende a distribuirse en forma desigual entre los inversionistas y a tener una naturaleza en esencia negativa: desigualmente distribuido, porque no todos los inversionistas privados que operan en una sociedad dada tienen la misma capacidad para afectar de modo unilateral y decisivo los resultados económicos agregados; negativo, porque el poder estructural se ejerce mediante vetos y restricciones sobre el comportamiento gubernamental, no mediante la movilización directa de las voluntades colectivas.

La capacidad del Estado para mantener funcionando economías y sociedades depende en gran medida de la inclinación de los inversionistas privados para ahorrar e invertir en el país.[5] Las elecciones de los inversionistas privados y su capacidad para alcanzar metas preferidas no son inmunes, sin embargo, al comportamiento gubernamental. Los inversionistas requieren protección para su propiedad y deben generar ganancias a fin de sobrevivir y prosperar. Los estados proveen a los inver-

---

[4] El alcance se ve profundamente afectado por dos factores principales: el grado de diversificación y las oportunidades para la movilidad internacional.

[5] Por lo que toca a la dependencia estructural del Estado frente a los capitalistas, véase Przeworski y Wallerstein (1988), pp. 11-29.

sionistas de protección, y mediante la legislación y diversas clases de intervención tienden a afectar decisivamente las tasas del rendimiento privado. La capacidad del Estado para influir en las elecciones que hagan los inversionistas varía considerablemente entre los periodos y los sectores. El potencial para llevarlo a cabo es también un hecho estructural dado, no obstante, desde que está arraigado en el control separado del cuerpo político y de la economía que caracteriza a toda economía de mercado.[6]

La separación institucional entre el cuerpo político y la economía obliga a las empresas y al gobierno a ajustarse a las preferencias del otro.[7] Tal separación convierte también la coordinación efectiva entre ellos en un aspecto determinante del desempeño económico y político agregado.[8] Por ejemplo, el crecimiento económico y la estabilidad democrática requieren una coordinación entre ellos. La coordinación, aunque necesaria, no basta para asegurar ni lo uno ni lo otro (véase el capítulo III).[9]

En suma, el tipo de colaboración entre las empresas y el gobierno es tan importante como el grado de coordinación existente entre ellos para la producción de resultados económicos y políticos colectivos. Ambos son sumamente dependientes de sus posiciones relativas de poder. Ambos tienden a verse muy influidos también por la naturaleza de las instituciones a través de las cuales se procesan sus interacciones.

DE LA COOPERACIÓN A LA CONFRONTACIÓN

Desde 1940 hasta 1970, las relaciones entre las empresas y el gobierno de México mostraron altos niveles de coordinación

---

[6] Véase Lindblom (1977), pp. 178-180.

[7] Michael Barzelay sostiene que la necesidad de un ajuste mutuo entre las empresas y el gobierno es particularmente grande en las a menudo muy politizadas economías de las naciones en vías de desarrollo. Véase Barzelay (1986), pp. 14-16.

[8] Véase en MacIntyre (1994), pp. 1-28, un análisis reciente y una reseña concisa de la importancia de las relaciones Estado-empresas para la explicación de las variaciones del desempeño económico.

[9] En lo referente a los diversos tipos de cooperación y su impacto sobre la calidad y la eficacia de la política económica, véase Schneider (1993).

tácita y cooperación explícita.[10] Este modelo cooperativo de interacción se construyó alrededor de un programa de desarrollo basado en el activo apoyo estatal para la acumulación de capital privado a cambio del compromiso de las empresas de ahorrar e invertir en el país. La colaboración estrecha se basaba asimismo en un tácito acuerdo político: a cambio del control de los sectores populares y el uso favorable del poder estatal discrecional, las empresas abdicaban a la intervención política activa y aceptaban operar en un contexto desprovisto de controles institucionales eficaces en cuanto a la acción gubernamental.

La cooperación entre las élites económicas y políticas resultaba extraordinariamente rentable para ambos actores y tendía, además, a ocasionar también importantes beneficios agregados. La economía experimentaba tasas de crecimiento elevadas y sostenidas, y prevalecía la estabilidad política. Las profundas transformaciones sociales provocadas por la rápida industrialización y la naturaleza marcadamente desigual —en términos sectoriales, regionales y de ingresos— del proceso de crecimiento del país acabó por erosionar, sin embargo, las condiciones sociales, políticas y económicas bajo las que había operado el acuerdo entre las empresas y el gobierno.

Los límites del modelo interno de desarrollo de México, así como su fórmula política autoritaria y excluyente, se hicieron más evidentes hacia fines de la década de 1960. Las tasas de la inversión privada empezaron a bajar; el déficit fiscal, a crecer, y los saldos externos, a deteriorarse. En el campo político, las señales de agudización eran más evidentes aún.

El aumento de los problemas en el campo económico y el político preparaban el escenario para las tensiones crecientes en las relaciones gobierno-empresas. Dos factores resultaron fundamentales, sin embargo, para atizar el conflicto y minar la cooperación: la expansión de la intervención estatal directa y la rápida integración de la economía mexicana en los mercados financieros internacionales muy líquidos de la década de 1970.[11]

---

[10] Por lo que toca a la evolución histórica de las relaciones Estado-empresas en México, véanse Arriola (1988); Camp (1989); Hernández (1988).

[11] Véase Maxfield (1990), capítulos 4 y 5.

El intento de salvar la estrategia de desarrollo orientada hacia el interior de México y su modelo autoritario y excluyente
mediante la expansión de la intervención estatal resultó un
fracaso. A su vez, la internacionalización y la abundancia financieras tuvieron dos consecuencias cruciales para las relaciones gobierno-empresas, o sea, redujeron la sensibilidad de
las élites estatales frente a las élites económicas privadas, lo
que permitió que siguieran un curso fiscal y monetario marcadamente expansionista. Estos procesos también ampliaron,
sin embargo, las opciones de financiamiento y las posibilidades de inversión de los controladores del capital privado, lo
que redujo la capacidad del gobierno para influir sobre su
comportamiento.[12]

La extraordinaria expansión de la economía pública junto
con la rápida internacionalización financiera minó el antiguo
pacto entre las empresas y el gobierno.[13] Las tensiones acumuladas explotaron en 1982, cuando el presidente López Portillo expropió la banca privada en un último intento por recuperar el control de la economía. La nacionalización bancaria
y la expropiación parcial de los activos constituidos en dólares
asestaron un golpe demoledor a largos decenios de cooperación entre las empresas y el gobierno. Las medidas expo-
nían los enormes riesgos de un arreglo basado en el poder
estatal discrecional sin freno alguno y hacían que las empresas estuvieran sumamente conscientes de la necesidad de
limitar tal poder.[14] Se incrementó la fuga de capitales, creció
la demanda en favor de reducir la intervención del Estado
en la economía, y la petición de democracia política se incorporó explícitamente al discurso empresarial por primera vez.[15]

---

[12] El acceso al crédito externo barato desató un importante proceso de concentración y conglomeración. Véanse Hoshino (1991) y Amezcua (1991). La
internacionalización financiera permitió que los propietarios financiaran la
adquisición de nuevos activos contratando deudas a nombre de sus empresas,
al mismo tiempo que protegían su capital enviándolo al exterior. Véase un
análisis detallado de este proceso en Basave (1994).

[13] Véase Arriola (1988).

[14] Véase Elizondo (1993a), capítulo 1.

[15] En lo que respecta a la activación política de las empresas durante la década de 1970, véase Luna (1992).

LA CRISIS Y EL CAMBIO: LIMANDO ASPEREZAS

La explosión de la crisis de la deuda, a mediados de 1982, marcó el final del breve periodo de autonomía financiera de que disfrutaba el Estado mexicano debido al crédito externo barato y a las abundantes exportaciones petroleras. Las restricciones que normalmente impone el control privado sobre el capital a la política económica fueron reafirmadas con mayor severidad. La astringencia financiera, la necesidad apremiante y la carencia de opciones fortalecieron el poder de los tenedores de activos móviles y los acreedores internacionales, y redujeron severamente el margen de maniobra del gobierno.

Miguel de la Madrid asumió la presidencia en diciembre. La primera y más urgente de las tareas que afrontaría su administración sería el control de la crisis y la estabilización de la economía. Para realizarla, el gobierno debía satisfacer dos condiciones básicas: detener la fuga de capitales y llegar a un acuerdo con sus acreedores internacionales.

La observación de la demanda de los acreedores internacionales de que se ajustaran rápidamente los déficit fiscal y externo implicaba importantes costos políticos. El control del gobierno sobre el trabajo organizado y su dominio directo de la fuente principal de los ingresos de divisas facilitaban el proceso de ajuste, lo que ayudó a posponer la introducción de cambios más costosos y de largo alcance. Ambos factores fueron cruciales para facilitar la fase inicial del ajuste. El último fue fundamental, porque permitió que el gobierno recurriera a la devaluación para reducir tanto el déficit fiscal como el externo.[16]

Más difícil fue el restablecimiento de una relación funcional con las empresas nacionales, dado el clima de desconfianza y confrontación generado por la nacionalización de la banca. Sin embargo, esta tarea era vital, porque de ella dependían la estabilización macroeconómica y la reanudación del crecimiento económico. El gobierno utilizó varias estrategias para recuperar el apoyo económico y la lealtad política de las em-

[16] Véase Ros (1993), pp. 297-321.

presas. Otorgó a las élites económicas numerosas concesiones especiales, persuadió a los líderes recalcitrantes y aprovechó enérgicamente las escisiones y diferencias internas del sector privado. Por último, se logró la reconciliación, pero el proceso fue extraordinariamente lento y complejo, pues involucraba negociaciones continuas y difíciles, y se realizó en dos fases enteramente distintas.

Fase uno: el proyecto restaurador

El enfoque inicial del presidente De la Madrid en lo tocante a las empresas fue el de buscar la restauración del *statu quo* anterior. La estrategia resultó relativamente exitosa hasta 1985. Pero a partir de 1986, se volvió cada vez más insostenible. El plan de reconciliación original tenía tres componentes básicos: el restablecimiento de la comunicación y la colaboración con las grandes empresas; la marginación de los líderes empresariales radicales, y la ratificación de la alianza del gobierno con los industriales privados.

Varios factores contribuyeron al restablecimiento relativamente rápido de una relación funcional entre el gobierno y las grandes élites empresariales. El primero fue el FICORCA, programa financiero patrocinado por el gobierno que ayudaba a las grandes empresas a restructurar sus obligaciones con el extranjero. El FICORCA permitió que el gobierno evitara moras y quiebras masivas en un momento en que era claramente incapaz de obligar a los propietarios a usar sus ahorros en el extranjero para pagar las deudas de sus empresas. El programa tuvo mucho éxito en términos financieros y resultó fundamental para la promoción del acercamiento con las grandes empresas. La alta prioridad otorgada por el gobierno a la necesidad de consultas estrechas y frecuentes con las grandes élites económicas también fue muy útil. El presidente y los ministros económicos procuraron reunirse regular y frecuentemente con las élites empresariales. Las reuniones tendían a ser cerradas e informales. Esto facilitaba la comunicación y estimulaba la cooperación entre ellos.

Cuando De la Madrid tomó posesión de la presidencia, los

presidentes de tres de la organizaciones más importantes del sector privado del país (la Confederación Patronal de la República Mexicana, COPARMEX; la Confederación de Cámaras Nacionales de Comercio, CONCANACO, y el Consejo Coordinador Empresarial, CCE) provenían de las filas de las corrientes de la comunidad empresarial más activamente politizadas y antigobiernistas. Este estado de cosas implicaba importantes costos efectivos y potenciales, ya que minaba las funciones de control de las organizaciones empresariales en términos económicos y políticos. El gobierno trató activamente de revertir la politización del sector privado. Lo hizo influyendo en los procesos de selección de líderes de las organizaciones empresariales y mediante el empleo de incentivos y restricciones particulares para promover la lealtad y desalentar la oposición.

El tercero y último de los componentes del plan de reconciliación inicial de De la Madrid se refería a la ratificación de la industria como el aliado sectorial fundamental del gobierno dentro del sector privado. El mantenimiento del apoyo y la lealtad activa de los industriales privados era especialmente importante durante los primeros años de la administración de De la Madrid. Esto era así a causa de que el gobierno había perdido a su otro aliado fundamental —los banqueros privados— y porque ningún otro sector de la comunidad empresarial tenía tanto peso como la industria privada. Para conservar el apoyo de los industriales —en su mayor parte orientados hacia el mercado interno—, resultó muy valioso el mantenimiento de una economía esencialmente protegida hasta mediados del decenio de 1980, así como la continuación de la intervención estatal activa en la promoción de la industria.

La estrategia de restauración de De la Madrid en relación con las empresas —sobre todo en lo tocante a la alianza con la industria— empezó a flaquear entre 1985 y 1986. El colapso de los precios del petróleo privó al gobierno de un activo decisivo y elevó el poder de los acreedores internacionales y los tenedores de activos móviles a niveles sin precedentes.[17] A media-

---

[17] Entre 1985 y 1986 bajó el precio medio del petróleo de 25.54 a 11.99 dólares por barril. En consecuencia, la recaudación gubernamental proveniente del petróleo bajó de 5.8 a 3.8% del PIB. Macro Asesoría Económica (1991), pp. 542, 555.

dos de 1985, el gobierno empezó a aplicar un ajuste estructural a fondo. Entre 1985 y 1988 se desmanteló la estrategia comercial proteccionista de México. Durante el mismo periodo, la privatización y la desregulación se emprendieron con eficacia.

La radicalización de lo que se había iniciado como una estrategia de reforma estructural gradual, cautelosa y selectiva redefinía los parámetros de las relaciones existentes entre el sector privado y el Estado y volvía inviable el intento original de De la Madrid de restablecer el antiguo pacto con ese sector.

Fase dos: hacia un nuevo arreglo

El desplazamiento hacia el mercado señalaba el fin de la estrategia de desarrollo impulsado por el Estado y orientado hacia el interior, alrededor de la cual se había basado tradicionalmente la colaboración del gobierno con amplios segmentos de la comunidad empresarial mexicana. A partir de 1986, las relaciones de poder en el sector empresarial y en el aparato estatal experimentaron grandes cambios y dieron origen a un nuevo modelo de interacción entre las élites estatales y los inversionistas privados. La redefinición de las relaciones Estado-empresas evolucionó más o menos espontáneamente durante 1986 y 1987, y sólo en 1988 pasó a formar parte de una estrategia política más explícita.

Durante la segunda mitad de la administración de De la Madrid, dos segmentos del medio empresarial adquirieron una posición central y un peso cada vez mayores: el de los exportadores y el de los nuevos grupos financieros privados. La creciente importancia de los primeros se relacionaba esencialmente con el desplazamiento hacia el exterior. El crecimiento meteórico de una nueva élite financiera privada se debió, por su parte, a la formidable expansión del sector financiero no bancario a partir de 1983.[18] Esta expansión fue inicialmente

---

[18] Los Certificados de Tesorería gubernamentales (por ejemplo, los CETES) fueron decisivos en esta expansión. En virtud de que se otorgó a casas de bolsa privadas el derecho exclusivo de negociar esos bonos en el mercado primario, la bolsa de valores y las casas de bolsa experimentaron una expansión

estimulada por el intento de la administración de De la Madrid de frenar la fuga de capital, así como por la creciente dependencia financiera del gobierno ante las fuentes de crédito internas, dada la repentina inviabilidad del financiamiento externo. La formidable expansión del sector financiero no bancario implicaba una recomposición radical de la élite empresarial de México. El proceso beneficiaba a algunos de los grupos importantes que habían dominado tradicionalmente la actividad económica del país. Sin embargo, el grueso de sus beneficios fluía hacia un nuevo grupo de inversionistas privados, en su mayor parte inexistentes o marginales antes de 1982.

Los desplazamientos del poder en el sector empresarial, impulsados por la estabilización y el ajuste estructural, se vieron acompañados de grandes cambios en la correlación de fuerzas en el seno del propio aparato estatal. El impulso en favor de los mercados minaba gravemente a las élites de la política desarrollista y fortalecía a una nueva generación de élites tecnocráticas favorables al mercado. Estos desplazamientos acabaron por destruir la infraestructura institucional del antiguo pacto entre las empresas y el gobierno, permitiendo que un grupo de tecnócratas en ascenso utilizara la reforma en pro del mercado como el vehículo privilegiado para la construcción de un nuevo tipo de alianza con las élites económicas (véase el capítulo IV).

Las tensiones asociadas con la redefinición de las relaciones existentes entre el Estado y el sector privado, y en particular con la progresiva marginación de los industriales orientados hacia el interior, aunque importantes, tendían a verse mitigadas por tres factores principales. El primero era la presencia continua —aunque debilitada— de los organismos estatales y las élites desarrollistas hasta 1987. El segundo se relacionaba con el hecho de que los costos impuestos por la liberalización

formidable. De 1982 a 1990, aumentó en 587% la participación de las casas de bolsa en el flujo total de los fondos administrados por el sistema financiero, mientras que la del sistema bancario disminuía 40.15%. Véase *La Jornada*, 6 de enero de 1992, p. 27 (cifras basadas en datos del banco central). Por otra parte, de 1983 a 1988 las casas de bolsa vieron crecer sus activos de capital casi 600 veces. Véase Secretaría de Hacienda y Crédito Público (1988), p. 143.

comercial sobre la sustitución de importaciones no se hicieron plenamente evidentes antes de la administración de Salinas (1988-1994), debido a los efectos amortiguadores de una tasa de cambio subvaluada. El último factor importante, que facilitaba la transición de un arreglo de base amplia centrado en la industria a otro cada vez más excluyente, se relacionaba con la operación de las estructuras corporativistas y clientelistas de intermediación de intereses que limitaban la autonomía organizacional de los grupos empresariales afectados de manera negativa, así como su capacidad para actuar colectivamente.

Los contornos de un nuevo tipo de colaboración entre las empresas y el gobierno se definieron gradualmente en el curso de la última mitad de la administración de De la Madrid. Sin embargo, el punto de desviación decisivo de la recomposición efectiva de las relaciones entre estos agentes, así como de la definición de la naturaleza precisa de los arreglos emergentes, derivó del Pacto de Solidaridad Económica (PSE) de diciembre de 1987.[19] En el curso del PSE, empezó a definirse explícitamente el nuevo modelo de colaboración entre las empresas y el gobierno. Tres componentes del PSE fueron particularmente importantes: el compromiso gubernamental en favor de acelerar la privatización y la desregulación; la centralidad otorgada al Consejo Coordinador Empresarial, y el uso del poder de mercado de los grandes detallistas para disciplinar a las empresas privadas.

La participación de grandes élites empresariales en el PSE fue el primer indicador visible de que finalmente habían rendido fruto los esfuerzos constantes de De la Madrid por limar asperezas con las empresas. El acercamiento entre ellos recibió un impulso adicional pocos meses después, cuando la espectacular actuación de la coalición de centro-izquierda encabezada por Cuauhtémoc Cárdenas en las elecciones de julio de 1988 acabó por convencer plenamente a las grandes empresas de que su mejor apuesta era la continuación de su apoyo al PRI (véase el capítulo III).[20]

[19] Véase Kaufman, Bazdresch y Heredia (1994), pp. 360-410.
[20] Sobre el impacto del reto de Cárdenas a las relaciones Estado-empresas véase Valdés (1994), pp. 229-231.

La reforma de las empresas y la transformación del Estado: los años de Salinas

Carlos Salinas asumió la presidencia en diciembre de 1988, tras una elección insólitamente disputada y en medio de extensos alegatos de fraude electoral. Salinas no perdió tiempo para revelar su decisión de fortalecer los lazos con las grandes élites empresariales y profundizar la reforma en favor del mercado. En su discurso inaugural, mientras destacaba la necesidad de reanudar el crecimiento económico, anunció:

> ...Estimularemos la iniciativa privada y promoveremos, conforme a la Constitución, las condiciones que permitan al sector privado contribuir al desarrollo nacional. En la recuperación de la actividad económica, la inversión privada jugará un papel fundamental, dadas la salud y la fuerza financieras de las empresas privadas. Las exportaciones no petroleras serán cruciales para la reanudación del crecimiento.[21]

Más adelante señalaba:

> A las empresas, ratifico mi compromiso de generar un ambiente favorable para la inversión privada y, por ende, para el empleo y el bienestar. Expreso la firme resolución de ayudar *a los empresarios modernos que arriesguen su capital y su talento* y que sean sensibles y respetuosos de las demandas de otros grupos sociales. Expediremos reglas claras y daremos certeza al comportamiento del gobierno. Simplificaremos las regulaciones que obstruyen la producción y sólo benefician a las burocracias. Promoveremos los flujos de inversión extranjera, guiados por nuestras prioridades, a fin de generar empleos y transferencias tecnológicas, así como para incrementar las exportaciones.[22]

Desde el principio, quedó claro que era genuino el compromiso de Salinas en favor de la reforma del mercado, así como su apoyo activo a las empresas "modernas". A partir de 1989, la estabilización de los precios siguió siendo una alta priori-

---

[21] Véase Salinas de Gortari (1988), p. 12.
[22] *Ibídem.*, pp. 24-25. Subrayado nuestro.

dad, y la liberalización económica se aceleró, amplió y profundizó.[23]

La reforma económica en acción

Durante el primer año de la nueva administración se otorgó prioridad a la restructuración de la deuda externa del gobierno. La renegociación de 1989-1990 logró reducir el monto de la deuda vigente, así como el costo de su servicio.[24] La renegociación exitosa de la deuda, aunada a la liberalización progresiva del régimen de inversión extranjera de México, resultó decisiva para revertir la salida neta de capital y promover el regreso pleno de México a los mercados financieros internacionales privados. En términos de la estabilización macroeconómica, la reducción de la carga de la deuda y la inyección masiva de recursos financieros extranjeros fueron cruciales, porque contribuyeron a la reducción del déficit financiero del gobierno y al mantenimiento de una tasa de cambio semifija para conservar los precios internos (véase el capítulo VII).

Con Salinas, el proceso de desincorporación (es decir, la privatización, la fusión y la liquidación de empresas estatales) experimentó un salto cuantitativo y cualitativo. A partir de 1989, aumentó el tamaño promedio de las entidades privatizadas, al igual que la recaudación generada por su venta.[25] Entre las entidades privatizadas se encontraban algunas de las empresas más grandes del país (como Teléfonos de México, Mexicana de Aviación, Aeroméxico, Compañía Minera Cananea, Altos Hornos de México y Aseguradora Mexicana), así como el grueso del sistema bancario nacionalizado.[26] Como consecuencia del proceso de desincorporación, bajó el núme-

---

[23] La inflación bajó de 19.7% a 8.0% entre 1989 y 1993. Véase Banco de México (1993).

[24] En cuanto al proceso de renegociación de la deuda, véase Gurría (1993).

[25] Entre diciembre de 1982 y noviembre de 1988, el gobierno privatizó 155 empresas estatales, lo que significó una recaudación cercana a 1500 millones de pesos. Entre diciembre de 1988 y noviembre de 1992, sé privatizaron otras 155 empresas, pero la recaudación obtenida por el gobierno fue de 64 900 millones de pesos. Véase Rogozinski y Casas Guzmán (1993), p. 47.

[26] Por lo que corresponde a la reprivatización de los bancos, véase Ortiz Martínez (1993).

ro de entidades paraestatales de 618 en 1988 a 209 en septiembre de 1993.[27]

También en el terreno de los impuestos se lograron avances
importantes.[28] Ello ocurrió sobre todo en lo tocante a la cobertura del sistema, la eliminación de lagunas, la expansión
de la base tributaria y la reducción radical de la evasión fiscal
a través de una aplicación excepcionalmente rigurosa y uniforme de las reglas legales.[29] La reforma fiscal de Salinas con-
trastó con las reformas anteriores en su carencia de objetivos
redistributivos y en el hecho de que su introducción no implicaba una reducción de la inversión privada. De hecho, en contraste con la administración de De la Madrid, cuando el promedio de las tasas de crecimiento de la inversión privada fue
de −1.5%, la inversión privada creció a un promedio anual de
9.8% entre 1989 y 1993.[30]

Por lo que toca a la política comercial, en virtud de que la
fase unilateral de la apertura comercial se había completado
virtualmente para 1988, el nuevo gobierno concentró su atención en la negociación de diversos acuerdos comerciales internacionales, en el perfeccionamiento de la legislación anti-
dumping, así como en la modernización administrativa de la
Secretaría de Industria y Comercio. A pesar de la ausencia de
nuevas reducciones de los niveles de la protección comercial
(véase el cuadro VIII.1), el periodo 1989-1994 fue decisivo, porque fue durante esos años cuando la liberalización empezó
efectivamente a "morder". Comenzó a hacerlo gracias a la recuperación de la actividad económica interna y, sobre todo,
debido a la pérdida progresiva de la protección inicial de la
tasa de cambio causada por el cambio a un régimen de tasa de
cambio semifija (véase el cuadro VIII.2).

[27] Presidencia de la República (1994), p. 43.

[28] Como resultado de la reforma tributaria, aumentó en un millón la cantidad de contribuyentes registrados entre 1988 y 1990, mientras que el total de
la recaudación tributaria aumentó de 8.5% del PIB en 1987 a 10.8% en 1991.
Véase Elizondo (1993a), pp. 150-190.

[29] El tratamiento otorgado a los evasores fiscales ha sido un indicador reve-
lador de la novedad radical de la actitud y el comportamiento del gobierno en
los asuntos fiscales. Mientras que de 1921 a 1987 sólo dos evasores de impuestos terminaron en prisión, en 1988 el gobierno consignó a siete, en 1989
a 50 y en 1990 a cerca de 400, entre ellos varios empresarios.

[30] Véase Aspe (1994), p. 17.

CUADRO VII.1. *Niveles de la protección comercial*
(1988-1992)

Año	Arancel medio	Licencias*
1988	10.5	16.6
1989	13.1	18.4
1990	13.1	13.6
1991	13.1	9.1
1992	13.1	10.1

*Cobertura del valor total de las importaciones.
FUENTE: Sánchez Ugarte (1994), p. 90.

CUADRO VII.2. *Protección implícita efectiva.*
Manufacturas

Año	Ajustada por la TCR*
1988	34.8
1989	12.4
1990	13.5
1991	13.8

*Tasa de cambio real.
FUENTE: Sánchez Ugarte (1994), p. 93.

Durante la administración de Salinas, la desregulación de la actividad económica interna también se amplió y profundizó, aunque no de manera uniforme. Se redujeron los controles gubernamentales directos sobre las transacciones privadas, y las reglas que gobernaban tales transacciones se hicieron más simples y flexibles. Según sus arquitectos, dos objetivos centrales guiaron el proceso de desregulación: la promoción de la competencia y la reducción de los costos de transacción.[31] En la promoción de estos objetivos se prestó particular atención a la sustitución de la discreción por reglas uniformes y transparentes. La desregulación abarcaba varios mercados, pero uno de los más prominentes era el mercado financiero.

[31] Véase Levy (1993), pp. 117-120.

Entre 1988 y 1994, el sistema financiero de México experimentó grandes transformaciones. Como mencionamos con anterioridad, los bancos fueron totalmente reprivatizados. Se desmantelaron los programas de créditos obligatorios, se liberalizaron las tasas de interés y se creó un gran conjunto de nuevos instrumentos financieros. Como resultado de estos cambios, el financiamiento gubernamental se orientó en forma creciente hacia el mercado, la actividad financiera privada floreció, y la importancia de la bolsa de valores experimentó una expansión formidable.[32] El reingreso de México a los mercados financieros internacionales privados, junto con la liberalización del régimen de inversión extranjera del país, contribuyó significativamente al crecimiento y a la complejidad cada vez mayor del sistema financiero mexicano.

El último componente importante de la reforma económica con Salinas se relacionaba con la introducción de reformas institucionales profundas, cuyo objetivo central era el aseguramiento del cambio hacia una economía de mercado. Las dos iniciativas más importantes en este sentido fueron la expansión de la autonomía del banco central[33] y, particularmente, la negociación y la conclusión exitosa del Tratado de Libre Comercio (TLC).[34]

Efectos sobre las empresas

La aceleración de la reforma orientada hacia el mercado expandió la autonomía decisoria de los empresarios privados, fortaleció la seguridad de su propiedad y produjo un agudo incremento en la centralidad económica y política de las empresas. Las ganancias globales fueron considerables, sin embargo, su distribución entre diferentes categorías de inversionistas privados fue muy desigual. La liberalización económica implicó enormes ganancias para algunos y costos considera-

---

[32] La capitalización de la bolsa de valores como porcentaje del PIB aumentó de 1% en 1982 a 5% en 1987 y a 42% en 1994.

[33] Véase en Centro de Análisis e Investigación Económica (1993), pp. 21-29, una descripción concisa de la naturaleza y los límites de la reforma del banco central.

[34] Véase en Burgess (1994) una argumentación muy convincente sobre el papel del TLC como garante institucional de la reforma del mercado.

bles para la mayoría. En general, ganaron los grandes conglomerados multisectoriales (en particular los del sector de bienes exportables), los tenedores de activos líquidos y los grandes detallistas. Las empresas de menor tamaño que operaban en un solo sector tendieron a perder.

Los efectos diferenciales de la reforma económica sobre las empresas se debieron a las asimetrías preexistentes en lo referente al tamaño, la ubicación sectorial y el grado de diversificación e internacionalización. Estas asimetrías eran importantes porque ejercían una influencia poderosa sobre la capacidad de las empresas para ajustarse al nuevo ambiente. Sin embargo, en el impacto acentuadamente desigual de la reforma económica sobre diferentes segmentos del sector privado, fue también muy importante el tratamiento muy desigual otorgado a diferentes sectores y categorías de inversionistas durante la administración de Salinas.

Durante el periodo 1989-1994, el discurso oficial describía la reforma económica como un proceso dirigido a la remoción general de los controles gubernamentales directos sobre las transacciones económicas privadas y la nivelación generalizada del terreno de juego económico del país. En la práctica, los diversos componentes del proceso de reforma diferían mucho respecto a coordinación, profundidad y ajuste. Un buen ejemplo de esto, que tuvo grandes consecuencias sobre el desempeño económico en general, era el de las rutas de liberalización marcadamente diferentes que se seguían en relación con el comercio y con las finanzas. La liberalización comercial fue rápida, completa y en general muy uniforme entre los sectores.[35] En cambio, la apertura del sector financiero era menor, significativamente más lenta y bastante menos uniforme.[36]

La internacionalización parcial y muy segmentada del sistema financiero de México, aunada al auge de las entradas de capital extranjero a partir de 1991, benefició a un grupo extremadamente pequeño de grandes empresas.[37] La división entre

---

[35] Las dos únicas excepciones significativas fueron los automóviles y los productos farmacéuticos.

[36] El sector bancario, en particular, mantuvo elevados niveles de protección. Véase en Mansell (1994), pp. 28-39, un análisis de la liberalización del sistema financiero.

[37] Durante 1993, 10 empresas concentraron más de 50% del total de la

CUADRO VIII.3 *Flujos de inversión extranjera (1988-1993)*
(millones de dólares)

Año	Directa	Cartera	Total
1988	2880.0	0.0	2 880.0
1989	3175.5	493.3	3 688.8
1990	2633.2	1 994.5	4 627.7
1991	4761.5	12 742.5	17 504.0
1992	4392.8	18 010.8	22 406.6
1993	4900.6	28 431.1	33 331.7

FUENTE: Banco de México, Carpeta Electrónica, febrero de 1993 y octubre de 1994.

un pequeño grupo de grandes empresas, con amplias opciones de financiamiento y de inversión, y un grupo grande de empresas, cuyas fuentes financieras eran extremadamente limitadas y costosas, se volvió más marcada.[38] Esto tuvo graves consecuencias para la evolución del sector real, ya que afectaba directamente la capacidad de los productores privados para ajustarse con éxito a los retos planteados por la estabilización y el ajuste estructural, en general, y por la rápida liberalización comercial, en particular.

Las entradas masivas de capital extranjero —en su mayor parte inversión de cartera (véase el cuadro VIII.3)— tuvieron consecuencias adicionales muy importantes sobre el desempeño económico agregado y sobre el poder político de diferentes categorías de inversionistas privados.[39]

El auge de la inversión extranjera tuvo tres efectos importantes interrelacionados. Primero, proveyó los recursos para el financiamiento de déficit comerciales sin precedentes. Segundo, resultó fundamental para salvar la brecha existente entre el

inversión extranjera en acciones: ALFA, CEMEX, AEROMÉXICO, CELANESE, ICA, CARSO, VITRO, TELEVISA, TELMEX y AHMSA. Bolsa Mexicana de Valores, Datos Financieros Anuales, 1993. Por otra parte, del valor total de las nuevas emisiones de acciones en el exterior, tres empresas concentraron 77.1% en 1991, 76.5% en 1992 y 52.2% en 1993. Cifras basadas en Bolsa Mexicana de Valores, Resumen Estadístico, enero de 1995.

[38] Véase Gavito (1992), pp. 28-36.

[39] Sobre las restricciones de la política económica y las escisiones generadas dentro del sector privado por la movilidad del capital, véase Frieden (1991), pp. 425-451.

ahorro y la inversión internos, actuando así como un factor decisivo para la reanudación del crecimiento económico. Tercero, permitió que el gobierno mantuviera una estrategia de tasa de cambio semifija como el sustento de la estabilización de los precios internos. A través del tiempo, la incrementada centralidad de las entradas de fondos extranjeros se fortalecía a sí misma. Las entradas de capital extranjero contribuyeron a la sobrevaluación progresiva del peso. Esto impulsó el crecimiento del déficit comercial incrementando así la dependencia de la economía frente a la entrada continua de recursos financieros extranjeros. Algo similar ocurrió en lo tocante a la política de la tasa de cambio. Las entradas de capital extranjero permitieron que la administración de Salinas utilizara la tasa de cambio para estabilizar los precios internos. Con el tiempo, sin embargo, el margen de maniobra del gobierno disminuyó muy drásticamente, porque su capacidad para seguir atrayendo capital extranjero se volvió cada vez más dependiente de su compromiso de mantener una tasa de cambio fija.[40] El crecimiento rápido y autorreforzado de la dependencia de la economía frente a las entradas de capital extranjero, que en su mayor parte eran de corto plazo, líquidas y muy sensibles a las variaciones de la tasa de cambio, volvió cada vez más evidente la diferencia existente entre los inversionistas móviles y los no móviles, y condujo a la expansión exponencial del poder económico y político de los tenedores de activos líquidos (véase el capítulo VII).

La liberalización económica en conjunto tuvo otros dos efectos sobre la estructura y composición del sector privado. Aceleró la concentración de la propiedad y del poder de mercado en un pequeño número de grupos y ayudó en mucho a consolidar la recomposición del poder en los estratos superiores del sector privado, que se iniciara durante la década de 1980 de gran volatilidad financiera.

Virtualmente todos los componentes del proceso de reforma económica bajo Salinas contribuyeron a la reconcentración del poder económico. La privatización benefició a un número extremadamente pequeño de inversionistas y empresas

---

[40] Ignacio Trigueros me señaló la importancia de este punto.

muy grandes.[41] La reforma tributante fue mucho más costosa para las empresas pequeñas y medianas que para las grandes. En general, y debido a la reducción de las tasas marginales, las empresas grandes tendieron a ganar. La apertura comercial tendía también a beneficiar en forma desproporcionada a los grupos económicos grandes. Principalmente hay dos razones que ayudan a explicar esto. Por una parte, su tamaño, su acceso a recursos financieros baratos y abundantes y su naturaleza diversificada, facilitaban su capacidad tanto para ajustarse a la mayor competencia externa como para beneficiarse con las ventajas y oportunidades creadas por la liberalización comercial.[42] Por otra parte, el enfoque aplicado a todo lo relativo a la promoción de las exportaciones incrementaba aún más la capacidad de las empresas grandes para beneficiarse con la apertura comercial. Esto era así porque los esfuerzos activos de promoción de las exportaciones durante este periodo se concentraban en seguir al mercado, de modo que tendían a concentrar los beneficios del apoyo gubernamental en las empresas grandes que ya estaban exportando.[43]

Así pues, la concentración del poder económico en un pequeño número de grandes empresas durante la administración de Salinas se debió a la acción de procesos relativamente espontáneos y de selecciones de políticas deliberadas. Además, tales elecciones no eran sólo conscientes, sino también muy públicas y explícitas. En efecto, el propio presidente destacó en forma abierta y reiterada el centralismo de las grandes empresas en la inauguración y el sostenimiento de un nuevo periodo de rápido crecimiento económico. En su primer informe presidencial, por ejemplo, Salinas de Gortari dijo que "en el mundo competitivo de hoy, lo que necesitamos son grandes empresas capaces de competir con las grandes firmas multinacionales".[44] Previniendo posibles críticas, añadió:

[41] Véase Basave (1994).
[42] En el "Programa de Comercio Exterior, 1995-2000", los exportadores privados señalaron que el grueso de las exportaciones mexicanas se concentraba en 252 empresas y 25 productos. Véase *El Financiero*, 2 de agosto de 1994.
[43] Tal era el caso de ALTEX, el más importante de los programas de promoción de las exportaciones implantado durante este periodo.
[44] Véase Poder Ejecutivo federal (1989), p. 16.

Cuando nuestra economía estaba cerrada, era grande el riesgo de que estas corporaciones actuaran como monopolios, pero hoy, gracias a la liberalización de la economía y a la mayor fuerza del Estado, impediremos las prácticas empresariales injustas que puedan afectar adversamente al interés público y el bienestar de los mexicanos y sus familias.[45]

La incrementada competencia externa actuó como una fuente importante de disciplina para las grandes empresas en varios mercados. Debido a las rigideces estructurales, al alcance diferencial de la liberalización entre los sectores económicos y a los considerables residuos de poder discrecional, el incremento de la competencia no pudo frenar efectivamente la capacidad de los grupos grandes para utilizar su poder de mercado a fin de obtener concesiones privilegiadas del gobierno y tasas de ganancias superiores a las del mercado.

A la concentración general del poder económico, debemos añadir, por último, los efectos de la liberalización económica, en general, y de la privatización, en particular, en términos de la descomposición de la élite empresarial de México. La privatización de empresas estatales, y en particular la reprivatización del sistema bancario, permitió que los nuevos financieros privados que entraron a los estratos superiores del sector privado durante el auge financiero de la década de 1980 expandieran aún más sus activos y consolidaran su preeminencia económica recientemente adquirida. Las formidables ganancias acumuladas en el curso de la década de 1980 hacían de estos financieros poderosos postores en el proceso de privatización. Muchas de las grandes empresas paraestatales y la mayoría de los grandes bancos privatizados durante la administración de Salinas, terminaron en sus manos. Tenemos un ejemplo en el caso de los propietarios de la casa de bolsa Acciones y Valores que compró el banco más grande del país —Banco Nacional de México— en 1991. Igualmente significativa fue la adquisición de Teléfonos de México por un grupo económico —carso— cuyo jefe, Carlos Slim, era también un miembro relativamente nuevo de los estratos superiores de la comunidad empresarial de México.

---

[45] Véase Poder Ejecutivo federal (1989), pp. 16-17.

La adquisición de grandes empresas paraestatales y de la mayor parte de los bancos permitió que los nuevos financieros privados consolidaran su posición y que los grupos económicos más sólidamente establecidos fortalecieran su presencia económica. Sin embargo, la privatización también tuvo un efecto inesperado y en general adverso sobre el poder de las élites económicas nacionales bien establecidas y en particular el de los nuevos financieros privados, ante todo porque, al adquirir activos fijos, los grandes inversionistas privados acabaron por perder el enorme poder que les había dado recientemente el control sobre los activos líquidos y móviles. El efecto reductor del poder como consecuencia del proceso de privatización afectó sobre todo a aquellos inversionistas nacionales que adquirieron la mayor parte de las entidades privatizadas. Esto acabó por incrementar aún más el poder de los tenedores internacionales de activos líquidos, al mismo tiempo que preparaba el escenario para el surgimiento de escisiones importantes entre los inversionistas nacionales y los extranjeros.

Efectos sobre y en el aparato estatal

La profundización de la reforma estructural con Carlos Salinas tuvo consecuencias muy importantes para la organización del Estado y para la distribución del poder en su interior. La privatización, la desregulación financiera y la reforma fiscal rehicieron la estructura de las finanzas estatales. Los requerimientos financieros del gobierno experimentaron una disminución considerable. Además, para la satisfacción de tales requerimientos, los impuestos y las operaciones de financiamiento de mercado abierto se volvieron cada vez más importantes, hasta un nivel sin precedente. La reducción del déficit fiscal, la ampliación de la base tributaria y los avances considerables en el campo de la recaudación tributaria fortalecieron financieramente al Estado e implicaron ganancias extremadamente importantes en términos de la capacidad burocrática.

La desregulación y las políticas favorables hacia el mercado, junto con avances importantes en la modernización de las estructuras y las prácticas administrativas en campos distintos de los fiscales, también contribuyeron al surgimiento de un aparato estatal más delgado y eficaz. Sin embargo, como en el caso del sector privado, la distribución de las ganancias de poder asociadas al proceso de reforma tendía a ser marcadamente desigual entre diferentes corrientes, sectores y agencias del gobierno.

La liberalización económica y la reforma del Estado durante el periodo 1989-1994 completó la redistribución radical del poder estatal, iniciado a mediados del decenio de 1980. Las instituciones financieras públicas y los elaboradores de políticas neortodoxas asumieron el control pleno de la burocracia económica. Las élites desarrollistas quedaron excluidas definitivamente del centro de la toma de decisiones y los departamentos sectoriales fueron marginados o, como en el caso de la Secretaría de Industria y Comercio, completamente restructurados.

La monopolización de la política económica por una nueva generación de élites tecnocráticas orientadas hacia el mercado facilitaba la comunicación con grandes inversionistas privados y permitía niveles insólitamente elevados de congruencia y coherencia en las políticas. Sin embargo, tal monopolización tendía también a disminuir la sensibilidad del gobierno para legitimar las quejas y demandas de los grupos sociales adversamente afectados, para así disminuir aún más y artificialmente el margen de maniobra ya limitado del Estado, y para incrementar el peso del dogmatismo sobre el pragmatismo en la elaboración de la política económica.

LAS RELACIONES ENTRE EL ESTADO Y LAS EMPRESAS CON SALINAS: UNA NUEVA CLASE DE PACTO[46]

Tras asumir la presidencia, Carlos Salinas afrontaba dos retos principalmente. Tenía que consolidar su autoridad como jefe

[46] Esta sección se basa en una serie de entrevistas realizadas durante abril y mayo de 1994 con los siguientes empresarios y analistas: Vicente H. Bortoni, Luis Germán Cárcova, Jaime González Graff, Jorge Kahwagi, Enrique Quintana, Jesús Reyes Heroles, Ernesto Rubio del Cueto y Jacobo Zaidenweber.

del Ejecutivo y tenía que reanudar de algún modo el proceso de crecimiento económico. En busca del primer objetivo, Salinas utilizó diversas estrategias. Realizó acciones espectaculares. Otorgó una atención sin precedente a su imagen pública en México y en el exterior. Aprovechó las diferencias entre sus oponentes y emprendió un programa de política social (Pronasol) para mitigar los costos sociales de la estabilización y el ajuste, así como para fortalecer la base de poder del régimen y de la presidencia entre los sectores populares. Sin embargo, para consolidar el poder presidencial y promover la recuperación económica, la profundización de la liberalización económica y la estrecha colaboración con los grandes inversionistas y grupos económicos resultaron fundamentales.

La estrategia de la recuperación económica y política de Salinas difirió bastante de la del presidente Miguel de la Madrid. El enfoque de De la Madrid había sido esencialmente defensivo y en general muy conservador. Sus metas habían sido la desarticulación de la resistencia a la estabilización y ajuste, y la restauración del pacto social y político en que se habían basado los años dorados del desarrollo estabilizador. El enfoque de Salinas fue muy diferente. Sabía que la época anterior a 1970 se había marchado para siempre, y por lo tanto sabía que el intento de restaurar la antigua coalición social de México estaba condenado al fracaso. Lo que se requería era una nueva coalición de poder. Tal coalición no surgiría espontáneamente y debería forjarse en forma activa y deliberada. El vehículo favorito para la construcción de una nueva coalición social capaz de fortalecer la dominación del PRI y de proveer los apoyos sociales para un nuevo periodo de crecimiento estable y rápido era la propia reforma económica. El socio principal de la nueva coalición era la empresa "moderna", es decir, las grandes empresas nacionales internacionalizadas.[47]

La administración de Salinas no ocultaba su desprecio por los productores privados "ineficientes", ni su preferencia abierta por los grandes empresarios modernos. Desde el principio, la administración cortejó y cultivó en forma abierta y activa

[47] Por lo que toca a las dimensiones políticas y partidistas del comportamiento de las empresas durante los años de Salinas, véase Mizrahi (1995).

las relaciones con los propietarios de grandes empresas.[48] En una acción insólita, Claudio X. González, hasta entonces director de Kimberly Clark, fue designado asesor del presidente para la inversión extranjera. La presencia de grandes inversionistas nacionales se volvió una característica permanente y notoriamente visible en los viajes oficiales del presidente al exterior. Las reuniones formales e informales entre funcionarios estatales de primer nivel, por una parte, y principales élites empresariales e inversionistas extranjeros, por la otra, se multiplicaron, y la colaboración entre ellos se volvió insólitamente estrecha, fluida y pública.

En cambio, el trato de la administración para el resto de la comunidad empresarial se volvió cada vez más distante, si no es que francamente despectivo. La mayoría de los industriales nacionales fue abiertamente descuidada y sus organizaciones fueron progresivamente marginadas. El decreciente peso de los industriales nacionales en la elaboración de políticas se debió en gran medida al abandono de la política de Industrialización con Sustitución de Importaciones (ISI). Sin embargo, en la exclusión progresiva de los industriales del campo de la política económica, fueron extremadamente importantes las actitudes y las percepciones de las élites que dominaban el órgano que estaba más específicamente a cargo del procesamiento de sus intereses y demandas (SECOFI). Durante la administración de Salinas, la SECOFI fue tomada por partidarios radicales del libre mercado. Para el secretario, Jaime Serra y su equipo el grueso de los industriales de México era obviamente premoderno, fundamentalmente ineficiente y, por lo tanto, incapaz de sobrevivir sin la intervención y protección del Estado. En consecuencia, todas sus demandas tendían a ser interpretadas como peticiones para el restablecimiento del acceso a las rentas generadas por el Estado y, por lo tanto, como esencialmente retrógradas e ilegítimas. Este diagnóstico llevó a los funcionarios de la SECOFI a adoptar un enfoque distante hacia los industriales y a tratar activamente de reducir la influencia de las cámaras y confederaciones industriales en la formulación de la política comercial en particular y de la política económica en general.

[48] Véase Puga (1993), capítulo 9.

El carácter cada vez más excluyente de la colaboración entre empresas y Estado, y la reducida importancia otorgada a la industria privada, se hicieron muy evidentes durante la negociación del TLC. En 1990 se formó una nueva organización (Coordinadora Empresarial para el Comercio Exterior, COECE) para coordinar la participación del sector privado en las negociaciones.

El nuevo organismo reproducía la estructura de representación del Consejo Coordinador Empresarial (CCE). Es decir, sus miembros eran organizaciones sectoriales clave y su composición tendía, como en el CCE, a subrepresentar a la industria y a sobrerrepresentar a los grandes consorcios multisectoriales y a los financieros privados.[49] La industria tendía a estar subrepresentada, porque su peso se diluía por la formación de un solo grupo de trabajo industrial entre los seis grupos de trabajo sectoriales en los que se subdividía la COECE. Los grandes consorcios se beneficiaban de la estructura de la COECE, porque tendían a dominar varias de las asociaciones principales que los componían. Los financieros privados eran los mejor representados de todos. De los seis grupos de trabajo sectoriales, tres se otorgaban a ellos (finanzas, seguros y banca). Aunque esta organización sectorial se modificó subsecuentemente, el cambio hacia la negociación de temas y problemas fundamentales, en lugar de corregir las distorsiones iniciales de la representación, tendía a magnificarlas en gran medida, porque al incrementar los requerimientos en cuanto a los conocimientos técnicos de los participantes, terminaba por incrementar aún más el peso y la influencia de las empresas grandes en el proceso de negociación.[50]

El cambio de una colaboración ampliamente incluyente entre las empresas y el gobierno hacia un pacto cada vez más excluyente entre los grandes inversionistas y las élites estatales, tuvo dos efectos principales sobre los arreglos institucionales que habían gobernado tradicionalmente las relaciones entre los dos grupos. Primero, tendió a elevar las dimensiones de control de las organizaciones corporativas empresariales,

[49] Por lo que toca a la COECE y su estructura de representación, véase Puga (1993a), pp. 62-71.
[50] Véase Puga (1993a), pp. 66-68.

reduciendo así sus funciones de representación y formación de consensos. Segundo, el desplazamiento hacia el mercado y la concentración del poder económico en un pequeño número de grandes empresas proveía a las élites estatales de un nuevo instrumento de control en sus tratos con el grueso del sector privado. Este instrumento nuevo era el poder de mercado de los grandes conglomerados y los grandes detallistas, y resultó especialmente valioso para el gobierno tanto en la exacción de la contribución de las empresas a la estabilización de los precios, como para imponerles costosas medidas de reforma estructural.

CONCLUSIONES

La liberalización económica y la reforma del Estado cambiaron la estructura y la composición del Estado, así como del sector privado. A resultas de estos procesos, aumentó la capacidad del Estado, pero su autonomía se redujo. En otras palabras, la eficacia y eficiencia del aparato estatal tendieron a aumentar, pero la capacidad de las élites gubernamentales para seguir cursos de acción diferentes de los demandados por los grandes controladores del capital experimentó una baja sustancial.

Para las empresas, el proceso de reforma económica iniciado a mediados del decenio de 1980 y profundizado a partir de 1989 implicó cambios igualmente importantes. Se alteró radicalmente la estructura del sector privado mexicano. El poder económico se concentró en niveles sin precedentes. Las escisiones tradicionales entre las empresas de sectores específicos y los grandes conglomerados multisectoriales centrados en las finanzas se agrandaron al principio y luego fueron desplazadas por la división existente entre los tenedores de activos fijos y los controladores del capital líquido.

Por último, la relación existente entre las empresas y el gobierno también experimentó una gran transformación. El antiguo arreglo incluyente, basado en la intervención de apoyo a cambio del ahorro y la inversión internos fue remplazado por un arreglo muy excluyente. El nuevo arreglo pudo inducir a los inversionistas nacionales a repatriar gran parte de su ahorro en el exterior. También ayudó a impulsar y restructurar las exportaciones. Sin embargo, el nuevo pacto fracasó en su anunciado intento de inaugurar y sostener un nuevo periodo de crecimiento elevado y estable.

Con Salinas, la economía creció en relación con su recesión anterior, pero las tasas del crecimiento siguieron siendo muy modestas. Los costos de la recuperación económica en términos de la formidable expansión de la vulnerabilidad externa del país fueron cada vez más evidentes a través del tiempo y terminaron por explotar en diciembre de 1994. En ese momento se puso claramente de manifiesto el poder que los tenedores de activos móviles habían acumulado con Salinas. Los grandes inversionistas nacionales evadieron el peso, pero —al revés de lo que había ocurrido en 1981 y 1982— se vieron atrapados con la mayor parte de sus activos atados a inversiones fijas. La crisis desatada por la devaluación de 1994 ha puesto en evidencia los límites económicos del pacto forjado durante la administración de Salinas entre los controladores del capital y las élites estatales. Por otra parte, la crisis y la respuesta del gobierno ante ella también tenderán a crear tensiones entre las grandes empresas y el régimen dominado por el PRI. Tendrán que encontrarse nuevas fórmulas de cooperación. Pero aunque estas fórmulas son cruciales en lo económico y lo político, todavía no se definen.

IX. PROGRAMAS DE ALIVIO DE LA POBREZA EN MÉXICO: UN EJERCICIO DE EVALUACIÓN*

Alejandro Guevara Sanginés**

Introducción

Para la mayoría de países latinoamericanos los años ochenta fueron una década perdida. Altas tasas de inflación, baja inversión, estancamiento o decrecimiento económico y creciente deuda externa fueron las características más frecuentes en su desempeño económico (BIRD, 1987; Eguren, 1990). Las crisis desencadenaron procesos hiperinflacionarios y caídas absolutas de los ingresos nacionales. A pesar de anteriores esfuerzos por estabilizar la economía, no fue sino hasta el final de los ochenta o principios de los noventa que los éxitos iniciales de los planes de estabilización y ajuste estructural (PEAE) empezaron a prometer un futuro mejor para este conjunto de países, incluido México.

La situación de los grupos de población pobre se ha deteriorado durante la crisis. Los PEAE necesarios para acabar con dichas crisis ofrecían poca esperanza en el corto plazo, debido a que las condiciones de vida tendrían que caer aún más antes de que se pudieran experimentar sus beneficios. Ello obedece sobre todo a que, aunado al periodo recesivo que inevitablemente surge como consecuencia de los planes de estabilización, la reducción en los presupuestos gubernamentales ocasionaría una disminución de los subsidios que beneficiaban en parte a las economías de los hogares pobres.

* Conferencia presentada en el seminario del Instituto de Estudios Latinoamericanos de la Universidad de Londres. Agradecimiento especial a los profesores Reyna, García-Rocha, Merino, Muñoz y Martínez por sus comentarios; al Comité Técnico de Evaluación del Pronasol por otorgarme el acceso a la información del estado de Zacatecas. Cualquier error de omisión o comisión es de mi entera responsabilidad.
** Centro de Estudios Económicos, El Colegio de México.

Los PEAE parecían la opción más adecuada considerando los desequilibrios crónicos de la economía en general, aunque no para los más pobres en particular. Una combinación de presiones nacionales e internacionales motivaron la creación de Fondos Sociales de Urgencia, esto es, fondos dirigidos particularmente a ayudar a los más pobres y a los grupos de trabajadores que habían sido más afectados por las reformas económicas.

El programa de estabilización mexicano (Pacto de Solidaridad Económica), iniciado a fines de 1987, fue creado de tal manera que en la primera etapa se mantuvieron los subsidios y controles de precios en algunos bienes de consumo básico y en algunos servicios públicos. Eso tenía como objetivo minimizar la caída de la calidad de vida de una amplia base de grupos de menores ingresos. Sin embargo, no fue sino hasta finales de 1988 cuando fue lanzado el programa oficial en apoyo a la población en pobreza extrema, el Programa Nacional de Solidaridad (Pronasol). Dicho programa tenía varias de las características de un fondo social de "urgencia", aunque continuó vigente mucho después del periodo de urgencia, formando parte de las políticas globales del ajuste. Su presupuesto se duplicó en términos reales en dos años y fue un elemento fundamental en la redefinición de las prioridades de gasto. De hecho se convirtió en el núcleo del esfuerzo del gobierno mexicano para abatir la extrema pobreza en el país. Dicho proceso continuó, y en 1992 su cobertura se amplió cobrando el Pronasol el rango de subsecretaría.

ANTECEDENTES DEL PRONASOL: POBREZA, CRISIS ECONÓMICA Y LOS PEAE

Con objeto de obtener una imagen global del programa y entender sus fundamentos, es importante examinar tres cuestiones básicas. Se comenzará por analizar el concepto de pobreza. Eso es pertinente para nuestro propósito, dado que el abatimiento de la pobreza extrema es el principal objetivo del Pronasol. En segundo término se describe cómo la crisis económica y los planes de ajuste han contribuido por sí mismos a incrementar la extensión y la severidad de la pobreza. Finalmente, se explicará cómo el abatimiento de la pobreza puede formar parte de las políticas de ajuste llevadas a cabo por el gobierno mexicano.

Pobreza

En sentido amplio, una persona es considerada pobre cuando se encuentra imposibilitada para obtener de manera permanente una dieta adecuada que le permita un bienestar satisfactorio en términos de salud física (nutrición) y dignidad humana. Como Cameron (1983) afirma, la pobreza es un fenómeno complejo, con amplios aspectos cualitativos, psicológicos y sociales.[1] Por dicha razón siempre surgen debates intensos cuando han de definirse los indicadores de pobreza. La pobreza es causada por una serie de privaciones que disminuye las *capacidades* y limita las *oportunidades* de desarrollo de los individuos (Guevara, 1993). Esto se refleja en desnutrición y vulnerabilidad a las enfermedades y los desastres naturales. Significa también, el acceso limitado a los servicios de salud y educación. Por otro lado, los pobres carecen de un acervo adecuado de activos productivos, como la tierra, y el capital físico, financiero y humano. Además, el peso de la pobreza recae más en ciertos grupos de la población: las mujeres, los niños y los ancianos, que son los de mayor vulnerabilidad de entre los pobres (Banco Mundial, 1990).

Sin embargo, al crear una estrategia de abatimiento de la pobreza es preciso hacer una distinción entre la pobreza *moderada* y la *extrema* (Levy, 1990):

La pobreza extrema es una condición absoluta. Los extremadamente pobres son los que no pueden proveerse suficientes nutrientes para funcionar de modo adecuado. Son más vulnerables a las enfermedades y, en general, menos capaces de llevar una vida saludable con la suficiente energía para participar de manera activa en el mercado laboral. Por otro lado, los pobres moderados están imposibilitados para conseguir lo que, dado el estado de desarrollo

[1] Para un examen de los múltiples aspectos citados, véase Guevara, "La superación de la pobreza en México bajo un contexto de ajuste estructural", *Acta Sociológica*, Facultad de Ciencias Políticas y Sociales, UNAM, 1993.

de su nación, son consideradas necesidades básicas. Sin embargo su situación es fundamentalmente diferente en cuanto a su salud y su estado nutricional les permite participar de manera activa en el mercado laboral, tomar ventajas de las oportunidades educacionales, tener movilidad y asumir más riesgos. [Traducción nuestra.]

No obstante, debe subrayarse que aunque la privación es la característica más evidente de la pobreza, es tan sólo la manifestación de una dinámica subyacente más profunda entre las distintas fuerzas sociales. Esto implica un cambio de enfoque fundamental del concepto de la pobreza desde carencia de "consumo" hasta carencia de "poder" (Cameron, 1990).

Una expresión particular de la pobreza de poder es el llamado sesgo urbano. De hecho, como Levy (1990) sostiene, estudiar la pobreza en México es estudiar los determinantes al retorno del trabajo no calificado y de la tierra. Además advierte que son los principales activos en manos de los pobres y que los pobres padecen privaciones debido a la falta de capacitación formal, acceso a los mercados laborales y de capital y a los servicios públicos. Al respecto Lipton (1977) señala que:

El conflicto de clases más importante en el mundo de hoy no es entre el trabajo y el capital, no es entre los intereses nacionales y extranjeros. Es entre las clases rurales y las urbanas. En el campo se encuentra la mayor pobreza y la mayor fuente de avance potencial de bajo costo. Sin embargo, el sector urbano tiene la mayor parte en la capacidad de articulación, organización y poder... [Traducción nuestra.]

Crisis y ajuste en la economía

Resulta de fundamental importancia entender el contexto económico en el que el Pronasol fue concebido. Surge en el contexto de un ambiente de estabilización y ajuste estructural; una severa estrategia de largo plazo para reiniciar el crecimiento económico. Los programas de estabilización tienen ciertas características, como el surgimiento inevitable de la recesión económica y la reducción en la inversión, los subsidios y servicios públicos (véase el cuadro ix.1).

222 ECONOMÍA Y SOCIEDAD

CUADRO IX.1. *Evolución del gasto gubernamental*
como porcentaje del PNB

Rubro de gasto	Total		Inversión	
	1981	1988	1981	1988
Gasto público total	38.8	19.8	11.2	4.2
Desarrollo regional	1.9	0.4	1.4	1.2
Sector social	7.3	3.2	3.3	1.3
Comunicaciones				
y transportes	1.9	0.8	1.5	1.5
Electricidad	1.9	1.1	1.7	0.8

FUENTE: Consejo Consultivo del Pronasol (1989).

Es una estrategia dolorosa porque algunos de los servicios y subsidios eliminados son un componente importante en el consumo total de la gente. Esto, aunado a la reducción de la demanda por trabajo calificado y a la imposibilidad de cambiar de actividad, no sólo incrementa el número de pobres sino que profundiza la pobreza en la que viven. Por ello, es importante señalar que los programas de estabilización que tienen por objeto superar la crisis originan por sí mismos un aumento de la pobreza del país.[2] Según cálculos del Consejo Consultivo de Solidaridad (1989), el número de habitantes en extrema pobreza entre 1981 y 1987 aumentó 3.6 millones, pasando de 19.2 a 21.3% del total de la población. Asimismo, hubo un aumento de 5.6 millones de habitantes en pobreza moderada, pasando de 25.8 a 29.6% de la población total del país.

Una de las críticas más fuertes dirigidas a los PEAE es que en gran medida su creación parece ignorar el efecto y los costos

[2] Es muy difícil aislar los cambios en el consumo agregado que son atribuibles a las medidas de ajuste de los otros sucesos que pueden intensificar las crisis económicas (por ejemplo los choques externos, como la caída en los precios del petróleo o el incremento en las tasas de interés internacionales) (BIRD, 1987). La distinción entre los efectos de la crisis y los efectos del ajuste en los pobres ha sido uno de los debates más importantes de los años ochenta. Algunos autores consideran que los pobres fueron severamente afectados durante los ochenta y que gran parte de su sufrimiento es atribuible al ajuste. Otros sostienen que, en ausencia del ajuste, la magnitud y profundidad del sufrimiento podría haber sido mayor (Squire, 1991).

sociales en los pobres. En lo que concierne al caso mexicano, el efecto de la combinación crisis-ajuste ha repercutido de modo inequitativo en los distintos grupos de población. De hecho, la distribución familiar del ingreso durante la "década perdida" mexicana ha empeorado considerablemente. De las cifras proporcionadas por las Encuestas de Ingreso-Gasto de los Hogares se puede apreciar cómo los costos han afectado a todos los deciles, excepto al de mayores ingresos, incrementando el índice de desigualdad de Gini de 0.4562 a 0.4889 (véase el cuadro IX.2).

CUADRO IX.2. *Evolución en la participación del ingreso por deciles de población durante el PEAE (porcentajes)*

	1	2	3	4	5	6	7	8	9	10
1984	1.19	2.66	3.86	5.01	6.26	7.66	9.68	12.42	17.00	34.26
1989	1.14	2.48	3.52	4.56	5.76	7.21	9.02	11.42	15.92	38.97
Cambio	–4.20	–6.77	–8.81	–8.98	–7.99	–5.87	–6.82	–8.05	–6.35	+13.75

FUENTE: INEGI, *Avance de Información Especial*, ENIGH-1989.

Por esta razón, una preocupación particular hacia los grupos vulnerables ha recibido eco internacional por medio de las propuestas de UNICEF para un "ajuste con rostro humano" (Cornia *et al.*, 1987). Sin embargo, después de algunos años de experiencia en los países en desarrollo, las consecuencias distribucionales de los PEAE han surgido en la agenda internacional, principalmente por los disturbios civiles y la inestabilidad política que se relaciona con los intentos de instrumentar dichos paquetes (Cameron, 1990). La reacción de los organismos internacionales y de los gobiernos ha sido crear políticas específicas para reducir los efectos de los PEAE en los grupos de población más pobre. Es el caso, por ejemplo, del Fondo Social de Bolivia de 1987, probablemente el antecedente más cercano al Pronasol (Newman *et al.*, 1991).

En México el Pacto de Solidaridad Económica, firmado en diciembre de 1987, lograba consenso acerca de que los devastadores efectos de la inflación deberían ser detenidos y que, para ello, cada una de las partes tendría que ofrecer un sacrificio proporcional.[3] En tal acuerdo, a cambio de salarios y precios de venta controlados, el gobierno mantendría los subsidios y precios "administrados" en una serie de bienes y servicios definidos como básicos. Entre ellos el pan, las tortillas y la leche.

El abatimiento de la pobreza con el ajuste estructural: los fundamentos del Pronasol

Con los programas de ajuste el papel del Estado se redefine. Su intervención en el mercado es reducida en varios rubros, como en el control de los precios, de los subsidios y de las tarifas y restricciones cuantitativas al comercio exterior. Se espera el reinicio del crecimiento económico en tanto los precios relativos de la economía reflejen sus verdaderos costos de oportunidad en todos los mercados: financieros, privados, públicos y externos.

Una premisa decisiva es que el comienzo esperado en el crecimiento (fortalecido por la utilización eficiente de los recursos)[4] tendrá un efecto favorable en la reducción de la pobreza. El aumento en la demanda laboral aumentará el empleo, así como los salarios, tanto del trabajo calificado como del no calificado.

Sin embargo, a pesar del crecimiento económico esperado, hay que señalar que una de las principales características de la pobreza extrema es la de reducir la capacidad de hacer uso de las oportunidades de los que permanecen en tal condición. Es el cuello de botella del "poder sobre los recursos" que produce tan sólo un efecto de "goteo", en el mejor de los casos, muy diferente de la libre "corriente" distribucional que el crecimiento agregado proporciona a los grupos de ingresos altos y medios.

[3] Es muy importante apuntar que, aunque los planes de estabilización requieren un enorme sacrificio social, los procesos inflacionarios desatados por la crisis económica significan también grándes costos económicos y distributivos, ya que los grupos más pobres son los más vulnerables ante los efectos de la inestabilidad económica y de la inflación.

[4] Entre otras cosas, dicha eficiencia puede conseguirse reduciendo las distorsiones en precios, fortaleciendo la competencia y erosionando las ganancias monopólicas. En tanto el ajuste erosiona las ganancias económicas y las monopólicas, dichas medidas fortalecen tanto la eficiencia como la equidad.

Para estos grupos, los beneficios perdidos por la reducción en la intervención del Estado pueden ser intercambiados por las nuevas oportunidades creadas. Para los grupos más pobres es escasa la posible sustitución. ¿Cómo puede entonces crearse una política que les ayude? En otras palabras, ¿qué tipos de políticas de distribución son compatibles con la nueva estrategia de desarrollo?

a) *Reducir las distorsiones espacialmente.* Al otorgar subsidios, debe existir una manera de excluir a los grupos que no son pobres. Ésta es la idea de *targeting* o acierto en el gasto.

b) *Compartir los costos de inversión.* El sistema financiero no puede cobrar impuestos a los pobres. En cambio, puede ofrecerles participar en proyectos de infraestructura en sus propias comunidades. Ésta es una manera de obtener contribuciones voluntarias en todo tipo de proyectos de infraestructura en su propio beneficio, reduciendo la brecha de infraestructura que les impide hacer uso de las nuevas oportunidades creadas por el ajuste estructural.

c) *Regresar a lo fundamental.* El gobierno no debería ser propietario de macroempresas como las líneas aéreas o las plantas siderúrgicas, sino impulsar el abastecimiento de agua potable, electricidad y de servicios de salud en las comunidades. Aquellos proyectos han demostrado ser una manera muy costosa de crear empleo, también han significado que los escasos recursos públicos con que se cuenta beneficien principalmente a grupos privilegiados (una élite tanto de empleados como de consumidores) (Aspe, 1992).

d) *Considerar la dimensión regional.* Existen núcleos de pobreza distribuidos a lo largo del territorio nacional. De nuevo, un gasto acertado significa que las regiones más pobres tengan prioridad en el gasto.

FILOSOFÍA Y ESTRUCTURA DEL PRONASOL

Hacia finales de 1988 se creó la Comisión Nacional del Pronasol. De este modo se abordaban de manera explícita los problemas surgidos por el deterioro en las condiciones de vida en los grupos de población más pobres, proponiendo nuevas medidas de política para el abatimiento de la pobreza extrema en México. Las propuestas fueron dadas a conocer inicialmente en el Plan Nacional de Desarrollo (PND) 1988-1994. Este es el origen del Pronasol. En dicho programa, un "combate frontal" a la pobreza se lograría por medio de los esfuerzos coordinados de las tres esferas de gobierno: federal, estatal y municipal. Estos esfuerzos se sumarían al apoyo de los diferentes grupos sociales, de modo que al sustentarse en la red administrativa existente, la creación de un aparato burocrático sería minimizada.

La comisión, administrada por un coordinador general designado por el presidente, está integrada por los secretarios de Hacienda, Salud, Agricultura, Comercio, Educación, Trabajo, Pesca y Reforma Agraria. También se integra, entre otros, por los directores generales del IMSS, Conasupo e INI. Su papel principal es el de participar en los Convenios Únicos de Desarrollo (CUD) firmados por el presidente con cada uno de los gobernadores de los estados para formalizar proyectos de inversión conjunta. En esos acuerdos una partida es específicamente destinada a *Solidaridad*, en la que las autoridades federales, estatales y municipales definen, controlan y evalúan los proyectos de infraestructura social y productiva mediante los Comités Estatales de Planeación para el Desarrollo (Coplades). Algunos de los proyectos evaluados son sugeridos con base en las iniciativas de los Comités de Solidaridad en los que participan de manera activa las diferentes comunidades del país. A su vez, los representantes de las comunidades en los comités son elegidos en asambleas públicas mediante votación directa, independientemente de su afiliación política. Cuando los comités recogen las iniciativas de las comunidades, responden a las necesidades locales, reduciendo el tipo de proyectos elaborados "desde el escritorio" (véase el esquema IX.1).

La pauta principal para lograr un efecto más eficaz en aumentar el bienestar de los pobres consiste en racionalizar los recursos destinados a los subsidios en general y al gasto social en particular. Por tanto, el universo de actuación del Pronasol tendría que restringirse a un universo que incluiría a los 56 grupos indígenas, los campesinos de bajos ingresos y los grupos urbanos marginados.

Esquema IX.1. *La estructura del Pronasol*

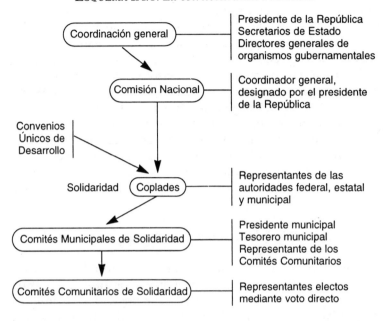

Entre los criterios generales de política establecidos en el PND 1988-1994, con objeto de mejorar la eficacia de sus acciones para combatir la pobreza extrema, destacan el aumento en los recursos gubernamentales destinados al alivio de la pobreza extrema, el mejoramiento en el acierto del gasto, la participación en los costos de inversión y la movilización de la sociedad civil en apoyo de estas tareas. Un elemento adicional de gran importancia es que, en la medida en que las comunidades estén implicadas en todas las etapas de los proyectos, se garantizaría la vigilancia y el control de los recursos destinados a este fin.

El discurso de *Solidaridad* implica hacer conciencia de la responsabilidad que cada miembro de la sociedad tiene con los más necesitados. Una de las virtudes del programa es la incorporación de valores enraizados en la cultura de las comunidades rurales mexicanas como el *tequio,* la *mano vuelta* y las asociaciones vecinales, que son modos de trabajo voluntario y recíproco para el bien común.

El hecho de transferir las decisiones y la planeación a los municipios también implica transferir "poder" sobre los recursos a las autoridades políticas que, aunque en principio les fuesen conferidos por la Constitución, en la realidad habían sido privados de ellos debido a la tradición centralista del país.

En suma, la operación del Pronasol se sustenta en cuatro principios básicos (Consejo Consultivo de Solidaridad, 1994): i) *respeto a la voluntad*, a las iniciativas y a los modos de organización de las comunidades; ii) *participación plena* y organizada de las comunidades en todas las acciones del programa; iii) *corresponsabilidad* entre la sociedad organizada y en movimiento con el Estado para afrontar las tareas de la política social, y iv) *honestidad y transparencia* en el manejo de los recursos.

Importancia del programa en el gasto gubernamental

Desde su creación el Pronasol ha incrementado su presupuesto de manera constante. En cuatro años aumentó más de 250% en términos reales. Esto se debe no sólo a los montos progresivos que en general han sido asignados al gasto social, sino a la creciente importancia del programa mismo. En efecto, en el periodo comprendido entre 1989 y 1992 el Pronasol incrementó su participación en la inversión pública total de 6.6 a 17.3% (véase el cuadro IX.3).

El Pronasol ha crecido no sólo en términos presupuestarios sino en el número de programas que lo conforman, respondiendo así a necesidades específicas en la tarea de abatir la

CUADRO IX.3. *Estructura del gasto social, 1988-1992*
(porcentajes)

Partida	1988	1989	1990	1991	1992
Educación	43.4	42.7	41.7	38.4	41.0
Salud y laboral	46.1	48.7	49.2	45.4	42.7
Solidaridad	4.0	4.2	6.4	7.6	7.7
Desarrollo urbano	6.5	4.4	2.8	5.8	5.7
Abastecimiento de alimentos				2.7	2.9

FUENTE: Consejo Consultivo de Solidaridad (1994).

pobreza extrema. Dichos subprogramas pueden ser clasificados en tres vertientes principales: i) *solidaridad para el bienestar social,* dirigido a satisfacer las necesidades básicas de infraestructura en servicios para los pobres; ii) *solidaridad para la producción,* apoyando el financiamiento de la producción de alimentos básicos como maíz y frijol, y iii) *solidaridad para el desarrollo regional,* orientado a satisfacer las necesidades de infraestructura básicas de caminos. En el cuadro IX.4 se observa la importancia relativa de las tres grandes vertientes del programa y los subprogramas, que a su vez configuran cada una de las vertientes.

Valoraciones y críticas al programa

En contraste con experiencias anteriores de alivio a la pobreza en las que las estrategias se enmarcaban en una aspiración amplia de justicia social pero diluida en un sinnúmero de programas con objetivos no siempre precisos, el Pronasol ha hecho posible aproximarse al problema de la pobreza desde una sola política pública. Tal definición tiene la virtud de permitir una evaluación directa de acuerdo con sus dos objetivos fundamentales: *reducción de la pobreza* y *participación de los pobres* en esta tarea. Más aún, al romper en alguna medida con la tradición centralista, el programa ha sido concebido para permitir la participación más activa de los gobiernos estatales y municipales, al mismo tiempo que ha supuesto la implantación de un método innovador: introducir a los beneficiarios como participantes fundamentales en el logro de sus objetivos.

Sin embargo, a pesar de los esfuerzos gubernamentales por abatir la pobreza, la cantidad de recursos dirigidos a este fin todavía es insuficiente, sobre todo teniendo en cuenta la magnitud del problema que se enfrenta. Esta situación se agrava por el hecho de que, a pesar de los muchos argumentos acerca de la transparencia del programa, existe una importante escasez de datos y cifras oficiales y por tanto de evaluaciones independientes acerca del Pronasol. De hecho, no existe informe alguno que dé una respuesta adecuada respecto a la medida en la que el programa ha reducido la magnitud y la severidad

CUADRO IX.4. *Principales subprogramas del Pronasol*
(inversión acumulada 1989-1993, porcentajes)

BIENESTAR SOCIAL 57%	Partici-pación	SOLIDARIDAD PARA LA PRODUCCIÓN 21%	Partici-pación	INFRAESTRUCTURA REGIONAL BÁSICA 22%	Partici-pación
Infraestructura educativa	12.9	Fondos para la producción	40.1	Mejoramiento y construcción de caminos secundarios	76.2
Agua potable y drenaje	20.2	Apoyo a las comunidades indígenas	15.6	Apoyo a los estados y los municipios	16.7
Urbanización	14.9	Empresas en Solidaridad	10.4	Construcción de caminos principales	7.1
Fondos municipales	11.9				
Becas escolares	11.6				
Electricidad	7.9				
Infraestructura sanitaria	7.9				
OTROS: – Mujeres en Solidaridad – Cultura y deporte – Vivienda – Rehabilitación social – Becas para la capacitación laboral	20.6	OTROS: – Riego – Pesca – Ganadería – Desarrollo de áreas de temporal	33.9		

de la pobreza en el país (Moguel, 1992). La falla originada por la escasez de información no está relacionada exclusivamente con las implicaciones políticas del programa, sino con diversos aspectos administrativos, como la dispersión y el retraso en el envío de la información, la "calamidad" del centralismo y el despotismo de algunos funcionarios federales y estatales (Martínez, 1992).

Otras críticas han sido dirigidas en torno del funcionamiento y elaboración del programa. Vélez advierte respecto a los riesgos de que el programa entre en contradicción con algunos de los esfuerzos del ajuste económico. Por ejemplo, al no favorecer la "cultura de pago" de los créditos otorgados (Vélez, 1994). Por su parte, Levy hace notar que el programa debería considerar las restricciones administrativas, pues resulta riesgoso expandirse más allá de su tamaño y complejidad original. Las restricciones administrativas son importantes, ya que las posibilidades de corrupción y de falla gubernamental aumentan con el número de subprogramas (Levy, 1990).

Finalmente, algunos autores hacen notar cierta incongruencia al establecer las competencias del programa, pues en teoría las decisiones de programación son tomadas en el seno de los Coplades estatales, y sin embargo en la práctica muchas de las decisiones de relevancia son tomadas por los delegados federales, que en último término deciden las partidas asignadas a los programas específicos. En consecuencia, surgen desequilibrios entre lo que demandan los Comités de Solidaridad y los recursos asignados para otros propósitos específicos.

ESTUDIO DE CASO EN ZACATECAS: PRINCIPALES ACIERTOS
Y FALLAS DEL PROGRAMA

En 1991 Pronasol solicitó una serie de estudios de investigación independientes a efecto de evaluar el desempeño del programa en los diferentes estados de la República mexicana. La investigación realizada en El Colegio de México (1993),[5]

---

[5] En el presente ensayo es preponderante la presentación de los resultados económicos. Los demás aspectos se examinan más ampliamente en El Colegio de México (1993).

tuvo como propósito central revisar los cambios más importantes producidos por el programa en Zacatecas por medio de las necesidades sociales cubiertas y de los efectos políticos, económicos y sociales que el programa trajo consigo a lo largo de 1991 y 1992. Asimismo requirió un ejercicio de identificación de los problemas que *Solidaridad* enfrentó, como política pública, durante los dos años que abarcó el estudio. Basado en la metodología elaborada por El Colegio de México (1991),[6] buscó relacionar datos económicos y sociales con respecto a la base de los criterios fundamentales del programa: reducción de la pobreza y la participación de los beneficiarios en dicha tarea.

Metodología

Como primer paso para proceder a la evaluación de un programa cuyo objetivo es el abatimiento eficaz de la pobreza, es fundamental obtener un perfil detallado de la pobreza en la región por estudiar. Ello requiere establecer indicadores adecuados, tales como la línea de pobreza y los índices calculados con base en ella para el conjunto y cada uno de los componentes de la región analizada.

La definición de una línea de pobreza es un asunto que despierta gran controversia, ya que los diagnósticos provenientes de las diversas definiciones de la línea conducen a diferentes conclusiones y recomendaciones (Ravallion y Huppi, 1991).[7] La posible sobrestimación en los niveles de pobreza llevan a que la tarea se perciba como irrealizable, además de conducir a que la asignación de los recursos se diluya en grupos de población más amplios, cuando debiera ser ejercido de manera prioritaria en los más pobres. En contraste, las subestimaciones pueden dejar sin ayuda a algunas personas que se encuentran en franco estado de desesperación (Levy, 1990).

[6] Véase El Colegio de México (1991).
[7] De la Torre (1994) menciona que por lo menos siete líneas diferentes han sido utilizadas en los diversos estudios de pobreza en México. Para un análisis acerca del tema véase Hernández Laos (1992) y Lustig (1991). Respecto a la utilidad de usar un rango de líneas de pobreza en lugar de líneas aisladas, véase Atkinson (1987) y Foster y Shorrocks (1991).

Para los propósitos de la investigación se eligió como línea de pobreza una versión modificada de "canasta normativa alimenticia" propuesta por Coplamar (1982).[8] Se efectuaron ajustes al alza con el fin de incorporar el gasto en bienes y servicios no alimentarios y el cambio en el valor de la misma debido al efecto de la inflación. La cifra resultante difiere tan sólo 1.9% respecto al salario mínimo diario de marzo de 1990.[9]

La realización de un diagnóstico adecuado requiere dos elementos: máxima cobertura e información detallada respecto a los ingresos. El primero permite la consideración cabal del universo de la población por ser estudiada, reduciendo así la probabilidad de ignorar a miembros del grupo objetivo. La información detallada acerca de los ingresos permite examinar tres facetas diferentes de la pobreza, a saber, la extensión, la severidad y la distribución de la misma. En México el XI Censo Nacional de Población constituye la base de datos más recientes de máxima cobertura, mostrando los ingresos y otras variables de infraestructura pertinentes, desglosadas por ámbito nacional, estatal y municipal.[10]

Una vez definida la línea de pobreza fueron utilizados los índices P_α como indicadores de pobreza (véase Foster et al., 1984). Tales índices aportan una serie de ventajas en cuanto

[8] La canasta mínima nutricional utilizada en diversos estudios en México se calculó de acuerdo con los patrones de consumo de la población pobre. Dicha canasta tiene un contenido nutricional de 2 082 kilocalorías y 35.7 gramos de proteínas.

[9] Toda vez que aun aquellos que viven en extrema pobreza dedican parte de su ingreso al consumo de bienes y servicios diferentes de alimentación, el ajuste era necesario (véase Hernández Laos, 1992). La Encuesta Ingreso-Gasto de los Hogares es útil para realizar la corrección requerida al examinar los patrones de consumo de los hogares de los deciles más pobres. El valor de la CNA para una familia promedio mexicana era de 12 646 pesos en enero de 1984. La inflación a la fecha en que se realizó el XI Censo de Población y Vivienda (marzo de 1990) fue de 2 652.36%. El valor nominal actualizado de la CNA es de 335 428 pesos. Si se incorpora el ajuste de 31.07% por gastos no alimentarios, el valor de la canasta es de 439 675 pesos. En la misma época el salario mínimo era de 431 467 pesos, lo cual hace que la línea de pobreza estimada difiera 1.9% de la CNA.

[10] Sin embargo, la información referente al ingreso no es muy detallada pues se presenta en rangos de salarios mínimos. Otra base de datos es la Encuesta Ingreso-Gasto de los Hogares que analiza los ingresos con gran detalle, pero carece de una representatividad estadística adecuada en las esferas estatal y municipal. Una explicación más amplia se ofrece en El Colegio de México (1991).

miden la extensión, la gravedad y la inequidad en la distribución de la pobreza. Asimismo, debido a que es posible desagregarlos utilizando los parámetros demográficos como ponderadores, se puede identificar la contribución regional a la pobreza estatal o nacional (véase el apéndice I). Esto resulta de gran utilidad porque permite comparar regiones y estados, identificando las áreas con mayores carencias.[11]

Para proponer un modo de evaluación que considerara no sólo la eficacia en la orientación del gasto sino la participación y organización de los beneficiarios en el programa, fue preciso levantar varias encuestas y reunir datos e información estadística, tal como estaba previsto en la metodología propuesta. Por el lado de las necesidades esenciales, se compararon los datos reunidos en los archivos del Coplade estatal con la información monográfica disponible del estado en los proyectos de inversión aprobados y ejecutados en los marcos de Solidaridad, durante 1990 y 1991.

Al mismo tiempo, se hicieron varios recorridos de campo para comprobar la exactitud de esos datos, a partir de una muestra seleccionada previamente, en función de la importancia de cada uno de los programas efectuados en la entidad.

Por el lado de la participación social, los datos provinieron de dos grupos complementarios de encuestas: una dirigida a los presidentes de los comités de Solidaridad y otra a los grupos sociales beneficiados. Ambas buscaron obtener información representativa acerca de las características y la opinión de quienes han participado en la instrumentación del programa. Para realizar el análisis, finalmente, se eligieron dos medios: las regiones de Zacatecas y los programas efectivamente emprendidos por *Solidaridad* en cada una de ellas.

Principales resultados. Zacatecas es uno de los estados más extensos y pobres del país. Es un estado predominantemente rural, marcado por una tradición emigrante, no sólo hacia otros estados de la república, sino también a los Estados Uni-

[11] Cuando el exponente α toma el valor de 2 se cumplen dos axiomas importantes: *monotonicidad* y *transferencia*, que establecen respectivamente que, i) manteniendo todo lo demás constante, una reducción en el ingreso de un hogar pobre debe incrementar la medida de pobreza, y ii) una transferencia de ingreso de un hogar pobre a otro hogar pobre cuyo ingreso sea mayor, debe incrementar la medida de pobreza (véase la gráfica IX.2).

dos. Más de 45% de su producción agrícola se obtiene a partir de productos de bajo rendimiento, como el maíz y el frijol. Sólo el 13% de la superficie agrícola tiene acceso a riego. Este perfil socioeconómico hace de Zacatecas un estado prototípico para los objetivos de *Solidaridad*. Además, los porcentajes de inversión dedicados a esa entidad dentro del total autorizado por *Solidaridad* para todo el país, prácticamente coincidieron con la aportación relativa de Zacatecas a la pobreza de México: 3.2% en 1990 y 3.6% en 1991, frente a 3.3% con el que Zacatecas contribuye a la pobreza general del país. Esas asignaciones significaron, en 1990, 17% de la inversión total ejercida en la entidad, y en 1991, 20%. Ambas dan muestra de la importancia de *Solidaridad* como fuente de financiamiento durante ese periodo (véase la gráfica IX.1).

Principales logros

Tres fueron los logros principales producidos por *Solidaridad* durante el periodo analizado: el mejoramiento de la economía y bienestar de la población pobre; la mayor participación y organización de los beneficiarios, y el mejoramiento de la imagen pública del gobierno.

a) *En la economía*. En primer término, como resultado de los programas cuyos efectos pueden medirse *directamente* en el ingreso global de los beneficiarios, por medio de los programas de becas escolares y transferencias a la producción, los niveles de pobreza en el estado de Zacatecas se redujeron 2.2 por ciento.[12]

En cuanto al beneficio directo derivado del aprovisionamiento de servicios públicos para el conjunto de la entidad, *Solidaridad* tuvo un papel fundamental en el incremento de

[12] La cifra se antoja baja, comparada con la cantidad de recursos que se han dedicado al programa. Existen por lo menos tres razones que explican este hecho. En primer lugar la reducción en los niveles de pobreza está subestimada debido a que no se consideran ni los efectos indirectos ni los de mediano y largo plazos que tienen en el ingreso de los hogares el incremento de capital humano derivado de los proyectos educativos y de salud. En segundo término, el incremento en los ingresos en especie se ha considerado aparte. Finalmente, la desviación en la asignación del gasto significó que una parte considerable de los recursos no fuese destinada al beneficio de la población pobre. El asunto del acierto se examina más adelante.

GRÁFICA IX.1. *Participación estatal en el gasto de Solidaridad*
vs. contribución estatal a la pobreza nacional 1989-1991
(porcentajes)

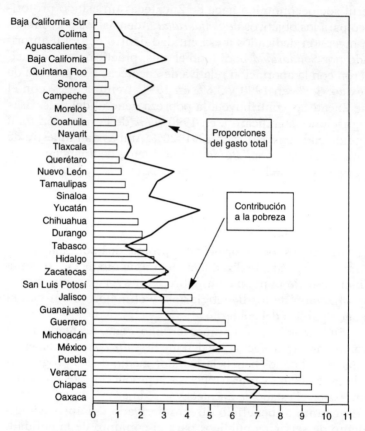

los servicios de electricidad (4%), agua potable (6.3%) y dre-
naje (3.9%) en el marco de los programas de Bienestar Social
y Fondos Municipales de Solidaridad (véase la gráfica IX.2).
Asimismo, como resultado del programa Hospital Digno, la
cobertura de servicios de salud, principalmente la construcción de clínicas rurales, aumentó en 5.8%. Gracias al programa Escuela Digna, 42% de la infraestructura total educativa
se benefició por medio de obras de mantenimiento, expansión
o construcción de nuevos edificios.

GRÁFICA IX.2. *Cobertura de servicios públicos*
(porcentajes)

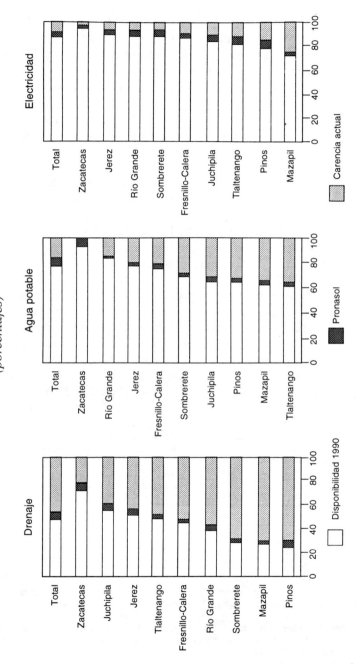

A los beneficios directos, el programa debe sumar los beneficios de tipo indirecto. El conjunto de obras realizadas en el marco de *Solidaridad* tuvo como resultado un incremento promedio de 31% en el valor de los activos de los beneficiarios. Es importante hacer notar que en tanto las inversiones realizadas en estas obras incrementaron el total de los activos de los estados, representan un acervo adicional susceptible de ser convertido en ingreso monetario por cada uno de los beneficiarios[13] (véase el cuadro IX.5).

El efecto indirecto de las acciones de *Solidaridad* también se verificó en los proyectos de carácter productivo. Como resultado de los apoyos en este rubro, la producción agrícola se incrementó hasta en 7.4%. En efecto, 36% de los beneficiarios confirmó que, gracias a estas acciones, tanto los beneficios como la producción habían aumentado (véase el cuadro IX.6).[14]

b) *En la organización y participación de los beneficiarios.* Los datos de la encuesta levantada muestran que el programa fue funcional para reforzar los lazos entre las autoridades locales y la comunidad, y aun entre los miembros de las comunidades entre sí. En una escala de 0 a 10 —proveniente del modo en que fueron creadas las encuestas para esta investigación—, la participación colectiva alcanzó un índice de 6.97 puntos como promedio estatal (véase el cuadro IX.7). Además, la colabora-

---

[13] Sin embargo, los datos aquí presentados deben tomarse con cautela, toda vez que, en las preguntas en que interviene algún cálculo monetario, sólo fueron contestadas por una proporción minoritaria de los beneficiarios, disminuyendo así la representatividad de las respuestas:

Programa	Total cuestionarios	Contestados	Porcentaje
Agua potable	79	34	43.03
Drenaje	93	15	16.12
Electricidad	90	34	37.77
Urbanización	85	24	28.23
Vivienda	78	13	16.16
Total	425	120	28.23

[14] El 7.4% presentado aquí proviene del promedio ponderado calculado con base en la encuesta de beneficiarios del programa de producción. Nuevamente, el resultado no puede tomarse como representativo del conjunto de beneficiarios, en el que sólo 36% de la muestra respondió a la pregunta correspondiente.

CUADRO IX.5. *Revaluación de activos por programa*
y región en Zacatecas
(porcentajes)

Regiones	Incremento en valor	Programa	Incremento en valor
Total del estado	6.14	Agua potable	25
Fresnillo	3.38	Drenaje	20
Río Grande	4.81	Electricidad	41
Sombrerete	1.60	Urbanización	43
Pinos	2.54	Vivienda	26
Tlaltenango	0.50		
Jerez	6.32		
Zacatecas	11.89		
Juchipila	8.77		

CUADRO IX.6. *Aumento en la producción y en las utilidades*
por regiones (1990-1991)
(porcentajes)

Región	Producto	Beneficios
Zacatecas	27.50	23.7
Pinos	21.72	21.19
Río Grande	60	48.75

CUADRO IX.7. *Participación de los beneficiarios*
en las obras o acciones[a]

Puntos de participación	Casos	Porcentaje
0	125	15
De 1 a 4	44	5
De 5 a 9	282	33
10	406	47

[a] La escala es de 0 a 10. Promedio estatal: 6.97.

ción comunitaria aportó el 12.9% del costo total de las obras emprendidas por *Solidaridad* en esos dos años.

Las nuevas relaciones sociales abrieron, así, la posibilidad de iniciar liderazgos hasta entonces ocultos en las comunidades más pobres de la entidad: de acuerdo con los datos registrados, 46% de los beneficiarios reconoció el liderazgo de los presidentes de los Comités de Solidaridad. De hecho, 93% de los presidentes de los comités auspiciados por *Solidaridad* ejercieron, de modo efectivo, alguna función de responsabilidad colectiva. Y 55% cumplió plenamente su doble papel de intermediación con las autoridades de Zacatecas y de promoción en sus propias comunidades.

c) *En la imagen pública del gobierno.* La satisfacción proveniente de los proyectos de *Solidaridad* estuvo directamente vinculada con la buena imagen lograda por las diferentes esferas de gobierno entre los beneficiarios del programa. No sólo mejoró la imagen del presidente de la República sino que Solidaridad permeó los tres ámbitos de gobierno, y particularmente a los municipios. Cuando se preguntó: ¿qué oficina del gobierno fue la que hizo esta obra?, 46% respondió que el responsable fue el municipio, 24% creyó que había sido el gobierno del estado, y 28% que la había efectuado directamente el Ejecutivo federal: casi la mitad de las respuestas se inclinaron, pues, por el ámbito municipal. Cuando se preguntó acerca de la percepción de la imagen del gobierno, 74% de los beneficiarios contestó que la imagen que tenía del gobierno había cambiado positivamente, 24% reveló que no había habido cambios en su percepción, mientras que 2%, una notable minoría, reveló que su opinión había empeorado.

Principales fallas

El alcance del Pronasol es forzosamente limitado. No es un programa pensado para resolver todas las carencias sociales ni para sustituir con el gasto público la dinámica del mercado, sino para aliviar los efectos más apremiantes de la pobreza extrema e incidir en la erradicación de sus causas por medio de la participación perdurable de los más pobres. Sin embargo, el Pronasol pudo haber hecho más. En algunos casos, se produjeron efectos distintos de los deseados pese a que la actuación de los participantes hubiese sido como había estado prevista. Estas *fallas de elaboración* indican que la política puede mejorarse al revisar los mecanismos establecidos para lograr los objetivos planteados. Por otro lado, la eficacia del programa descansa en una compleja trama de relaciones entre ámbitos de gobierno y organizaciones sociales, lo cual tiende a producir decisiones, posiciones, actitudes y resultados distintos de los objetivos planteados a lo largo de su red de instrumentación. Desviaciones que representan fallas de implantación.

a) *Problemas de elaboración*. Partiendo del hecho de que abatir la pobreza es el objetivo principal del programa, el acierto en la orientación del gasto es fundamental. Esta tarea incluye distintos aspectos: *i*) que los recursos se distribuyan conforme a las carencias regionales; *ii*) que los beneficiarios a quienes van dirigidos los recursos efectivamente estén incluidos en el grupo objetivo de población (es decir, el de pobreza extrema), y *iii*) que los recursos se asignen en concordancia con la severidad y distribución de sus carencias. Por ello, el incumplimiento en alguno de los tres elementos mencionados puede ser resultado de una elaboración inadecuada en la orientación de las asignaciones presupuestarias.[15]

i) *Acierto inadecuado por región*. Con el fin de evaluar la distribución de recursos de acuerdo con las contribuciones regio-

---

[15] Existen, sin embargo, algunas discrepancias respecto a las razones que dan fundamento a este criterio. La premisa básica en que se apoya es que, dada una brecha general de pobreza, es preferible una distribución equitativa de la misma, y en consecuencia la prioridad es atender a los grupos de población más pobre. El argumento en contra de este criterio se basa en el hecho de que no siempre gastar en mayor cuantía en las regiones más pobres alcanza el resultado más efectivo. En principio, el criterio debe considerar las diferencias en los costos marginales de atención a los de población pobre. Beneficiar a los pobres de los núcleos urbanos probablemente implique menores costos marginales, dadas las posibles economías de escala derivadas de la provisión de bienes públicos. Sin embargo, cuando los bienes no son estrictamente "públicos" es posible pensar que el costo marginal en la atención a aquellos en estado de pobreza extrema sea menor. En todo caso la evaluación de los diferenciales de costos (y de beneficios) es cuestión de corroboración empírica. Las desviaciones en el gasto considerando los aspectos de gravedad y distribución de la pobreza se analizan en el apéndice II.

nales a la pobreza estatal, el primer paso es sin duda construir el perfil de pobreza del estado. En ejercicio análogo al realizado para construir el perfil de pobreza nacional, la gráfica IX.3 presenta los principales indicadores de pobreza para el estado de Zacatecas a lo largo de las regiones correspondientes a la clasificación del Coplade estatal. La *contribución regional a la pobreza* estatal se representa por las barras oscuras; resulta de combinar el *peso demográfico* (la barra blanca) con su correspondiente *índice de pobreza*, señalado por los puntos unidos por la línea.

La gráfica IX.4 resulta de utilidad para determinar el acierto en la orientación del gasto, al contrastar el destino de los recursos del programa de acuerdo con las contribuciones regionales a la pobreza del estado. Las desviaciones en la

GRÁFICA IX.3. *Pobreza, peso demográfico y contribuciones regionales a la pobreza en el estado de Zacatecas*

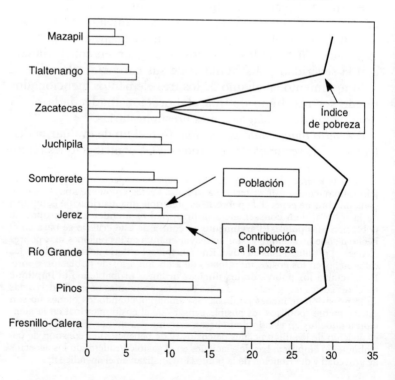

GRÁFICA IX.4. *Acierto de gasto por región*

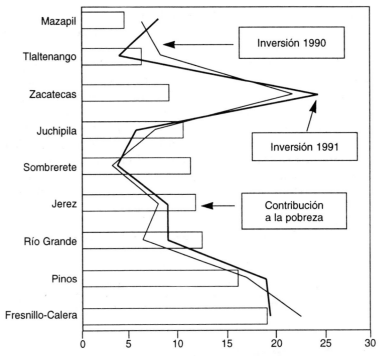

asignación del gasto son evidentes. Zacatecas es una región predominantemente urbana, concentra en gran medida las partidas presupuestarias, en tanto que regiones como Juchipila, Sombrerete, Jerez y Río Grande muestran un claro déficit en las partidas asignadas, de acuerdo con sus respectivas contribuciones a la pobreza estatal.[16]

ii) *Identificación inadecuada del grupo objetivo por regiones*. La extensión de la pobreza se refiere al porcentaje de población

[16] La distribución regional de los cambios en la provisión de servicios tampoco fue equitativa. La tercera parte de las acciones de agua potable se centró, por ejemplo, en la región de Zacatecas, donde las carencias de ese servicio se eliminaron por completo, en detrimento del resto de la entidad. Y algo similar ocurrió con los proyectos de introducción de drenajes. Ni las carencias acumuladas ni el tipo de respuesta guardaron una relación aparente. La posibilidad de ejercer recursos con mayor rapidez podría ser, acaso, una explicación lógica frente a esa distribución heterogénea o bien el mayor poder de gestión que se centra en zonas urbanas.

pobre de una región respecto a su población total. Un acierto perfecto sería aquel en el cual 100% del grupo beneficiado se encontrara por debajo de la línea de pobreza. De esa manera se aseguraría que la totalidad de los recursos llegue exclusivamente al grupo objetivo.

La gráfica IX.5 muestra una comparación entre pares de índices que reflejan la extensión de la pobreza. En cada par, la barra superior significa la extensión de la pobreza calculada con base en la información de la encuesta aplicada a los beneficiarios. La barra inferior muestra el mismo índice, pero con información derivada del censo de población. La gráfica presenta dos regiones con relativo éxito en el acierto: Mazapil (87%) y Juchipila (80%). Este resultado difiere considerablemente de las cifras correspondientes a Fresnillo (27%), Río Grande (40%), Tlaltenango (29%) y Jerez (35%), donde los ín-

GRÁFICA IX.5. *Índice de extensión de la pobreza.*
Muestra de beneficiarios vs. *censo*

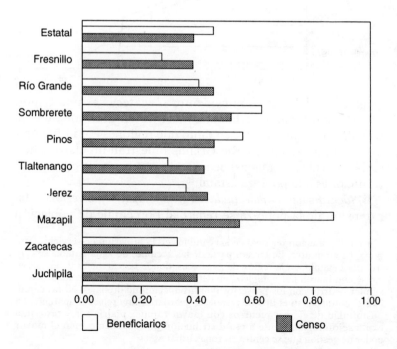

GRÁFICA IX.6. *Acierto en el gasto por programa*
(nuevos pesos)

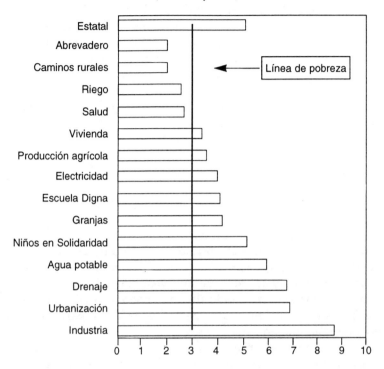

dices son particularmente bajos, y aun menores a los respectivos índices calculados con base en el censo. Al analizar la totalidad del estado, más de la mitad de la población atendida (54%) superaba la línea de pobreza. Esta es una notable desviación de los objetivos del programa e indica la exigencia de una revisión considerable.

iii) *Identificación inadecuada del grupo objetivo por programa.* La cuestión del acierto también se puede analizar a nivel de programas. La gráfica IX.6 muestra el ingreso *per capita* diario de los beneficiarios y contrasta dichos cálculos con la línea de pobreza elegida. Este análisis permite identificar el tipo de proyectos (abrevaderos, caminos rurales, riego y salud) que se orientaron efectivamente hacia el beneficio de los grupos más pobres, es decir, a la población cuyos ingresos eran próximos a la línea de pobreza. En contraste, los proyectos de industria y urbanización beneficiaron a grupos con mayores ingresos relativos, lo cual, por el tipo de proyectos de que se trata, apunta una vez más al problema del sesgo urbano.

b) *Fallas de implantación.* La característica más evidente del funcionamiento inadecuado en las diferentes etapas del proceso de implantación radica en la ineficacia descubierta en 29% de las obras auspiciadas por el Pronasol. Durante las visitas de campo se pudo comprobar que 18% de las obras quedaron inconclusas, 5% estaban inutilizables y 6% no se encontraron. La explicación posible de estas fallas se encuentra, entre otras causas, en la supervisión insuficiente de las obras, en la ausencia de análisis de factibilidad confiables, en la modificación de los proyectos originalmente acordados y en la disparidad en la participación de los beneficiarios en el desarrollo.

i) *Escasa participación.* La participación de los beneficiarios representa tanto una meta primordial como un componente básico del programa. Las dificultades halladas en este terreno llevan a la conclusión de que la escasa participación puede constituir tanto el resultado de una creación inadecuada en los mecanismos del programa como un obstáculo para su adecuada implantación.

La pobreza, en sí misma, puede constituir un obstáculo para participar. A menudo, la aprobación de los proyectos está sujeta al conocimiento de las oportunidades ofrecidas por el programa. En consecuencia, las comunidades más remotas enfrentarán dificultades para obtener la información requerida y para organizarse con objeto de pertenecer al grupo de beneficiarios. El programa se ciñe asimismo a una formulación adecuada de expedientes técnicos que son difíciles de comprender para la población que vive en extrema pobreza, y que por ello carece de los conocimientos y de las habilidades de gestión para dicho propósito.

En la evaluación se encontraron otros obstáculos para el logro de una participación plena. No todos los miembros de los Comités de Solidaridad estuvieron entre los más pobres de sus comunidades, encontrándose además que las decisiones recayeron por lo general en personas con mayores ingresos.

No todos los proyectos se decidieron en asambleas comunitarias. Al preguntárseles respecto a quién había tomado la iniciativa de las obras, 34% de los beneficiarios contestó que las autoridades gubernamentales, 47% respondió que algunos miembros de la comunidad y tan sólo 18% que las decisiones relacionadas con los proyectos se habían tomado en las asambleas vecinales.

A menudo el establecimiento de los Comités de Solidaridad funcionó tan sólo como un requisito para desarrollar los proyectos previamente decididos en las esferas superiores del gobierno. Más aún, el desarrollo de nuevos liderazgos se dificultó debido a que 27% de las designaciones de las autoridades de los comités fueron inducidas o impuestas por autoridades gubernamentales superiores. De hecho, 19% de las designaciones se aprobó sin que para ello hubiese tenido lugar una asamblea comunitaria.

ii) *Ineficacia en la consecución de las obras o acciones.* Las deficiencias encontradas en 29% de las obras se deben a varios factores. En primer lugar, aquellos que se refieren al exiguo respaldo de las comunidades en su realización. De las obras realizadas, 16% no fueron respaldadas por ningún comité y tan sólo 36% habían sido llevadas a cabo por los beneficiarios. En segundo término, la supervisión deficiente o insuficiente de las obras condujo a que, entre otros resultados, las obras quedaran inconclusas, sin funcionar o terminaran en proyectos diferentes de lo que se había previsto orginalmente (véase el cuadro ix.8). En el programa de apoyo a la producción, 45% de los créditos no rembolsados se explica no sólo por las adversidades climáticas, sino porque los créditos estaban condicionados a la obtención de productos agrícolas de bajo rendimiento, como maíz y frijol, y a que en algunos casos la gente los empleó directamente para su consumo.

c) *Otros resultados.* Uno de los hallazgos más importantes de la investigación fue corroborar el peso que las comunidades otorgan al respaldo de las autoridades locales en sus esfuerzos. El índice de satisfacción creado para el estudio aumentó dos puntos en los casos en que las obras tuvieron una o más visitas de supervisión por parte de las autoridades o de técnicos especializados. Asimismo, tanto una buena coordinación entre las

CUADRO IX.8. *Supervisión de obras*
(porcentajes)

Programas	Una supervisión	Dos supervisiones
Industria	11	11
Vivienda	11	5
Escuela	60	32
Abrevaderos	0	0
Agua potable	66	42
Caminos	66	40
Salud	50	50
Drenaje	84	47
Electrificación	90	60
Urbanización	90	73

autoridades y los beneficiarios como el buen entendimiento de las necesidades expresadas resultaron ser elementos de gran importancia, pues la eficacia a la hora de satisfacer las carencias percibidas condujeron tanto al aumento de la participación como de la satisfacción de los beneficiarios.

La escasa supervisión o apoyo por parte de las autoridades condujo a que 44% de las comunidades utilizara los servicios de contratistas porque, según la percepción de los beneficiarios, era la elección más barata o la más práctica.

Finalmente se encontró que la satisfacción fue más el fruto de la respuesta atinada en satisfacer las carencias percibidas que en los montos suministrados en las obras emprendidas.

CONCLUSIONES

A pesar de que el Pronasol ha obtenido logros incuestionables en términos de la satisfacción de las necesidades de los núcleos de población pobre y en el estímulo de su participación en esta tarea, existe todavía un margen considerable para el mejoramiento del programa.

Un problema operativo de importancia se deriva de que las asignaciones presupuestarias no sólo se restringen al examen técnico de las carencias básicas, sino a la participación de la población en superarlas, por lo que hallar una completa compatibilidad entre ambas metas puede resultar conflictiva.

De la experiencia en la evaluación del desempeño del programa en el estado de Zacatecas se sugieren tres propuestas de política.

Primera: mejorar el acierto. La tarea de abatimiento de la pobreza requiere un esfuerzo considerable en identificar a la población objetivo. La inversión requerida en información es útil en tanto aumentan las posibilidades de ayudar efectivamente a quienes se encuentran con mayores necesidades. La creación de un perfil de pobreza oportuno es fundamental para desarrollar adecuadamente un programa que pretende aliviar las características más manifiestas de la pobreza. Asimismo resulta de gran utilidad para llevar a cabo evaluaciones *ex post*, cuya intención es encontrar las principales fallas, de modo tal que se puedan sugerir los ajustes necesarios para su mejoramiento.

Segunda: incrementar la participación efectiva de los beneficiarios. Las asignaciones presupuestarias del programa actualmente dependen de: *i*) decisiones predeterminadas por las autoridades; *ii*) la existencia de expedientes técnicos para la aprobación de los proyectos, y *iii*) la capacidad de demanda y organización de las comunidades.

Considerando que el acierto en la orientación del gasto es el primer paso en el abatimiento eficaz de la pobreza, la eficiencia en aumentar el bienestar de los pobres dependerá asimismo de una participación más amplia de los beneficiarios, al comprometerse en esta tarea sobre la base de montos autorizados y sin etiquetas para este propósito.

La organización e información oportunas para poder participar activamente en la superación de sus carencias es un requisito adicional. Este hecho explica en parte el sesgo urbano en el destino de los presupuestos. Asignar recursos adicionales para dar mayor acceso a la información y para la organización de los pobres debería formar parte fundamental del programa.

Tercera: mejorar la implantación del programa. Para disminuir los problemas operativos que resultan de la complejidad de una red de implantación administrativa es necesario incrementar el rigor en los estudios de factibilidad técnica de los proyectos. El acompañamiento organizativo y técnico en la gestión, supervisión y ejecución de los mismos es respaldar de manera significativa el éxito de la inversión pública contra la pobreza. Así, a la disminución en la pobreza de consumo se sumará el incremento en las oportunidades creadas y en las habilidades inducidas para reducir de manera permanente este mal social definido en su dimensión más amplia.

Apéndice I.
Familia de índices de pobreza P-α

Sea z la línea de pobreza previamente elegida. G_i define la brecha de pobreza para el i-ésimo individuo como:

$$G_i = \text{Max}[(z - y_i), 0]$$

donde y_i es el ingreso *per capita* del i-ésimo individuo. Para poder estimar el índice agregado para la familia de los índices P_a, se aplica el concepto de brecha individual mediante la siguiente ecuación:

$$P_\alpha(y; z) = \frac{1}{n} \sum_{i=1}^{q} \left(\frac{G_i}{z} \right)^\alpha$$

donde q es el número de individuos para los cuales $G_i > 0$, esto es, el número de personas por debajo de la línea de pobreza; α representa la "aversión social a la pobreza" y n es el tamaño de la población. Al tomar α el valor de cero, P_α denota la extensión de la pobreza. Asimismo, cuando este parámetro toma el valor de 1, mide la severidad de la pobreza, satisficiendo el axioma de monotonicidad. Con un valor de 2, mide la distribución de la pobreza, cumpliendo asimismo con el axioma de transferencia.

Considérese ahora que m denote el número de regiones

(u otras categorías como el *status* rural o urbano) al tomar n_j ($j = 1, ..., m$) como el peso demográfico de cada región, P_α se puede expresar como:

$$P_\alpha = \sum_{j=1}^{m} \left(\frac{n_j}{n}\right) P_{\alpha j}$$

donde $P_{\alpha j}$ es el índice estimado para la región j. La contribución regional a la pobreza (T_j) se puede obtener mediante la siguiente expresión:

$$T_j = \frac{\left(\dfrac{n_j}{n}\right) P_{\alpha j}}{\displaystyle\sum_{j=1}^{m} P_{\alpha j}}$$

GRÁFICA IX.7. *Índices de severidad* ($\alpha = 1$) *y de distribución* ($\alpha = 2$) *de la pobreza* (*muestra de beneficiarios* vs. *censos*)

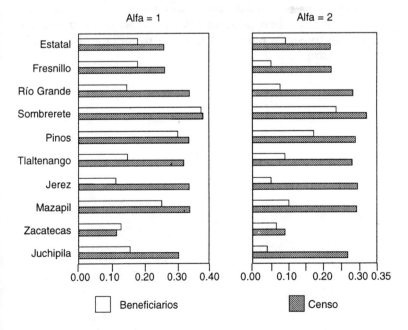

APÉNDICE II.
Evaluación del acierto en la orientación del gasto
considerando la severidad y distribución de la pobreza

La explicación acerca de la evaluación del acierto resulta más compleja que en el caso de la extensión de la pobreza. Cuando el valor del parámetro α es igual a 1, el índice P_α muestra la proporción de la brecha promedio de pobreza que corresponde a cada uno de los habitantes de la región. Cuanto mayor sea la brecha, mayor será el índice. Al analizar el estado de Zacatecas, las regiones de Zacatecas (0.37) y Sombrerete (0.12) alcanzan índices similares a los estimados para la población. En este sentido, la desviación en el acierto resulta mayor pues en cada región los índices de pobreza deberían ser mayores en el grupo objetivo que los estimados para el conjunto de la población de la región de que se trata (véase la gráfica IX.7).

Un fenómeno similar sucede al analizar el índice, considerando el parámetro α con valor de 2. En cada una de las regiones existe una notable diferencia al contrastar los índices de pobreza de los beneficiarios y de la población en su conjunto, siendo mayores para este último grupo, cuando debería ocurrir lo contrario.

BIBLIOGRAFÍA

Aguilar Camín, H. y L. Meyer, *In the Shadow of the Mexican Revolution: Contemporary Mexican History, 1910-1989*, University of Texas Press, Austin, 1993.

Aguayo, Sergio, *Journal of Democracy*, vol. 6, núm. 2, abril de 1995.

Alcalá Zamora y Castillo, Niceto, "Justicia y Revolución", *Revista de Derecho Procesal Iberoamericana*, núms. 2-3, 1977.

Americas Watch, *Chile: Human Rights and the Plebiscite*, Washington, D. C., 1988.

——, *Human Rights in Mexico: A Policy of Impunity*, 13 de junio de 1990.

——, *Human Rights in Mexico: A Policy of Impunity*, Washington, D. C., 1991a.

——, *Prison Conditions in Mexico*, Nueva York, 1991b.

Amezcua, H., "La fusión de los grupos y *holdings* comerciales con el capital financiero en México: 1977-1982", en R. Pozas y M. Luna (comps.), *Las empresas y los empresarios en el México contemporáneo*, Grijalbo, México, 1991.

Amnistía Internacional, *Mexico: Human Rights in Rural Areas* Amnesty International Publications, Londres, 1986.

——, *Mexico: Torture with Impunity*, Amnesty International: USA, Nueva York, 1991.

Anglade, Christian, "Democracy in Latin America", en Ian Budge y David McKay (comps.), *Developing Democracy*, Sage Publications, Londres, 1994.

Arat, Zehra F. *Democracy and Human Rights in Developing Countries*, Lynne Rienner Publishers, Boulder y Londres, 1991.

Arriola, Carlos, *Los empresarios y el Estado: 1970-1982*, Miguel A. Porrúa, México, 1988.

Article 19, *Information, Freedom and Censorship. A World Report 1988*, Longman, Harlow, 1988

Article 19, *Information, Freedom and Censorship. A World Report 1991*, Library Association Publishing, Londres, 1991.

Aspe, Pedro, *Economic Transformation: The Mexican Way*, MIT Press, Cambridge, Mass., 1993.

——, "Balance de la transformación económica", *Mercado de Valores*, vol. LIV, núm. 8, agosto de 1994.

Atkinson, Anthony, "On the Measurement of Poverty", *Econometrica*, vol. 55, 1987.

Baeza, Fernando, "La procuración de justicia como instrumento jurídico de desarrollo", *Revista Mexicana de Justicia*, núm. 12, 1981.

Bailey, John, *Governing Mexico: the Statecraft of Crisis Management*, Macmillan, Londres, 1988.

BANAMEX, *Review of the Economic Situation of Mexico*, vol. 81, núm. 238, septiembre de 1995.

——, *Review of the Economic Situation of Mexico*, vol. 81, núm. 237, agosto de 1995.

Banco de México, *Informe anual*, 1993.

——, *Informe anual 1994*. Dirección de Investigación Económica, abril de 1995.

Barsh, Russel Lawrence, "Measuring Human Rights: Problems of Methodology and Purpose", *Human Rights Quarterly*, vol. 15, núm. 1, pp. 87-121, 1993.

Barzelay, Michael, *The Politicised Market Economy: Alcohol in Brazil's Energy Strategy*, University of California Press, Berkeley, 1986.

Basave, J., "Grupos empresariales en México: estructura y estrategias de inversión 1974-1994", tesis doctoral, Facultad de Economía, UNAM, 1994.

Bassols, Narciso, "¿Qué son, por fin, las juntas de Conciliación y Arbitraje?", *Obras*, FCE, México, 1964.

Beetham, David, "Key Principles and Indices for a Democratic Audit", en David Beetham (comp.), *Defining and Measuring Democracy*, Sage Publications, Londres, 1994.

Blancarte, Roberto, "El PRI y las iglesias", en R. Blancarte, *El poder, salinismo e Iglesia católica. ¿Una nueva convivencia?* Grijalbo, México, 1991.

BM, *Protecting the Poor During Periods of Adjustment*, Banco Mundial, Comité de Desarrollo, núm. 13, 1987.

Bogdanor, V., "Introduction", en V. Bogdanor (comp.), *Constitutions in Democratic Politics*, Gower Publishing Company, Vermont, 1988.

Bolsa Mexicana de Valores, *Annual Financial Data*, 1993.

——, Resumen estadístico, 1995.

Bull, Hedley, *The Anarchical Society: A Study of Order in World Politics*, Macmillan, Londres, 1977.

Burgess, K., "Fencing in the State: International Trade Agreements and Economic Reform in México", mimeografiado, 1994.

Calamandrei, Piero, "Gobierno y magistratura", *Revista de la Escuela Nacional de Jurisprudencia*, núms. 23 y 24, 1944.

Camacho, Manuel, "Los nudos históricos del sistema político mexicano", *Foro Internacional*, vol. XVII, núm. 4, abril-junio de 1977.

Cámara Nacional de la Industria de Radio y Televisión (CNIRT), *Elecciones 1994*, Mitofsky International y Buró de Investigación de Mercados, S. A. de C. V., México, 1994.

Cameron, John, *The Extent and Structure of Poverty in Fiji and Possible Elements of a Government Anti-Poverty Strategy in the 1980s*, Ensayo de Trabajo 19, Misión de Empleo y Desarrollo de Fiji, mimeografiado, Escuela de Estudios del Desarrollo, Universidad de East Anglia, Norwich, 1983.

——, *Adjusting Structural Adjustment, Getting Beyond the UNICEF Compromise*, mimeografiado, Escuela de Estudios del Desarrollo, Universidad de East Anglia, Norwich, 1990.

Camp, R. A., *Entrepreneurs and politics in Twentieth Century Mexico*, Oxford University Press, Nueva York [versión en español del FCE], 1989.

Cárdenas, J., *Crisis de legitimidad y democracia interna de los partidos políticos*, FCE, México, 1992.

Carpizo, Jorge, "Informe de las actividades y acciones concretas realizadas por la Procuraduría General de la República", Procuraduría General de la República, México, 1993.

——, *Mensaje del doctor Jorge Carpizo, presidente del Consejo General del Instituto Federal Electoral, durante la sesión especial de dicho Consejo*, Secretaría de Gobernación, México, 1994.

Castañeda, Héctor, "La administración de justicia ante el dinamismo social", *Revista Mexicana de Justicia*, vol. 7, núm. 1, enero-marzo de 1989.

Cavarozzi, Marcelo, "Mexico's Political Formula, Past and Present", en M. Cook, K. Middlebrook y J. Molinar (comps.), *The Politics of Economic Restructuring. State-Society Relations and Regime Change in Mexico*, Centro de Estudios Estadunidenses-Mexicanos, San Diego, 1994.

Centeno, Miguel Ángel, *Democracy within Reason: Technocratic Revolution in Mexico*, Penn State Press, Filadelfia, 1994.

Centro de Análisis e Investigación Económica (CAIE), "La autonomía del Banco de México: algunos cabos sueltos", en *Informe mensual sobre la economía mexicana*, mayo de 1993.

Chalmers, Douglas, "Internationalised Domestic Politics in Latin America", mimeografiado, 1993.

Chipman, John, "The Future of Strategic Studies: Beyond Ever Grand Strategy", *Survival*, vol. 34, núm. 1, primavera de 1992.

Cline, H. F., *Mexico: Revolution to Evolution, 1940-1960*, Oxford University Press, Londres, 1962.

Colegio de México, El, *Metodología de evaluación del Programa Nacional de Solidaridad*, México, 1991.

——, *Solidaridad en Zacatecas: impacto y problemas de una política pública*, México, 1993.

Comisión Nacional de Derechos Humanos (CNDH), *Newsletter*, núm. 15, 1994.

Concha Malo, Miguel, "La violación a los derechos humanos individuales en México (periodo: 1971-1986)", en Pablo González Casanova y Jorge Cadena Roa (comps.), *Primer informe sobre la democracia: México 1988*, Siglo XXI, México, 1988.

Consejo General del Instituto Federal Electoral, *Informe a la Cámara de Diputados del H. Congreso de la Unión que presenta al Consejo General la Comisión de Consejeros Ciudadanos sobre el desarrollo de los trabajos realizados por el Instituto Federal Electoral y los recursos interpuestos en la elección presidencial de los Estados Unidos Mexicanos, para los efectos de su calificación*, Instituto Federal Electoral, México, 1994.

Cook, María Lorena, "Organizing Opposition in the Teachers'

Movement in Oaxaca", en Foweraker y Craig (comps.), *Popular Movements,* 1990.

Coplamar, *Necesidades esenciales en México. Situación actual y perspectivas al año 2000, Alimentación,* Siglo XXI, México, 1982.

Córdova, A., *La ideología de la Revolución mexicana,* Era, México, 1992.

Cornelius, Wayne, "Political Liberalization in an Authoritarian Regime: Mexico, 1976-1985", en J. Gentleman (comp.), *Mexican Politics in Transition,* 1987.

——, Judith Gentleman y Peter H. Smith (comps.), *Mexico's Alternative Political Futures,* Centro de Estudios Estadunidenses-Mexicanos, UC San Diego, Serie de Monografías, núm. 30, 1989.

—— y Ann Craig, *The Mexican Political System in Transition,* Centro de Estudios Estadunidenses-Mexicanos, UC San Diego, Serie de Monografías, núm. 35, 1991.

Cornia, A., R. Jolly y F. Stewart, *Adjustment with a Human Face,* vol. 1, Oxford University Press, Nueva York, 1987.

Crespo, H., "Crisis económica, crisis de legitimidad", en C. Bazdresch, S. Loaeza y N. Lustig (comps.), *México, auge, crisis y ajuste,* FCE, México, 1992.

Dahl, Robert, *Polyarchy: Participation and Opposition,* Yale University Press, New Haven, 1971.

De la Cueva, Mario, "Historia, instituciones y principios esenciales del derecho mexicano del trabajo", en A. L. Izquierdo y M. de la Cueva (comps.), *El humanismo jurídico de Mario de la Cueva,* UNAM/FCE, México, 1994.

Departamento de Estado de los Estados Unidos, *Country Reports on Human Rights,* Washington, D. C., 1981-1985.

——, "Mexico Human Rights Practices, 1993", pp. 2-3, febrero de 1994

Díaz, Alberto, "¿Desaparecer o federalizar el combate a la pobreza?", *El Economista,* 23 de junio de 1995.

Díaz Cayeros, A., *Desarrollo económico e iniquidad regional: hacia un nuevo pacto federal en México,* Porrúa, México, 1995.

Di Palma, Giuseppe, "Establishing Party Dominance: It Ain't Easy", en T. J. Pempel (comp.), *Uncommon Democracies. The One-Party Dominant Regimes,* Cornell University Press, Itaca, Londres, 1990.

Domingo, P., "Rule of Law and Judicial Systems in the Context of Democratization and Economic Liberalization: A Framework for Comparison and Analysis in Latin America", CIDE División de Estudios Políticos. Ensayo de Trabajo, núm. 25, 1994.

Duff, Ernest A., y John F. McCamant, *Violence and Repression in Latin America*, Free Press, Nueva York, 1976.

Durand Ponte, V. M., "El movimiento por el respeto de los derechos humanos y la transición política", en V. M. Durand Ponte (comp.), *La construcción de la democracia en México*, Siglo XXI, México, 1994.

Duvall, Raymond, y Michel Shamir, "Indicators from Errors: Cross-National, Time Serial Measures of the Repressive Disposition of Government", en Charles Lewis Taylor (comp.), *Indicators Systems for Political, Economic, and Social Analysis*, Oelgeschlager, Gunn & Hain Publishers, Inc., Cambridge, Mass., 1980.

Eguren, Alberto, *Adjustment with Growth in Latin America*, Informe del Seminario de Política del Instituto de Desarrollo Económico, núm. 22, Banco Mundial, Washington, D. C., 1990.

Eisenstadt, T. A., "Urned Justice: Institutional Emergence and the Development of Mexico's Federal Electoral Tribunal", CILAS, Ensayo de Trabajo, núm. 7, 1994.

Elizondo, C., "The Concept of Property of the 1917 Mexican Constitution", CIDE, División de Estudios Políticos, Ensayo de Trabajo, núm. 10. 1993.

——, "Property Rights in Business-State Relations: The Case of the Bank Nationalization", tesis de doctorado, Universidad de Oxford, 1993a.

——, "In Search of Revenue: Tax Reform in Mexico under the Administrations of Echeverria and Salinas", *Journal of Latin American Studies*, vol. 26, 1994.

——, "El Estado mexicano después de su reforma", *Política y Gobierno*, vol. 2, núm. 1, pp. 95-113, 1995.

Encuesta de Valores, 1994.

Escalante Gonzalbo, Fernando, "La corrupción política: apuntes para un modelo teórico", *Foro Internacional*, octubre-diciembre de 1989.

Escalante, F., *Ciudadanos imaginarios*, El Colegio de México, México, 1992.

Escobedo Torres, Alfonso, "Derechos humanos y juicio penal", *Vínculo Jurídico*, núm. 14, Zacatecas, 1993.

Estrada Zámano, Rafael, "Necesidad de restaurar dentro de la estructura del Poder Ejecutivo federal a la Secretaría de Justicia", *Revista de Investigaciones Jurídicas*, núm. 3, 1979.

Fitzgibbon, Russell H., "Measuring Democratic Change in Latin America", *Journal of Politics*, vol. 29, pp. 129-166, 1967.

Fix Zamudio, Héctor, "Preparación, selección y nombramiento de los jueces", *Revista del Supremo Tribunal de Justicia del Estado de Durango*, núm. 27, 1987.

——, "El Ejecutivo federal y el Poder Judicial", en *El sistema presidencial mexicano*, UNAM, México, pp. 269-364, 1988.

Fleischer, David V., "Constitutional and Electoral Engineering in Brazil: A Double-Edged Sword. 1964-1982", *Journal of Inter-American Economic Affairs*, vol. 37, pp. 3-36, 1984.

Flores García, Fernando, "Algunos problemas de la administración de justicia en México", *Lecturas Jurídicas*, enero-marzo de 1964.

Foster, J., J. Greer y E. Thorbecke, "A Family of Decomposable Poverty Indexes", *Econometrica*, vol. 52, núm. 3, mayo de 1984.

——, y A. Shorrocks, "Poverty Orderings and Welfare Dominance", en Nora Lustig (comp.), *Índices y ordenamientos de pobreza: una aplicación para México*, El Colegio de México, *Estudios Económicos*, vol. 6, México, 1988.

Foweraker, Joe, "Popular Movements and the Transformation of the System", en Cornelius, Gentleman y Smith (comps.), *Mexico's Alternative Political Futures*, 1989.

——, *Popular Mobilization in Mexico: The Teachers' Movement 1977-1987*, Cambridge University Press, Nueva York, 1993.

——, "Political Actors of Civil Society: Winners and Losers", en P. Smith (comp.), *The Challenge of Integration: Europe and the Americas*, North-South Center & Transaction Publishers, Miami, 1993a.

——, *Theorizing Social Movements*, Pluto Press., Londres, 1995.

——, y Ann Craig (comps.), *Popular Movements and Political Change in Mexico*, Lynne Reinner Publishers, Boulder y Londres, 1990.

Fox, Jonathan, "The Difficult Transition from Clientelism to Citizenship; Lessons from Mexico", *World Politics*, vol. 46, núm. 2, enero de 1994.

——, y Gustavo Gordillo, "Between State and Market: The Campesinos' Quest for Autonomy", en Cornelius, Gentleman y Smith (comps.), *Mexico's Alternative Political Futures*, 1989.

Frieden, J., "Invested Interests: The Politics of National Economic Policies in a World of Global Finance", *International Organization*, vol. 45, núm. 4, otoño de 1991.

Friedrich, C. J., *Constitutional Government and Democracy*, Ginn and Company, Boston, 1950.

García Ramírez, Sergio, "La reforma en materia de justicia. Una gran obra jurídica, política y moral", *Revista Mexicana de Justicia*, Procuraduría General de la República, México, 1987.

——, "Primer año de la justicia agraria. Informe 1992-1993", *Revista de los Tribunales Agrarios*, año 1, mayo-agosto de 1993.

Garrido, Luis Javier, "Un partido sin militantes" en Loaeza y Segovia (comps.), *La vida política mexicana en la crisis*, 1987.

——, "The Crisis of Presidencialismo", en Cornelius, Gentleman y Smith (comps.), *Mexico's Alternative Political Futures*, 1989.

——, *La Ruptura: La Corriente Democrática del PRI*, Grijalbo, México, 1993.

——, "Three Sad Tigers", *La Jornada*, 15 de diciembre, 1993a.

Gastil, Raymond, "The Comparative Survey of Freedom: Experiences and Suggestions", *Studies in Comparative International Development*, vol. 25, pp. 25-50, 1990.

Gavito, J., "El costo del financiamiento en México *vs.* los mercados internacionales", en CAIE, *Informe mensual sobre la economía mexicana*, 1992.

Gibson, Edward, "Social Change and Coalition Building in Contemporary Latin America", mimeografiado, 1994.

Gilpin, Robert, *War and Change in World Politics*, Cambridge University Press, Cambridge, 1981.

Glade, W., "Después del Tratado de Libre Comercio de América del Norte", *Política y Gobierno*, vol. 1, núm. 2, pp. 377-382, 1994.

González Casanova, P., *La democracia en México*, Era, México, 1982.

González Oropeza, Manuel, "El estado de indefensión del municipio", *Quórum*, Instituto de Investigaciones Legislativas del Congreso de la Unión, México, 1992.

——, "Parte Orgánica", *Democracia Mexicana*, Instituto de Investigaciones Legislativas, 1994.

Guerra, F. X., *Le Mexique: De l'Ancient Régime à la Révolution*, Edition L'Harmattan, París, 1985.

Gupta, Dipak K., Albert J. Jongman y Alex P. Schmid, "Creating a Composite Index for Assessing Country Performance in the Field of Human Rights: Proposal for a New Methodology", *Human Rights Quarterly*, núm. 1, vol. 16 (febrero), pp. 131-162, 1994.

Gurría, José Ángel, *La política de la deuda externa*, FCE, México, 1993.

Harvey, Neil, "Peasant Strategies and Corporatism in Chiapas", en Foweraker y Craig (comps.), *Popular Movements*, 1990.

——, *Mexico: Dilemmas of Transition*, Instituto de Estudios Latinoamericanos y British Academic Press, Londres, 1993.

Helliwell, J., "Empirical Linkages between Democracy and Economic Growth", *British Journal of Political Science*, vol. 24, pp. 225-248, 1994.

Hellman, Judith Adler, *Mexico in Crisis*, Holmes and Meier, Londres, 1983, 2ª ed.

Hernández Laos, E., *La pobreza en México. Tendencias históricas y escenarios de largo plazo para erradicarla (1988-2007)*, mimeografiado, Fundación J. Barros Sierra, A. C., 1991.

——, "La pobreza en México", *Comercio Exterior*, México, vol. 42, núm. 4, abril de 1992.

Hernández, Rogelio, *Empresarios, banca y Estado: el conflicto durante el gobierno de José López Portillo 1976-1982*, Miguel A. Porrúa, México, 1988.

——, "Inestabilidad política y presidencialismo en México", *Mexican Studies/Estudios Mexicanos*, vol. 10, núm. 1, invierno de 1994.

Hoshino, T. "La expansión de los grupos industriales bajo el auge petrolero y el ajuste ante la crisis", en R. Pozas y M. Luna (comps.), *Las empresas y los empresarios en el México contemporáneo*, Grijalbo, México, 1991.

Huntington, Samuel P., "How Countries Democratise", *Political Science Quarterly*, vol. 106, núm. 4, 1991-1992.

IFE (Instituto Federal Electoral), *Informe sobre representantes de partido ante las mesas directivas de casilla*, Instituto Federal Electoral, México, 1994.

INEGI, *Avance de información especial, evolución de la distribución del ingreso y el gasto corriente total de los hogares*, México, noviembre de 1990.

Informe de Labores del Tribunal Contencioso-Administrativo del Distrito Federal, 1989.

Informe de Labores del Tribunal Contencioso-Administrativo del Distrito Federal, 1990.

Informe de labores del Tribunal Contencioso-Administrativo del Distrito Federal, 1991.

Jardí, María Teresa, "La tortura como mecanismo de poder contrapuesto al bienestar social", *Acta Pemex*, núm. 4, 1991.

Johnson, Kenneth F., "Scholarly Images of Latin American Political Democracy in 1975", *Latin American Research Review*, vol. 11, núm. 2, pp. 129-141, 1976.

——, "Research Perspectives on the Revised Fitzgibbon-Johnson Index of the Image of Political Democracy in Latin America, 1945-1979", en James A. Wilkie y Kenneth Ruddle (comps.), *Quantitative Latin American Studies, Statistical Abstract of Latin America, Supplement 6*, UCLA, Los Ángeles, 1977.

——, "The 1980 Image-Index Survey of Latin American Political Democracy", *Latin American Research Review*, vol. 17, núm. 3, pp. 193-201, 1982.

Junta General Ejecutiva del Instituto Federal Electoral, *Informe que formula la Junta General Ejecutiva del Instituto Federal Electoral respecto del ejercicio de las atribuciones de los órganos técnicos y ejecutivos del Instituto Federal Electoral durante el desarrollo del proceso federal electoral de 1994*, 5 volúmenes, Instituto Federal Electoral, México, 1994.

Kanbur, Ravi, *Measurement and Alleviation of Poverty*, IMF, Staff papers, Washington, D. C., 1987.

Kaufman, R., C. Bazdresch y B. Heredia, "Mexico's Radical Reform in a Dominant Party System", en S. Haggard y S. Webb (comps.), *Voting for Reform: Democracy, Political Liberalization and Economic Adjustment*, Banco Mundial/ Oxford University Press, Nueva York, 1994.

Kaufman Purcell, S. y J. F. H. Purcell, "State and Society in Mexico: Must a Stable Polity be Institutionalised?", *World Politics*, vol. XXXII, núm. 2, enero de 1980.

Klesner, L. Joseph, "Realignment or Dealignment? Consequences of Economic Crisis and Restructuring for the Mexican Party System", en M. Cook, K. Middlebrook y J. Molinar (comps.), *The Politics of Economic Restructuring. State-Society Relations and Regime Change in Mexico*, Centro de Estudios Estadunidenses-Mexicanos, San Diego, 1994.

Knight, Alan, "Mexico's Elite Settlement: Conjuncture and Consequences", en J. Higley y R. Gunther (comps.), *Elites and Democratic Consolidation in Latin America and Southern Europe*, Cambridge University Press, Cambridge, 1992.

——, "State Power and Political Stability in Mexico", en N. Harvey (comp.), *Mexico: Dilemmas of Transition*, Instituto de Estudios Latinoamericanos y British Academic Press, Londres, 1993.

——, "The New Electoral Landscape", en P. M. Ward *et al.*, *Memoria of the Binational Conference: Mexico's Electoral Aftermath and Political Future*, Centro Mexicano, ILAS, UT, Austin, 1994.

Krasner, D. Stephen, "Are Bureaucracies Important (or Alice in Wonderland)?", *Foreign Policy*, núm. 7, 1972.

——, "Structural Causes and Regime Consequences: Regimes as Intervening Variables", *International Organization*, vol. 36, núm. 2, 1982.

Lange, Peter y Marino Regini, "Introduction: Interests and Institutions. Forms of Social Regulation and Public Policy Making", en P. Lange y M. Regini (comps.), *State, Markets and Social Regulation: New Perspectives on Italy*, Cambridge University Press, Nueva York, 1989.

Levy, Santiago, *Poverty in Mexico: Issues and Policies*, mimeografiado, ensayo preparado para el Banco Mundial, Departamento de Operación Latinoamericano y Caribeño, Universidad de Boston, 1991.

Levy, Santiago, "La apertura comercial y el programa de desregulación económica en México", en Secretaría de la Contraloría General de la Federación, *La administración pública en México*, SECOGEF/FCE, México, 1993.

Lindblom, Charles, *Politics and Markets: The World's Political-Economic Systems*, Basic Books, Nueva York, 1977.

Lipton, Michael, *Why Poor Stay Poor: Urban Bias in World Development*, Temple Smith, Londres, 1976.

Loaeza, Soledad, "Cambios en la cultura y política mexicana: el surgimiento de una derecha moderna (1970-1988)", *Revista Mexicana de Sociología*, vol. 51, núm. 3, julio-septiembre de 1989.

——, "El comportamiento político de las clases medias en la crisis", en S. Loaeza y C. Stern (comps.), *Las clases medias en la coyuntura actual*, El Colegio de México, México, 1990.

——, "Delamadridismo: la segunda modernización mexicana", en C. Bazdresch, S. Loaeza y N. Lustig (comps.), *México, auge, crisis y ajuste*, FCE, México, 1992.

——, "Partido Acción Nacional and the Paradoxes of Opposition", en N. Harvey y M. Serrano (comps.), *Party Politics in an Uncommon Democracy*, Instituto de Estudios Latinoamericanos, Londres, 1994a.

——, "Political Liberalization and Uncertainty in Mexico", en K. Middlebrook, J. Molinar y L. Cook (comps.), *The Politics of Economic Restructuring. State-Society Relations and Regime Change in Mexico*, Centro de Estudios Estadunidenses-Mexicanos, San Diego, 1994b.

—— y R. Segovia (comps.), *La vida política mexicana en la crisis*, El Colegio de México, México, 1987.

López Moreno, J. M., *Reformas constitucionales para la modernización*, FCE, México, 1993.

Luna, M. *Los empresarios y el cambio político*, Era, México, 1992.

Lustig, Nora, "Índices y ordenamientos de pobreza: una aplicación para México", El Colegio de México, *Estudios Económicos*, vol. 6, México, 1991.

Lustig, Nora, *Mexico: The Remaking of an Economy*, The Brookings Institution, Washington, 1992.

MacIntyre, A., "Business, Government and Development: Northeast and Southeast Asian Comparisons", en A. MacIntyre, (comp.), *Business and Government in Industrializing Asia*, Cornell University Press, Itaca, 1994.

Macro Asesoría Económica, *Realidad económica de México*, 1991.

Madrazo, J. C., S. L. Oñate y L. I. Vázquez Cano, "Los nuevos mecanismos de defensa civil en la administración pública mexicana", en Secretaría de la Contraloría General de la Federación, *La administración pública contemporánea en México*, FCE, México, 1993, pp. 189-193.

Maguire, Diarmuid, "Protesters, Counterprotesters and the Authorities", *Annals* (AAPSS), núm. 528, julio de 1993.

Mainwaring, S. G., G. O'Donnell y S. J. Valenzuela (comps.), *Issues on Democratic Consolidation*, Notre Dame University Press, Notre Dame, 1992.

Mann, M., *The Sources of Social Power*, vol. II, Cambridge University Press, Cambridge, 1993.

Mansell, C., "La internacionalización de la industria financiera mexicana", en CAIE, *Informe mensual sobre la economía mexicana*, agosto de 1994.

March, James G., y Johan P. Olsen, *Rediscovering Institutions: The Organizational Basis of Politics*, Free Press, Nueva York, 1989.

Martínez, Arturo, "Solidaridad: cambio y permanencia. La programación regional. Un caso", *El Cotidiano*, Universidad Autónoma Metropolitana, México, julio-agosto de 1992.

Maxfield, Sylvia, "International Economic Opening and Government-Business Relations", en Judith Gentleman y Peter Smith (comps.), *Mexico's Alternative Political Futures*, Centro de Estudios Estadunidenses-Mexicanos, San Diego, 1989.

——, *Governing Capital: International Finance and Mexican Politics*, Cornell University Press, Itaca, 1990.

Medina Osalde, Claudio, "La corrupción en el fuero federal", *Derecho Nuevo*, núm. 2, 1974.

Méndez Gutiérrez, Armando (comp.), *Una ley para la libertad religiosa*, Fundación Cambio XXI/Diana, México, 1992.

Meyer, Lorenzo, "La democracia lítica: esperando a Godot", *Nexos*, abril, 1986, pp. 39-46.

Middlebrook, Kevin, "Political Liberalization in an Authoritarian Regime", en G. O'Donnell, P. C. Schmitter y L. Whitehead (comps.), *Transition from Authoritarian Rule: Latin America*, Johns Hopkins University Press, Baltimore, 1985.

Mizrahi, Yemile, "Conciliation Against Confrontation: How does the Partido Acción Nacional Rule in Chihuahua?", CIDE, División de Estudios Políticos, Ensayo de Trabajo, núm. 28, 1994.

——, "Recasting Business-Government Relations in Mexico: The Emergence of Panista Entrepreneurs", CIDE, División de Estudios Políticos, Ensayo de Trabajo, núm. 29, 1995.

Molinar Horcasitas, Juan, "Las vicisitudes de una reforma electoral", en S. Loaeza y R. Segovia (comps.), *La política mexicana en la crisis*, El Colegio de México, México, 1987.

——, "The future of the Electoral System", en Cornelius *et al.*, (comps.), *Mexico's Alternative Political Futures*, pp. 265-290, 1989.

——, *El tiempo de la legitimidad. Elecciones, autoritarismo y democracia en México*, Cal y Arena, México, 1991.

——, "Political Perspectives of Mexico: Are Salinas and Democracy Compatible?", en E. W. Butler y J. A. Bustamante (comps.), *Sucesión Presidencial. The 1988 Presidencial Election*, Westview Press, Boulder, 1991a.

——, "Restructuración económica y realineamientos políticos en México", en Centro de Estudios Sociológicos (comp.), *Transformaciones sociales y acciones colectivas: América Latina en el contexto internacional de los noventa*, El Colegio de México, México, 1994.

——, "Changing the Balance of Power in an Hegemonic Party System. The Case of Mexico", en Arend Lijphart y Carlos Waisman (comps.), *Institutional Design and Democratization*, Westview Press,, Boulder (próxima publicación).

——, y Jeffrey A. Weldon, "Las elecciones de 1988 en México: crisis del autoritarismo", *Revista Mexicana de Sociología*, vol. 52, núm. 4, octubre-diciembre de 1990.

Murillo, M. Victoria, "The End of Pactism and Labour Quiescence. Continuity and Change in Mexican Labour Politics", ensayo presentado en la conferencia "Mexico: Assessing Neo-Liberal Reform", Instituto de Estudios Latinoamericanos, Londres, 1995.

Nagengast, Carole, Rodolfo Stavenhagen y Michel Kearney, *Human Rights and Indigenous Workers: The Mixtecs in Mexico and the United States*, Centro de Estudios Estadunidenses-Mexicanos, UCSD, Current Issue Brief, núm. 4, San Diego, 1992.

Naim, Humberto, "Alcances y limitaciones de la ley penal en la lucha contra la corrupción", *Revista de la Facultad de Ciencias Jurídicas y Políticas*, núm. 74, Caracas, 1990.

Nelson, Joan M., *Economic Crisis and Policy Choice. The Politics of Adjustment in the Third World*, Princeton University Press, Princeton, 1990.

North, D. C. y B. R. Weingast, "Constitutions and Commitment: The Evolution of Institutions Governing Public Choice in Seventeenth Century England", *The Journal of Economic History*, vol. 49, núm. 4, pp. 803-832, 1989.

O'Donnell, Guillermo, "Transitions, Continuities and Paradoxes", en S. Mainwaring, G. O'Donnell y J. S. Valenzuela (comps.), *Issues in Democratic Consolidation*, Notre Dame University, Notre Dame, 1992.

Offe, C. y H. Wiesenthal, "Two Logics of Collective Action: Theoretical Notes on Social Class and Organization Form", *Political Power and Social Theory*, vol. 1, 1980.

Ortiz Martínez, G., *La reforma financiera y la desincorporación bancaria*, FCE, México, 1993.

Ovalle Fabela, José, "La independencia judicial en el derecho mexicano", *Boletín Mexicano de Derecho Comparado*, vol. 17, núm. 49, enero-abril de 1984.

Partido de la Revolución Democrática, *En defensa de los derechos humanos: un sexenio de violencia política*, México, 1994.

Pempel, T. J., "Conclusion. One Party-Dominance and the Creation of Regimes", en T. J. Pempel (comp.), *Uncommon Democracies. The One-Party Dominant Regimes*, Cornell University Press, Itaca y Londres, 1990.

Pérez Arce, Francisco, "The Enduring Union Struggle for Legality and Democracy", en Foweraker y Craig (comps.), *Popular Movements*, 1990.

Peschard, Jacqueline, "México 1994: un nuevo marco electoral para la elección presidencial", ensayo inédito, El Colegio
de México, México, 1994.

Poder Ejecutivo Federal, *Primer informe de gobierno*, 1989.

Presidencia de la República, *Criterios generales para la iniciativa de ley de ingresos y el proyecto de presupuesto de egresos de
la federación correspondiente a 1994*, 1994.

Procuraduría General de la República (PGR), *Informe de labores*, Procuraduría General de la República, México, 1989.

Procuraduría Social del Distrito Federal, *Informe anual de actividades*, 1993.

Pronasol, Consejo Consultivo del Programa Nacional de Solidaridad, *Lineamientos programáticos*, México, 1989.

———, *El programa nacional de solidaridad*, una visión de la modernización de México, FCE, 1994.

Przeworski, A., "Democracy as a Contingent Outcome of Con-
flicts, en Jon Elster y Rune Slagstad (comps.), *Constitutionalism and Democracy*, Cambridge University Press, Cambridge, 1988, pp. 59-80.

———, y M. Wallerstein, "Structural Dependence of the State on
Capital", *American Political Science Review*, vol. 82, núm. 1,
marzo de 1988.

Puga, C. (comp.), *Organizaciones empresariales y Tratado de
Libre comercio*, Proyecto Organizaciones Empresariales en
México, UNAM, México, 1993.

———, *México: empresarios y poder*, UNAM/Miguel A. Porrúa,
México, 1993a.

Ravallion, Martin, y Monika Huppi, "Measuring Changes in
Poverty: A Methodological Case Study of Indonesia During
an Adjustment Period", *The World Bank Economic Review*,
vol. 3, núm. 1, 1991.

Río Govea, Manuel, "Informe sobre el primer Congreso Mexicano de Derecho Procesal. La carrera judicial en México",
Revista de la Facultad de Derecho, núms. 37-40, 1960.

Rogozinski, J., y F. J. Casas Guzmán, "El proceso de desincorporación en México", en Secretaría de la Contraloría General de la Federación, *La administración pública en México*,
SECOGEF/FCE, México, 1993.

Ros, Jaime, "On the Political Economy of Market and State

Reform in Mexico", en W. Smith, C. Acuña y E. Gamarra (comps.), *Democracy, Markets and Structural Reform in Latin America: Argentina, Bolivia, Brazil, Chile and Mexico*, Transaction Publishers, Nueva Brunswick, 1993.

Rouaix, P., *Génesis de los artículos 27 y 123 de la Constitución política de 1917*, Instituto de Estudios Históricos de la Revolución, México, 1959.

Rubin, Jeffrey W., "State Policies, Leftist Oppositions, and Municipal Elections: The Case of the COCEI in Juchitan", en A. Alvarado (comp.), *Electoral Patterns*, Centro de Estudios Estadunidenses-Mexicanos, San Diego, 1987.

Salinas de Gortari, Carlos, "Mensaje de toma de posesión de Carlos Salinas de Gortari como presidente constitucional de los Estados Unidos Mexicanos", *Cuadernos de Información y Propaganda*, PRI, México, 1988.

Sánchez, M. R., *El fraude a la Constitución*, Porrúa, México, 1988.

Sánchez Ugarte, *La política industrial en México*, SECOFI, México, 1994.

Sartori, G., "Constitutionalism: A Preliminary Discussion", *The American Political Science Review*, vol. LVI, pp. 853-864, 1962.

——, *Comparative Constitutional Engineering*, New York University Press, Nueva York, 1994, pp. 59-101.

Schneider, R. Ben, "The Elusive Embrace: Synergy between Business and the State in Developing Countries", mimeografiado, 1993.

Secretaría de Hacienda y Crédito Público, *Cuadernos de Renovación Nacional: restructuración del sistema financiero*, Presidencia de la República, México, 1988.

——, *Informe de labores 1993-1994*, México, octubre de 1994.

——, *Informe hacendario*, vol. 3, núm. 9, México, enero-marzo de 1995a.

——, *Economic Policies to Strenghten the Agreement to Overcome the Economic Emergency*, México, marzo de 1995b.

——, *Plan Nacional de Desarrollo 1995-2000*, México, mayo de 1995c.

SEDESOL, Secretaría de Desarrollo Social; SECOGEF, Secretaría de la Contraloría General de la Federación, Programa Nacional de Solidaridad, *Información básica sobre la ejecución y desarrollo del programa,* Porrúa, México, 1994.

Segovia, Rafael, "Tendencias políticas en México", *Foro Internacional,* vol. XVI, abril-junio de 1976.

——, "Modernization and Political Restoration", en E. W. Butter y J. A. Bustamante (comps.), *Sucesión Presidencial. The 1988 Presidencial Election,* Westview Press, Boulder, 1991.

——, "Las fuentes de la estabilidad del sistema político mexicano", ensayo presentado en el seminario "Mexico and the Challenge of Political Change", El Colegio de México, junio de 1994.

Sejersted, F., "Democracy and the Rule of Law: Some Historical Experiences of Contradictions in the Striving for Good Government", en Jon Elster y Rune Slagstad (comps.), *Constitutionalism and Democracy,* Cambridge University Press, Cambridge, 1988, pp. 131-152.

Steinmo, Sven, K. Thelen y F. Longstreth (comps.), *Structuring Politics. Historical Institutionalism in Comparative Analysis,* Cambridge University Press, Cambridge, 1992.

Subcomandante Marcos, "De pasamontañas a otras máscaras", *Tiempo,* 22 de febrero de 1994.

Téllez, L. (coordinador), *Nueva legislación de tierras, bosques y aguas,* FCE, México, 1993.

Trigueros, Ignacio, "The Mexican Financial System and NAFTA", en Victor Bulmer-Thomas *et al.* (comps.), *Mexico and the North American Free-Trade Agreement,* Macmillan, Basingstoke, 1994.

Uhlig, M. A. "Standoff at Matamoros", *The New York Times,* 6 de octubre de 1994.

Valdés, Francisco, "From Bank Nationalization to State Reform: Business in the New Mexican Order", en M. L. Cook, K. Middlebrook y J. Molinar (comps.), *The Politics of Economic Restructuring: State-Society Relations and Regime Change in Mexico,* Centro de Estudios Estadunidenses-Mexicanos, Universidad de California, San Diego, 1994.

Valdez Abascal, Rubén, *La modernización jurídica nacional dentro del liberalismo social. Una visión de la modernización de México,* México, FCE, 1994.

Valencia, J., "El límite constitucional al poder tributario del Estado", *El Financiero*, 7 de octubre de 1994.

Vázquez de Forgani, Ángela, "La corrupción: un obstáculo para el desarrollo", *Revista Mexicana de Justicia*, vol. 4, núm. 3, julio-septiembre de 1986.

Vergara Aceves, Jesús, "Análisis teológico de la evangelización en el nuevo marco jurídico de las iglesias y de las relaciones con el Vaticano", en *México frente al nuevo siglo*, Fundación Konrad Adenauer, México, 1993.

Weingarten, P. Steven, "Observations of a US Labour Unionist and Former US Reporter in Mexico", US-Mexico Law Journal, vol. 1, núm. 1, 1993.

Weintraub, S., y M. Delal Baer, "The Interplay between Economic and Political Opening: The Sequence in Mexico", *The Washington Quarterly*, primavera de 1992.

Whitehead, Laurence, "On 'Governability' in México", *Bulletin of Latin American Research*, vol. 1, núm. 1, octubre de 1981.

——, "International Aspects of Democratization", en G. O'Donnell, P. Schmitter y L. Whitehead (comps.), *Transitions from Authoritarian Rule*, Johns Hopkins University Press, Londres y Baltimore, 1986.

——, "Democracy by Convergence in Southern Europe: A Comparative Politics Perspective", en G. Pridham (comp.), *Encouraging Democracy: The International Context of Regime Transition in Southern Europe*, Leicester University Press, Leicester, 1991.

——, "The Peculiarities of 'Transition' a la Mexicana", en N. Harvey y M. Serrano (comps.), *Party Politics in "An Uncommon Democracy"*, Instituto de Estudios Latinoamericanos, Londres, 1994a.

——, "Prospects for a 'Transition' from Authoritarian Rule in Mexico", en M. L. Cook, K. Middlebrook y J. Molinar (comps.), *The Politics of Economic Restructuring. State-Society Relations and Regime Change in Mexico*, Centro de Estudios Estadunidenses-Mexicanos, San Diego, 1994b.

Wilkie, James, y Kenneth Ruddle, *Statistical Abstract of Latin America*, vol. 30, parte 1, p. 278, 1992.

Winters, J. A., *Power in Motion: Capital Mobility and the In-*

donesian State, Cornell University Press, Itaca, próxima publicación.

Woldenberg, J., "El proceso electoral en México en 1988 y su secuela" en M. Alcántara y A. Martínez (comps.), *México frente al umbral del siglo XXI,* Siglo XXI de España, Madrid, 1992.

Zaíd, G., "Chiapas sin resolverse ni aclararse", *Reforma,* 13 de noviembre de 1994.

ÍNDICE

Segunda Parte
Economía y sociedad

Este libro se terminó de imprimir en junio de 1998 en los talleres de Impresora y Encuadernadora Progreso, S. A. de C. V. (IEPSA), Calz. de San Lorenzo, 244; 09830 México D. F. En su composición, parada en el Taller de Composición del FCE, se usaron tipos Aster de 12, 10:12, 9:11 y 8:9 puntos. La edición fue de 2000 ejemplares.